ゴーマニズム宣言 SPECIAL

小林よしのり

パール真論

小学館

愛国心は人類愛と同一である。
私は人間であり、人間的なるがゆえに愛国者である。

マハトマ・ガンジー（『ヤング・インディア』紙より）

目次

カバー写真：東京裁判を審理中のパール判事。1946年撮影。
United States National Archives and Records Administration
US Army Signal Corps, photographer – Wegner

帯著者写真：星山善一

装丁：松 昭教デザイン事務所

序章
ゴーマニズム宣言
SPECIAL

ヨーロッパでは1618年、
ボヘミアにおける
プロテスタントの
反乱をきっかけに、
66か国の諸侯が争い
略奪や虐殺が繰り広げられる
「30年戦争」が勃発した。

1648年、
「ウェストファリア条約」の締結で
カトリックとプロテスタントの
宗教戦争は終結。
これでカトリックや
ハプスブルク家による
ヨーロッパの一極集中体制が終わり、
内政不干渉の原則による
主権国家システムが誕生する。

この「ウェストファリア条約」が
近代における国際法の
元祖であり、
ここから啓蒙思想によって
個人の宗教や思想信条を
政治や法に持ち込まないという
常識が普及していく。
パール判事は
この西洋が作った
「国際慣習・国際条約」の
集積としての「国際法」を
厳格に適用して
東京裁判の判決書を
書いた。
INTERNATIONAL MILITARY TRIBUNAL FOR THE FAR EAST
DISSENTIENT JUDGMENT OF JUSTICE PAL
KOKUSHO KANKOKAI, Inc. Tokyo 1999
したがってパールが
「ガンジー主義・反共主義・
世界連邦主義」などの
個人的な思想信条を
判決書に持ち込むなどと
いうことはあり得ない。
ましてやインド人だから
同じ有色人種の日本への
同情で無罪判決を書く
などということが
あり得るはずもない。
これは国際法学者・パールの
名誉に関わることであり、
「パール判決書」を読むときの
最低限の知識であり、
パールへの礼儀である。
共同研究

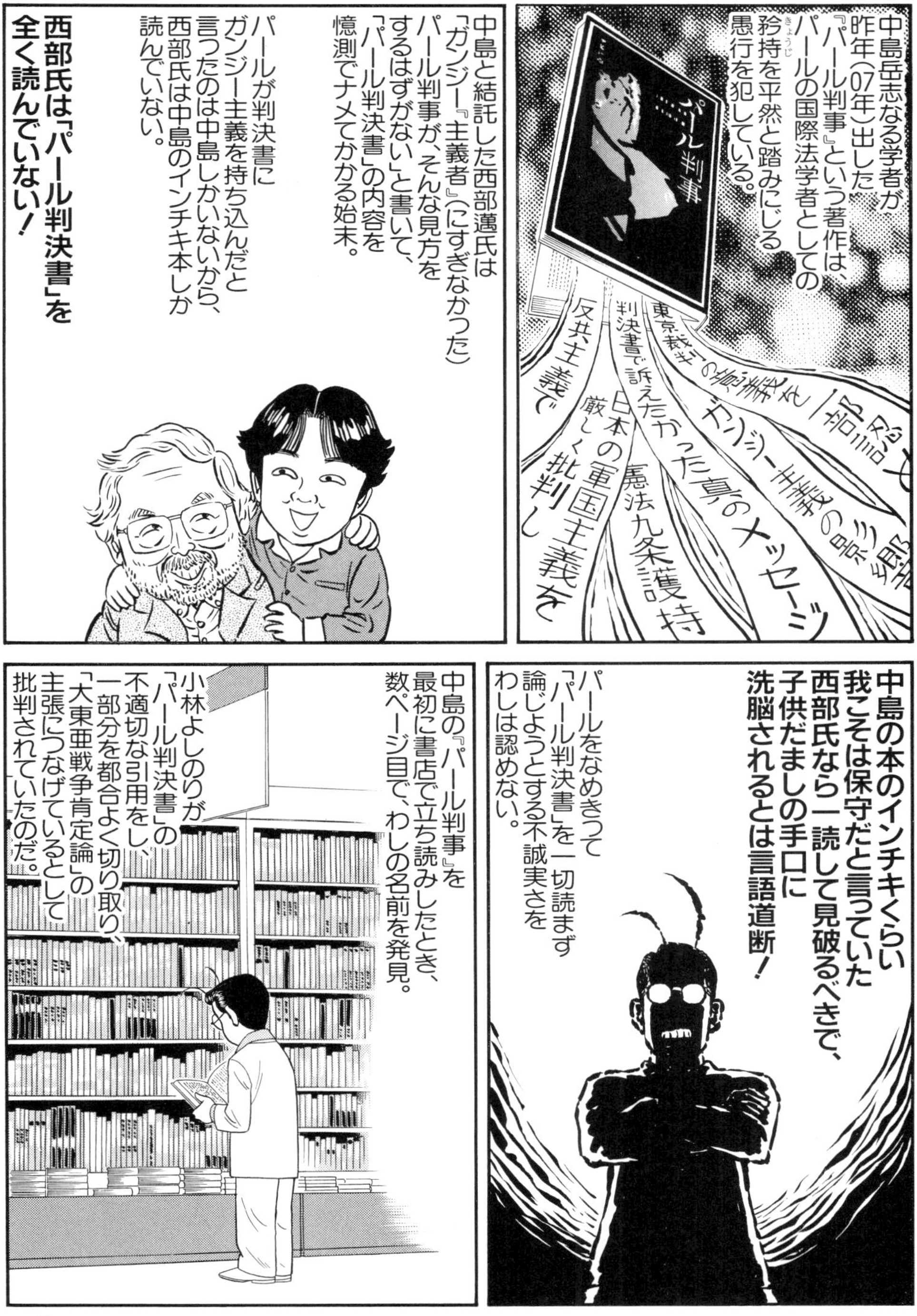

中島岳志なる学者が昨年(07年)出した『パール判事』という著作は、パールの国際法学者としての矜持《きょうじ》を平然と踏みにじる愚行を犯している。
パール判事
東京裁判の欺瞞を一部認めるも
ガンジー主義の影響
判決書で訴えたかった真のメッセージ
憲法九条護持
日本の軍国主義を厳しく批判し
反共主義で
中島と結託した西部邁氏は「ガンジー『主義者』(にすぎなかった)パール判事が、そんな見方をするはずがない」と書いて、「パール判決書」の内容を憶測でナメてかかる始末。
パールが判決書にガンジー主義を持ち込んだと言ったのは中島しかいないから、西部氏は中島のインチキ本しか読んでいない。
西部氏は「パール判決書」を全く読んでいない！
中島の本のインチキくらい我こそは保守だと言っていた西部氏なら一読して見破るべきで、子供だましの手口に洗脳されるとは言語道断！
パールをなめきって「パール判決書」を一切読まず論じようとする不誠実さをわしは認めない。
中島の『パール判事』を最初に書店で立ち読みしたとき、数ページ目で、わしの名前を発見。
小林よしのりが「パール判決書」の不適切な引用をし、一部分を都合よく切り取り、「大東亜戦争肯定論」の主張につなげているとして批判されていたのだ。

しかしこの本、序章をざっと見ただけでもあり得ないデマが次々に出てくるので呆然としてしまった。

ええっ そんなバカな!

おい、おい、パールがそんなこと言うかよ〜〜〜っ!?

曰《いわ》く、右派が「日本無罪論」というミスリーディングな表現で、「パール判決書」の勝手な拡大解釈やご都合主義的な流用をしている。

パール判事
曰く、パールが東京裁判後に憲法9条の護持を繰り返し訴えた。

「繰り返し」訴えたとまで言うが、そんなパールの主張は一度も見たことがない。

本を買って熟読してみると、何ということか、不適切な引用も歪曲《わいきょく》も、全部、自分がやっていることではないか!

なっ…

なんじゃこら〜〜〜っ!?

自分の犯罪を他人に被せて批判する!

あいつだ!

あいつが殺したんだ!

はあ?

今どきテレビドラマでもここまで安っぽい「冤罪」事件は作らない。

躊躇《ちゅうちょ》せずに言うが、
中島岳志著『パール判事』(白水社)は
デマだらけのインチキ本である。
ところがその後、これを
評価し、絶賛する書評が
続々と新聞や雑誌に
掲載され始める。
誰もこの「インチキ本」に
異を唱える学者はいない。
挙句の果てはNHKが
「パールが憲法9条の護持を訴えた」と、
この「インチキ本」に影響されて
放送してしまった!
パール判事
復讐と報復をこえて
「日本無罪論にあらず」を論理化
NHKスペシャル
ここに至って中島の本の
インチキを証明することは、
もはやわしの名誉回復の
ためではなく、
「デマの拡散を防ぎ、
パール判事の名誉を守る」
という公的な仕事になってしまった。
なにしろ中島の本によって、
最も誤解され、名誉を汚されて
いるのは、パール氏なのである。
こんなデマの拡散が
起こるのは、
単に小林よしのりが
「漫画家」で、
中島岳志が「学者」
だからという
「権威主義」のせい
なのだろうか?
それも大いにあるのだろうが、
それにしてもこれだけ多数の
学者やマスコミが、
中島の説の信憑性《しんぴょうせい》を
何一つ検証せず、
無条件に正しいと
信じ込むのは、
まだ別の原因がある
からとしか思えない。

一つには、それらの学者やマスコミが徹底的に不勉強で、なおかつ怠惰だから誰も「パール判決書」を読んでいない。
さらに問題なのは、学者といえども読んでも理解できない。だから中島の全く間違った解説を鵜呑みにしてしまう。
なぜ学者が理解できないのか？
「国語力がない」というのがその一つの解答だ。
小学生から英語教育を、などというのはやはり間違いだ。まず、国語力を身につけるべきなのだ。
もう一つは「歴史を知らない」というのがある。
ほとんどの学者は学校の歴史教育を真面目にお勉強した秀才であるが、
その歴史教育の内容と、「パール判決書」の記述にはあまりにも大きな乖離《かいり》がある。
共同研究
パル判決書
（上）
歴史
日本の歴史教育は、東京裁判史観のままに、戦前の日本は悪というイデオロギーに、年々強烈に染まってきた。
そんなものに洗脳された「薄らサヨク」な学者には、「パール判決書」を読んでも、理解できないのだ。
実は「パール判決書」に書かれた歴史観は、わしが『戦争論』1、2、3巻で展開した史観と大して違わない。
「パール判決書」をテキストとして正確に読み解けば、実は「薄らサヨク」にとっては、パール判事を「右翼」とするしかないほどの歴史観なのだ。
戦争論
3
共同研究
パル判決書
（上）
共同研究
パル判決書
（下）

だが誰もがパール判事を
国際法の権威だと認めている。
人格の高潔さも
疑いようがない。
そのパールが、
小林よしのりの歴史観に
近いことを言っている。
いやそれ以上のことを
言っている。
日本が満州・朝鮮を
確保し、発展させたのは
当然で、むしろ義務だった
と言っている。
日本の軍国主義教育も
検閲も、世界状勢から
見れば当然だったと
言っている。
この場合、
「薄らサヨク」のみなさんは
どんな反応になるのだろう?
それは一つしかない。
パールの言葉や判決書を
「都合よくつまみ食い」し、
「歪曲」し、「捏造《ねつぞう》」し始める
しかないのである。
パール個人の
ガンジー主義を
都合よく解釈し、
憲法9条護持という
デマにまで結びつけて。
そしてパールの
歴史観と大して
違わないわしを
「パールの考えを
歪曲している」と
批判するしかない。
実に不気味な光景なのだ。
敗戦・占領による日本国民の
ルサンチマンは、不気味に歪《ゆが》んで
噴出している。
ここで言う「ルサンチマン」とは
単なる「怨恨」の意味ではない。
ニーチェが「道徳の系譜」で
言った意味での、
強者に長く虐げられた者が
おのれの境遇を正当化するために、
口実として「奴隷道徳」を
作り上げるに至るまでの
歪んだ感情のことである。
日本国憲法
パールは平和主義〜〜
憲法9条ようごした〜〜
日本も欧米も
同じ穴のむじな〜〜
そー言ったはず〜〜
憲法9条を世界遺産に〜〜
占領軍が作ったんじゃな〜〜い
我々ものぞんだ〜〜
もう一度選びなおせ〜〜

パールのガンジー主義は、「奴隷になるよりは非暴力・不服従で死を選べ！」であり、
憲法9条の「死が恐いから、奴隷になっても平和を選べ！」とは全く違う。

当時の「国際法」に基づいた日本の近現代史と日本の戦争の評価をパールは判決書に克明に書いた。
共同研究
パル判決書
（上）
東京裁判研究会
パル判決書
（下）
東京裁判研究会
いわば当時のグローバルスタンダードに基づく日本の評価が「パール判決書」には書いてある。

奴隷の平和を選ばなかった我らの祖父たちが、パールによって「無罪」と判断された理由を、せめて政治家や官僚や、学者くらいは、学んでおかなければならないはずだが！
日本の学者は「パール判決書」について意見を表明するとき、必ず『共同研究 パル判決書』(講談社学術文庫)の解説文どおりの間違った意見を述べる。
道義的責任はまぬがれない
日本無罪論はミスリーディング
パールは日本の帝国主義に厳しかった
日本も戦勝国もいずれもよくないのだ
共同研究 パル判決書(上)
判決書が長文で難解で読めないものだから自分で判断することができず、解説文をアンチョコにして得意満面に「日本無罪論はミスリーディング」「日本に道義的責任はある」などと書いているのだ。
責任
そもそも解説が間違っているのに解説どおりに書いて判決書を読んだふりしてるのだから、受験秀才の学者というのは全く安直(アンチョコの語源)で情けないやつらである。
今後「道義的責任」だの「日本国は無罪じゃない」だの言うやつを見つけたら、「アンチョコ学者」と呼びなさい。

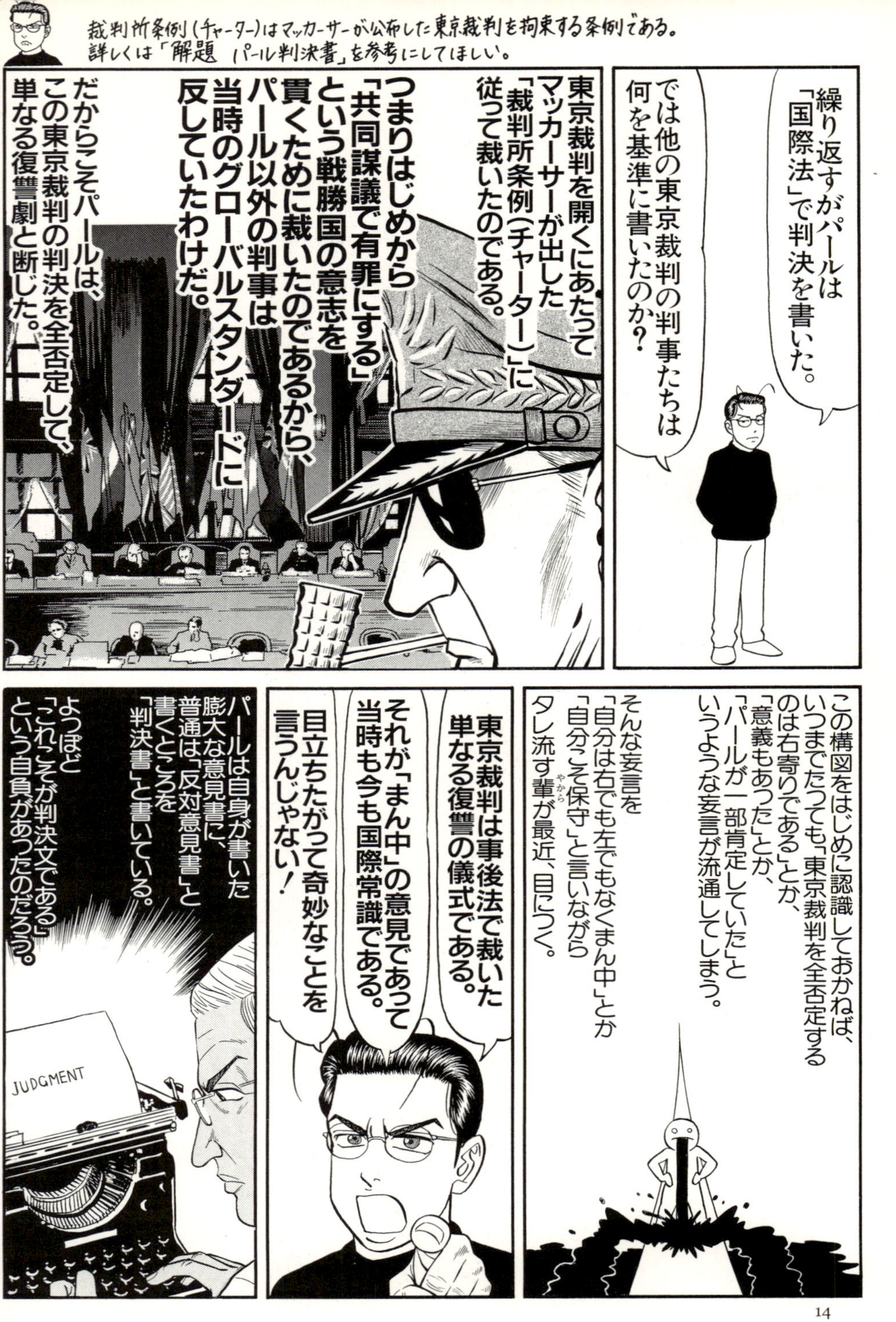
裁判所条例（チャーター）はマッカーサーが公布した東京裁判を拘束する条例である。

詳しくは「解題 パール判決書」を参考にしてほしい。

繰り返すがパールは「国際法」で判決を書いた。

では他の東京裁判の判事たちは何を基準に書いたのか？

東京裁判を開くにあたってマッカーサーが出した「裁判所条例（チャーター）」に従って裁いたのである。

つまりはじめから「共同謀議で有罪にする」という戦勝国の意志を貫くために裁いたのであるから、パール以外の判事は当時のグローバルスタンダードに反していたわけだ。

だからこそパールは、この東京裁判の判決を全否定して、単なる復讐劇と断じた。

この構図をはじめに認識しておかねば、いつまでたっても「東京裁判を全否定するのは右寄りである」とか、「意義もあった」とか、「パールが一部肯定していた」というような妄言が流通してしまう。

そんな妄言を「自分は右でも左でもなくまん中」とか「自分こそ保守」と言いながらタレ流す輩《やから》が最近、目につく。

東京裁判は事後法で裁いた単なる復讐の儀式である。

それが「まん中」の意見であって当時も今も国際常識である。

目立ちたがって奇妙なことを言うんじゃない！

パールは自身が書いた膨大な意見書に、普通は「反対意見書」と書くところを「判決書」と書いている。

JUDGMENT
よっぽど「これこそが判決文である」という自負があったのだろう。

民主主義の機能が運用されていて、政権交代もあった日本において、
日本の指導者が「無罪」なら、
日本国が「無罪」であるのは当然なのに、
パールの判決で「A級戦犯・全員無罪」とされても、日本の学者は、

「でも日本国が無罪ではない」と言いたがる。

国家と国民を分離させる典型的な左翼イデオロギーである。

できればパールに、日本の指導者を「有罪」にしてほしかったのだろう。

必ず「薄らサヨク」な学者は「だが日本国の道義的責任は免れない」と釘を刺したがる。

ルサンチマンは不気味に歪んで噴出している。

予《あらかじ》め言っておくが、本書『パール真論』には中島岳志の名が氾濫《はんらん》する。

中島の著作に、戦後延々と繰り返された「パール判決書」の曲解パターンが、すべて詰まっているので、これを引きながら批判と解説を加えるのが読者にとって最もわかりやすい手法になるからである。

パール判事
個人攻撃したいのではない。

中島氏個人には特に関心もない。

その曲解の手口に関心があるだけだ。

中島氏には他の分野でいい仕事をすることを望む。

わしの関心が湧くいい仕事をすればわしも評価するだろう。

まあ、あれだけ多くの「薄らサヨク」の学者にベタボメされたんだから、寂しくはなかろう。

わし一人くらい「あの学者さんは裸だ！」と言う者がいなきゃな。

パールは、よっぽど言葉の力を信じていたのだろう。

東京裁判で政治的に力を発揮するのは不可能である。

言葉を残す戦いを選んだのだと思う。

パールは東京裁判のために日本に来て2年半、裁判所と帝国ホテルの往復しかしていない。

他の判事たちとはほとんど喧嘩腰の議論をして、
日本の観光すら一切せずに2年半の間、帝国ホテルの一室に閉じこもって判決書を書いていた。

パールの「言葉による闘争」をそろそろ正当に評価する者が現れてもいいんじゃないか？

その闘争を継承する者も！

パール判決から60年である。

日本人が占領憲法のために武力で戦うことが困難な状況があるなら、言葉で戦うことから始める気はないのか？

戦争は外交の延長である。

はじめに外交ありきであるなら、はじめに言葉ありきである。

パールの「言葉による闘争」を最初に世に出したのは田中正明氏である。

素人がテキストの主旨を正確に読み、世に問う。

だが学者が嫉妬と権威主義と「日本悪玉イデオロギー」で素人のテキスト解読の枝葉末節をあげつらい、中傷し、あろうことか自らはテキストを完全に誤読し、歪曲し、
なんとテキストの主旨すら捻じ曲げてしまう。

パールの真価は素人によってしか継承されないのだろうか？

わしが知るところでは学者では渡部昇一氏が正確に研究しておられるようだが。

「パール判決書」を生活者が読みこなすのは無理である。

研究室に閉じこもって日がな一日読書しておれる学者とは違う。

共同研究
パル判決書
（上）

決書
（下）

日常を勤勉に生きる人のために、そして真理を希求する学生のために、「パール判決書」に書かれている内容を可能な限り短縮してまとめ、解説したものを、本書の後半に収録した。

「薄らサヨク」の学者に騙されぬように、向学心の強い人は読んでみてほしい。

なにしろ黒船来航からの日本の近現代史をパールは分析していて、そのうち日露戦争から第二次大戦の終わりまでは、パールが生きて知見している国際常識の説明である。

歴史のパースペクティブを身につけるために、重要な判決書なのだ。

ごーまんかましてよかですか?
一人でも多くの日本人が受験秀才にありがちな「奴隷道徳」に堕した歴史認識から抜け出すことを期待する。
パールの意志を継ぎ、言葉の闘いを始めよ!奴隷の平和主義を超えるために!

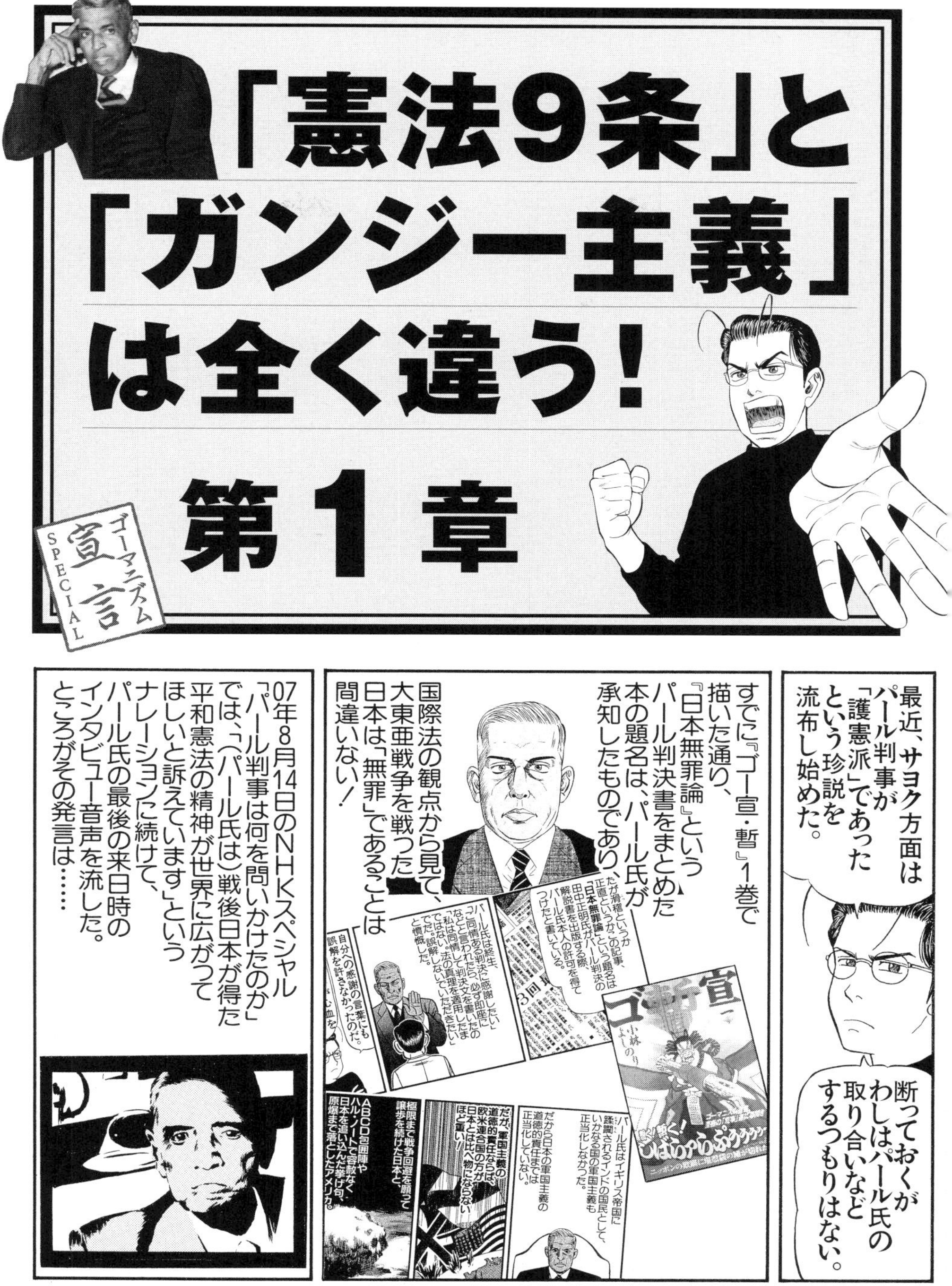

「憲法9条」と
「ガンジー主義」
は全く違う!
第1章
ゴーマニズム宣言SPECIAL
最近、サヨク方面は
パール判事が
「護憲派」であった
という珍説を
流布し始めた。
断っておくが
わしはパール氏の
取り合いなど
するつもりはない。
すでに『ゴー宣・暫』1巻で
描いた通り、
『日本無罪論』という
パール判決書をまとめた
本の題名は、パール氏が
承知したものであり、
だが滑稽というか
正直というかこの記事、
「日本無罪論」という題名は
田中正明氏がパール判決の
解説書を出版する際、
パール氏本人の許可を得て
つけたと書いている。
国際法の観点から見て、
大東亜戦争を戦った
日本は「無罪」であることは
間違いない!
パール氏は終生、
「ご同情ある判決に感謝したい」
などと言われたら、必ず即座に
「私は同情して判決文を書いたの
ではない。法の真理を適用したま
でだ。誤解しないでいただきたい」
と憤慨した。
自分への感謝の言葉にも
誤解を許さなかったのだ。
パール氏はイギリス帝国に
蹂躙されるインドの国民として、
いかなる国の軍国主義も
正当化しなかった。
だから日本の軍国主義の
道徳的責任までは
正当化していない。
だが、軍国主義の
道徳的責任ならば、
欧米連合国の方が
日本とは比べ物にならない
ほど重い!
極限まで戦争回避を願って
譲歩を続けた日本と、
ABCD包囲陣や
ハル・ノートで容赦なく
日本を追い込んだ挙げ句、
原爆まで落としたアメリカ。
07年8月14日のNHKスペシャル
「パール判事は何を問いかけたのか」
では、「(パール氏は)戦後日本が得た
平和憲法の精神が世界に広がって
ほしいと訴えています」という
ナレーションに続けて、
パール氏の最後の来日時の
インタビュー音声を流した。
ところがその発言は……

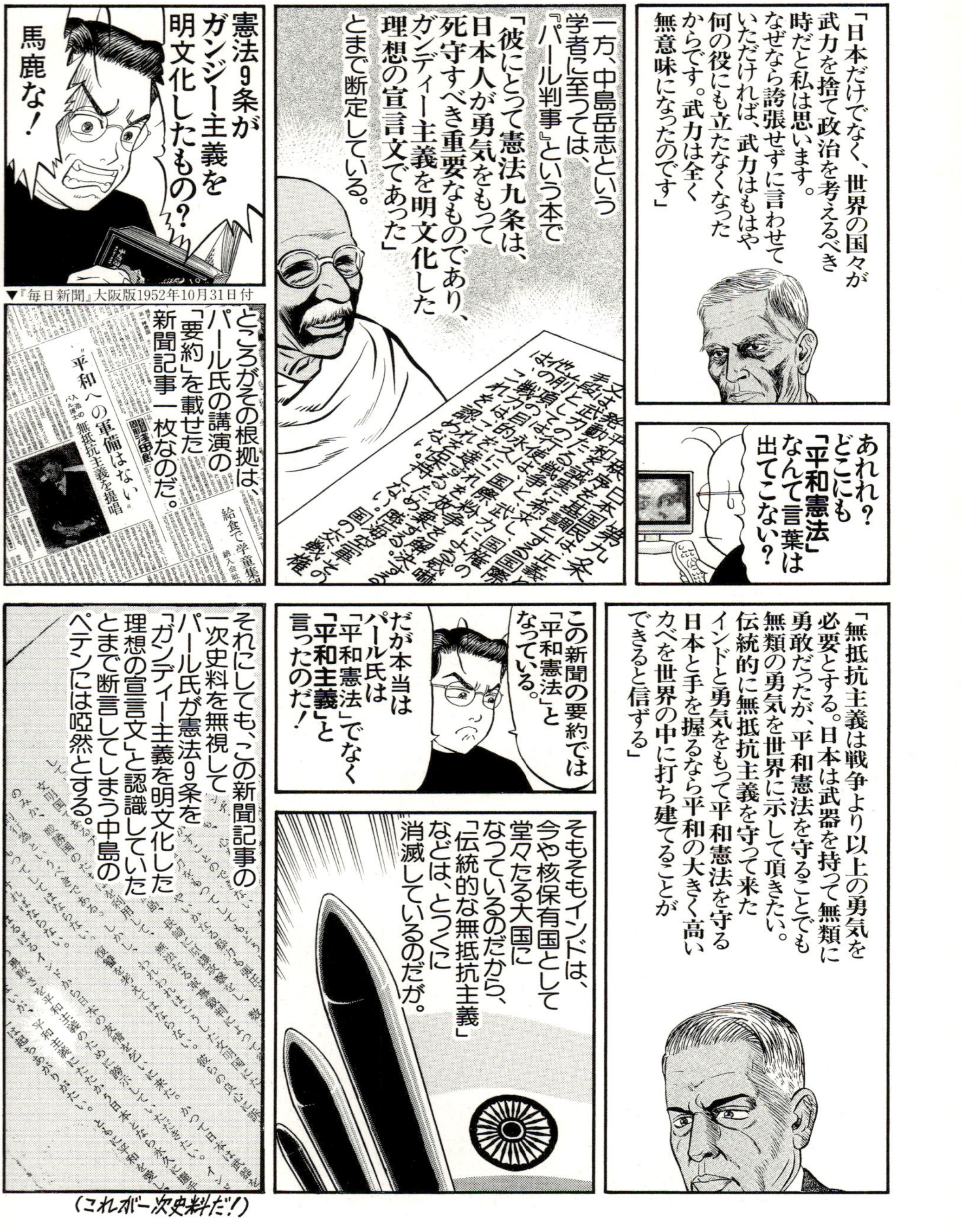
「日本だけでなく、世界の国々が武力を捨て政治を考えるべき時だと私は思います。なぜなら誇張せずに言わせていただければ、武力はもはや何の役にも立たなくなったからです。武力は全く無意味になったのです」

一方、中島岳志という学者に至っては、『パール判事』という本で
「彼にとって憲法九条は、日本人が勇気をもって死守すべき重要なものであり、ガンディー主義を明文化した理想の宣言文であった」

とまで断定している。

憲法9条がガンジー主義を明文化したもの？

馬鹿な！

ところがその根拠は、パール氏の講演の「要約」を載せた新聞記事一枚なのだ。

〝平和への軍備はない〟

印度のパル博士 無抵抗主義を提唱
給食で学童集団
あれれ？どこにも「平和憲法」なんて言葉は出てこない？

「無抵抗主義は戦争より以上の勇気を必要とする。日本は武器を持って無類に勇敢だったが、平和憲法を守ることでも無類の勇気を世界に示して頂きたい。伝統的に無抵抗主義を守って来たインドと勇気をもって平和憲法を守る日本と手を握るなら平和の大きく高いカベを世界の中に打ち建てることができると信ずる」

この新聞の要約では「平和憲法」となっている。

だが本当はパール氏は「平和憲法」でなく「平和主義」と言ったのだ！

そもそもインドは、今や核保有国として堂々たる大国になっているのだから、「伝統的な無抵抗主義」などは、とうくに消滅しているのだが。

それにしても、この新聞記事の一次史料を無視してパール氏が憲法9条を明文化した「ガンディー主義を明文化した理想の宣言文」と認識していたとまで断言してしまう中島のペテンには唖然とする。
▼『毎日新聞』大阪版1952年10月31日付
（これが一次史料だ！）

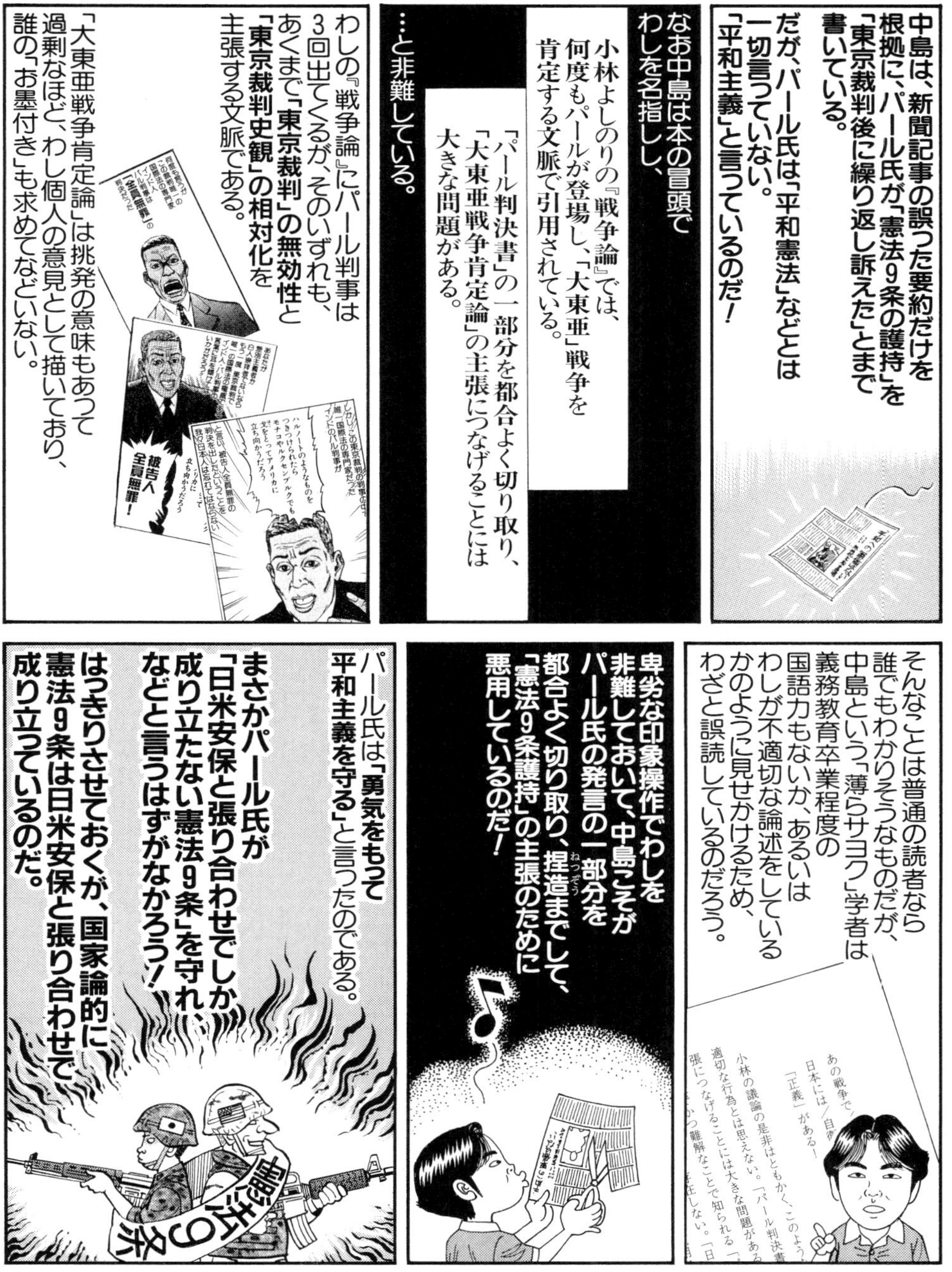
中島は、新聞記事の誤った要約だけを根拠に、パール氏が「憲法9条の護持」を「東京裁判後に繰り返し訴えた」とまで書いている。

だが、パール氏は「平和憲法」などとは一切言っていない。「平和主義」と言っているのだ！

なお中島は本の冒頭でわしを名指しし、
小林よしのりの『戦争論』では、何度もパールが登場し、「大東亜」戦争を肯定する文脈で引用されている。

「パール判決書」の一部分を都合よく切り取り、「大東亜戦争肯定論」の主張につなげることには大きな問題がある。

…と非難している。

わしの『戦争論』にパール判事は3回出てくるが、そのいずれも、あくまで「東京裁判」の無効性と「東京裁判史観」の相対化を主張する文脈である。

被告人全員無罪！

「大東亜戦争肯定論」は挑発の意味もあって過剰なほど、わし個人の意見として描いており、誰の「お墨付き」も求めてなどいない。

そんなことは普通の読者なら誰でもわかりそうなものだが、中島という「薄らサヨク」学者は義務教育卒業程度の国語力もないか、あるいはわしが不適切な論述をしているかのように見せかけるため、わざと誤読しているのだろう。

「正義」がある！

卑劣な印象操作でわしを非難しておいて、中島こそがパール氏の発言の一部分を都合よく切り取り、捏造《ねつぞう》までして、「憲法9条護持」の主張のために悪用しているのだ！

パール氏は「勇気をもって平和主義を守る」と言ったのである。

まさかパール氏が「日米安保と張り合わせでしか成り立たない憲法9条」を守れ、などと言うはずがなかろう！

はっきりさせておくが、国家論的に憲法9条は日米安保と張り合わせで成り立っているのだ。

憲法9条

そして国防の盾と矛の、盾の役割しか許されぬ自衛隊であっても、その存在は確実に憲法9条には違反している。

いや、ここは西部邁氏の言を借りれば、そもそも自衛隊に憲法9条が違反しているのだ！

サヨクは憲法9条を「絶対的平和主義」の理想を書いていると勘違いしている上に、
第九条 日本国民は、正義と秩序を基調とする国際平和を誠実に希求し、国権の発動たる戦争と
さらに憲法9条を、「ガンジー主義」と同質であるとまで勘違いしている。

二重の勘違いである。

まず結論として言っておくが、「憲法9条」と「ガンジー主義」（平和主義）は全く違うものである！

中島はあまりにも能天気に「憲法9条はガンディー主義を明文化した理想の宣言文」などと書いているが、「ガンジー主義」に対する無知・無教養をさらけ出した妄言というほかない。

先に中島が引用した新聞記事の中でも、パール氏が「無抵抗主義は戦争より以上の勇気を必要とする」と言っているように、「薄らサヨク」には、「ガンジー主義」を実行するために、どれほどの「無類の勇気」を必要とするか、全くわかっていないのだ！

それはもう幼稚で馬鹿馬鹿しいほどである。

日本ではこういう薄っぺらな坊やが学者の権威を悪用して、ウソばっかりタレ流すので、漫画家のわしが「王様は裸だ！」と延々、言い続けなければならない。実にかったるい。

07年8月15日の夜、NHKの「日本の、これから」に出て、一般市民を交えた討論をした。

以前、出た時のように左派の席からヤジや怒号がなく、護憲派・改憲派、双方から色んな意見をぶつけ合えて、実に楽しく、意義深かった。

司会者が公正な議論の整理と進行だけを心がけるのがいい。

沖縄のガイドのおっさんは、わしが「ガンジー主義とは何か?」を説明した後に、うまいタイミングで「命《ぬち》どぅ宝」(=生命至上主義)を言ってくれたのがありがたかった。

命どぅ宝!!

しかも彼が『戦争論3』まで読んで批判してくれたのだから感激した。

一瞬、「何、描いてたっけ?」と、あせったが。

小林よしのり
日米安保に甘えきった「憲法9条」の主体性なきニセ平和主義と、「非暴力・無抵抗」で、侵略者・占領軍に敢然と立ち向かう「ガンジー主義」(平和主義)の間には、天と地ほどの隔たりがある!

だが、あのおっさんも、「薄らサヨク」の学者同様、「ガンジー主義」の意味が最後までわからなかったようだ。

以前から反戦平和主義者はそこが全然わかってないと思っていたが、ついにそれをNHKという全国放送で明らかにできて満足した。

中島は雑誌「論座」で、西部邁は保守だが、小林よしのりは右翼だと書いていた。わしは自分の評価などどうでもいいが、どうやら中島はわしへの強烈な反発心に突き動かされているようだ。しかし憲法9条がガンジー主義ってのには笑える。こんな「薄ら馬鹿」な妄言が通用する戦後体制ってのは、やっぱり間違ってるよ。

インド独立の戦士として、チャンドラ・ボースとガンジーは、動機において変わりなく、手法においてはむしろガンジーの方が過激であるとも言える。

わしも「ガンジーのように戦えるか？」という命題は、いつも自分の胸の内の葛藤として忍ばせて、自分の弱さ、臆病さを正直に認めざるを得ないがために、「否、武器を持って戦うことしかできぬ」という結論を今のところ出している。

「ガンジー主義」、それは極論すれば、素手で行なう「玉砕」のようなものだ！

黙々と、粛々と、圧制者に向かって前進して行き、こん棒で頭を叩き割られるのみ。

そんなことが「命どう宝」（＝生命至上主義）で実行できるだろうか？

もちろん、否である。

しかし中島ってインド方面の学者だろ？ガンジーが生涯を通じて筋金入りのナショナリストで、非暴力と言いながら、暴力も誘発して戦い、巧みにマスコミを操る独裁的な男だったということを知らないのか？

ナショナリズムなしのガンジー主義なんてあるわけない！

武器を持って敵に突っ込んでいく日本軍の「玉砕」を、愚かな作戦だと平成の人々は言う。

わしはこれに全く同意しないが。

だが「ガンジー主義」は素手で、一切抵抗せずに殺されることを覚悟せねばならない。

しかも、ガンジーの「非暴力・無抵抗主義」は、第三者の視点を作るマスコミがいなければ成立しない。

ジャーナリストがこれを世界に伝えたからこそ、英国の良心的な人々に訴えて、世論を味方につけることができたのだ。

これがチベットならば、民衆が「ガンジー主義」で戦っても、国際社会に知られることもなく、虐殺されるだけである。

いや、現に今もチベット人の一部は「非暴力・無抵抗」で中国政府と戦っており、収容所で拷問を受け、ヒマラヤ山脈を越えて脱出する一人一人が、中国の国境警備兵にゲームのように狙われて撃たれている。

バ
自分の女や娘が衆人の中で凌辱《りょうじょく》され、自分のペニスが切られてもなお「非暴力・無抵抗」で敵に向かって行ってばたばた死んでいくような戦いを、「薄らサヨク」が実行できるはずがないではないか！

NHKの番組では、わしが「ガンジー主義」をやれるか?と問うと、へらへら笑いながら「それに賛成です」と答えていた。

想像力が欠如しているから安全保障のことなど真剣に考えられないのか、元々、誠実さがない人間なのか?

最低限、本気で考えたサヨクでも「その時は逃げる」と言う奴は多い。

もちろん戦争が始まったら、逃げられるわけがない。戦争という状況が全くわかっていないのだ。

禁止入内
憲法9条が「ガンジー主義」の選択だったなんて、国民が知ったら、改正派が圧倒的になるから、ぜひ9条にもう一文書き加えて、完璧な平和憲法にしようと主張してくれ!以下のように……

…ただし我が国が侵略され、占領されたる場合は、全国民が「非暴力・無抵抗」の「ガンジー主義」によって徹底抗戦し、速やかに独立を回復する。

ごーまんかましてよかですか?

「憲法9条」を「ガンジー主義」として、国民が選び直すというなら、その物凄いナショナリズムに屈服して、わしも軍備廃止の新平和憲法を支持する覚悟を固めよう!

第2章 パール判事は「憲法9条」を「ガンジー主義」と言ったのか

これほどまでに馬鹿馬鹿しい等式が世に出てくるとは思わなかった。「平和主義」＝「憲法9条」＝「ガンジー主義」などという説が世に流布されている。しかも、こともあろうにあのパール判事が憲法9条を「ガンジー主義を明文化した理想の宣言文」と思っていたなどという、ありえない話まで捏造して。

北海道大学公共政策大学院准教授・中島岳志の著書『パール判事　東京裁判批判と絶対平和主義』がその妄言の書だ。2007年8月14日に放送されたNHKスペシャル「パール判事は何を問いかけたのか」はこの書に影響されたのか、「（パールは）戦後日本が得た平和憲法の精神が世界に広がってほしいと訴えています」というナレーションで番組を締め括った。このような根拠なき流言飛語が書物やテレビで大衆に伝えられ、歴史を歪曲していく危険を看過しておくわけにはいかない。

中島は2005年、『中村屋のボース』で朝日新聞社の「大佛次郎論壇賞」と毎日新聞社の「アジア・太平洋賞」を受賞。保守を自称する新進の学者で、東京新聞や毎日新聞で「保守とは何か」を語り、一部の保守論壇にも好意的に見られているようである。

だが、そもそも朝日と毎日が揃って称賛する「保守」であるから、歴史認識においては大東亜戦争を肯定する立場には否定的で、小林よしのりを右翼と決め付け、南京事件などを懐疑的に見る者に対して歴史修正主義のレッテルを貼ってくる。わしの立場からは東京裁判史観のサヨクにしか見えないのだが、本人はあくまでも保守のつもりらしい。

今回、中島の『パール判事』を読んで驚いたのだが、あまりにも史料検証が作為的で曲解が激しい。その一例が冒頭に紹介した「パール判事・憲法9条・ガンジー主義論」であり、何とそれが著書の売りになっている有り様だ。これでは朝日・毎日と共闘して歴史を捏造し、「東京裁判史観」の強化に寄与するサヨク

学者と見なされてもやむを得まい。

● 作為的に文脈を無視した批判

中島は自著で、極東国際軍事裁判、いわゆる「東京裁判」の判事として「被告人全員無罪」という堂々たる「日本無罪論」の判決書を書いたラダビノード・パール博士を取り上げた動機として、従来のパールについての語られ方に対する不満を挙げる。

〈「東京裁判史観」を批判する論客が、『パール判決書』の都合のいい部分だけを切り取って引用し、自己の歴史観を補強するために利用しているというのが実情だ〉（11頁）と。

しかもそのような不正行為をしている人物の代表としてわしが名指しされているのだから、事実なら反省せねばならないし、根拠のない中傷なら反論せねばならない。

〈小林よしのりの『戦争論』では、何度もパールが登場し、「大東亜」戦争を肯定する文脈で引用されている〉（13頁）

〈小林の議論の是非はともかく、このような文脈でパールおよび「パール判決書」を引用することは、適切な行為とは思えない。「パール判決書」の一部分を都合よく切り取り、「大東亜戦争肯定論」の主張につなげることには大きな問題がある〉（14頁）

もう『戦争論』を出版して10年が経過し、未だに版を重ねて50刷になるが、こんな文脈に読み取って批判した者は記憶する限りでは中島が初めてである。

『戦争論』には44頁、２８３頁、３０８頁の3回パール判事が登場するが、いずれも「東京裁判」の無効性と「東京裁判史観」の相対化を主張する文脈に留めてあり、「大東亜戦争肯定論」につながる文脈はあくまでもわし個人の意見として表明してある。最初から普通に読んでいけば、中学生でもわかるはずだ。よっぽど作為的に文脈を無視して、セリフやナレーションの一部分を切り取って引用しない限りは。

中島という「学者」は義務教育卒業程度の国語力もないか、あるいはわしが不適切な記述をしているかのように見せかけるため、恣意的に誤読しているのだろう。

中島は、京都護国神社や靖国神社にパールの顕彰碑が建てられていることについて、こう批判する。

〈このような英霊の慰霊・顕彰施設に、パールの碑や展示コーナーを設置する意図は明白だ。彼らは、パールの東京裁判批判によって英霊たちの死にレジティマシー（正統性）を与え、近代日本が起こした戦争を全面的に正当化しようとしている。特に靖国神社には、東京裁判でA級戦犯に指名され、刑死・獄中死した軍人・政治家の霊が合祀されており、パールの存在を援用することで、「靖国問題」をめぐる政治的メッセージを発信しようとする意図がうかがえる〉（12頁）

さらに映画『プライド』やわしの『戦争論』にパールが出てくることを批判するわけだが、間違いなく「大東亜戦争肯定論」や「靖国神社」に否定的であることが中島という「自称保守」の基本思想であり、その主張に沿う形でパールを読み解こうとしているのだということをまず最初に確認しておこう。朝日・毎日新聞が重宝する所以である。

そんな中島は著書において「パールが自らの判決書で訴えたかった真のメッセージとは、何だったのだろうか?」と問いかけ、こう宣言する。

〈彼が東京裁判後に繰り返し訴えた主張（再軍備反対、憲法九条の護持、非武装中立、非同盟外交、世界連邦の重要性、ガンディーの非暴力主義、絶対平和主義…）を取り上げ、彼の思想の根源に迫る〉（14―15頁）

「憲法9条の護持」が入っていることに注意されたい。カッコ内の他の主張については知っている。だがパールが「憲法九条の護持」を主張したなんて話は初耳である。中島によればパールが「憲法九条の護持」を「東京裁判後に繰り返し訴えた」ことになっているがその根拠は何か?

この「新事実」は出版社も大きなセールス・ポイントと見たようで、本の帯やチラシの惹句にも「平和憲法の死守を主張し続けた」とある。

わしは、パールがあの困難な状況の中、断固として法の真理を守り通した独立独行の精神に、深い尊敬の念を持っていることを表明する。ただし断っておくが、わしはパールの取り合いなどするつもりはないし、パールを聖人のように持ち上げる気もない。パールがわしの主張と相容れないことを語っていたとしても、その発言の事実があれば一向に構わないと思っている。わしの主張との相違については、もしパールが誤っていれば時代を考慮して穏やかに指摘すればよい。

● パールは護憲派だって!?

だがここで問われているのは、パールが本当に中島の記述通りに発言したかどうかだ。なにしろ漫画で描かれたわしの『戦争論』さえ曲解して読み取る人間である。はたして正確な史料批判に基づく記述をしているのだろうか?

中島著書の中で最大のポイントとも言える「パール護憲派論」だが、実はそれを論述している部分は驚いたことにたった1か所、10行程度に過ぎない（236頁）。そしてその根拠として中島が唯一挙げたのは、昭和27年10月31日付毎日新聞大阪版に載った記事の一部分、「パル博士講演要旨」である。

〈日本は武器をもって無類に勇敢だったが、**平和憲法**を守ることでも無類の勇気を世界に示して頂きたい。伝統的に無抵抗主義を守って来たインドと勇気をもって**平和憲法**を守る日本と手を握るなら平和の大きく高いカベを世界の中に打ち建てることができると信じる〉（太字は筆者）

後にも先にも、パールの発言とされるものの中に「平和憲法を守る」なんて言葉が登場するものはこれしかない。これだけでは、この「平和憲法」にどういう意味合いがあるのか判断しかねるのが普通の感覚だろう。しかも問題はそればかりではない。実はこの時パールが本当に「平和憲法」と言ったかどうかという核心部分が定かではないのだ。というのも、同じ講演の記録がもう一種類存在し、そこにはこう書かれているからだ。

〈かつて日本は武器をとって無類に勇敢だったが、その勇敢さを**平和主義**のために誇示していただきたい。インドはふたたび武器をとる日本とは手を握れないが、**平和主義**にたたかう日本となら永久に握手することができる〉（小学館刊『パール博士「平和の宣言」』78頁。以下『平和の宣言』）（太字は筆者）

「平和憲法」ではない。「平和主義」と言っている！

後者の記録が載っている『平和の宣言』は昭和27年にパールが再来日した際に行なった講演、パールの論考、そして来日中のパールの言動に関する編者・田中正明の手記の3部で構成される本である。編者の田中はパールが「永遠の息子」と呼ぶほど信頼を置いた人物で、『平和の宣言』を出版する際もパール本人から「君の好む方法に従って、自分の講演および原稿を出版することを無条件で許可する」旨の書簡を受け取ったという。

異なった記述の史料が2種類存在する。ここで史料批判の目が問われることになるのだが、はっきりさせておかなければならないことは、新聞掲載の「発言要旨」は本人の発言そのものではない、ということである。あくまでも発言を聞いた記者が取捨選択、要約して限られた字数に収めるもので、記者自身の解釈や誤解が入り込み、ニュアンスが違ってしまうことはよくある。しかし雑誌などのインタビューとは違い、発表前に本人がチェックできない。わし自身、何度もそういう経験をしている。よって新聞の「発言要旨」は参考程度に留めておくのが著述者の常識である。

わしは田中正明編の『平和の宣言』の記述の方がはるかに信頼できると判断したので、『ゴーマニズム宣言』（「ＳＡＰＩＯ」２００７年9月26日号＝本書第1章）でこれを中島への挑発も込めて「一次史料」と記した。厳密には「二次史料」だが、講演のテープや英語演説の原文は残念ながら存在しない。この論文を書くにあたって可能な限りの関係者に当たったが、発見できなかった。

● 毎日記事と田中手記の史料価値

そこで新聞記事の「要旨」と田中手記の「要約」のどちらの史料価値が上か、という問題に立ち戻る。

パールは英語で「the Peace Constitution」（平和憲法）と言ったのか、「pacifism」（平和主義）と言ったのかということになるが、瞬間的に浮かぶことは「the Peace Constitution」（平和憲法）という言葉自体が、日本のサヨクが作り出した言葉のはずであり、英語圏に普遍的な言葉ではないだろうという予測である。ましてや昭和27年当時、「the Peace Constitution」などという言葉をパールが講演中に発したなどとは考えられない。平和憲法という概念自体が日本独特のものだろうから、さっさと

「pacifism」（平和主義）と結論してもいいのだが、ここは念には念を入れて史料検証を行なっていこう。

実は講演の内容を伝える文章の分量、及び具体性からも、断片的な新聞記事に比べて、田中手記の方がパールの語った内容がかなり把握できる。あとは中学卒業程度の国語力で読み比べれば史料価値の優位性は、容易に判断できるのだ。

はっきり言って新聞記事と田中手記、どちらを見てもパールの講演のテーマは、あくまでもガンジーの「無抵抗主義——非暴力、非協力の精神原理」の話であり、日本国憲法につながりそうな話は全く見られない。

当時は占領解除からわずか半年で、まだ日本国憲法が占領軍製だとは一般に知られていなかっただろうと以前わしは思い込み、そう書いたこともある。しかし「世界」昭和27年5月号を見ると、日本国憲法はマッカーサー憲法だと「おそらく日本中のだれでもが知っている」と東大教授・宮沢俊義が書いていた。宮沢はその上で「その内容がのぞましいものであるかぎり、獨立になつたからといつて、これを廃棄する理由は少しもない」と主張している。

さらに同誌は、朝鮮戦争に伴う日本の再軍備に猛反対し、「平和憲法を守れ」の意見が満載だった。当時の「世界」誌は現在からは想像もつかないほど学生やマスコミ人への影響力が強かったというが、そんな言論状況を考えれば、この時の新聞記者が通訳から「平和主義」と聞いて反射的に「平和憲法」と書いたことは十分ありうるのではないか。

『平和の宣言』の田中手記では、この講演の後、新聞社の玄関口にパールが出たとき、肌寒い深夜の屋外に人垣を作って待っていた聴衆から、拍手の波が起こったという。たった一人の長男が戦犯で処刑されたという婦人は涙ながらに「こんばんお話を聞かしていただいて、はじめて眼がひらけました。息子も救われると思います。息子は犬死にではありませんものを…」とパールに感謝を述べた。

そして田中はこう記している。〈なんという切実な平和への祈りか。人々は感動し、思わず博士にならって合唱するのであった。「平和主義は庶民階級の真率の祈りだ」この夜の博士の感想であった〉

この最後のパールの言葉に「平和憲法」が挿入できるか？「平和憲法は庶民階級の真率の祈りだ」ではお笑いになってしまうだろう。

他方、パールはこの来日時、「日本は独立したといっているが、これは独立でもなんでもない。しいて独立という言葉をつかいたければ、半独立といったらいい」といい、日米安保については「軍事的に日本をアメリカのミリタリー・コロニー（軍事的植民地）としたものであることは明瞭である」と反対を唱えている（『平和の宣言』28—29頁）。

そんなパールが、日米安保と表裏一体である「平和憲法」を守れと語るとは到底考えられない。

ところが中島は、全く無批判に「平和憲法」の記述のある新聞記事の方を重宝し、しかもこれが「要旨」であることも明らかにせず、パールの発言そのもののように載せ、あまりにも重大な断言をしてしまったのだ。

〈彼はここで、明確に日本の平和憲法を支持し、インドの非暴力主義と連繫することによって世界平和に貢献すべきことを訴えている。彼にとって憲法九条は、日本人が勇気をもって死守すべき重要なものであり、ガンディー主義を明文化した理想の宣言文であった〉（236頁）

明確に「平和憲法」と言ったという確証がなく、「平和主義」だったかもしれないという時点でこの断言は、軽率の誹りを免れない。しかも、パールが仮に言ったとしても「平和憲法」であるところを、中島は勝手に「憲法9条」とさらに絞り込んで特定している。

ここまででも無理に無理を重ねているのに、その上、パールにとって憲法9条が「ガンディー主義を明文化した理想の宣言文であった」と決め付けるに至っては、もう論外である。パールがそこまで認識していたと証明しうる史料は一切なく、これはあくまでも中島の根拠のない憶測でしかない。それをパールの意見と断定して書くのは、もはや捏造と言うべきだろう。

ともかくパールが「平和主義」=「憲法9条」=「ガンジー主義」と認識し、「憲法9条護持を繰り返し訴えた」という中島著書の目玉である「新事実」の正体は、単に新聞記事一枚の、おそらく誤記である記述を無批判に利用してデッチ上げたものにすぎない。段ボールを刻んで肉まんの具にするような露骨な詐欺は中国でなく、この日本で、学者の手によって行なわれていた。

しかも中島は、パールが憲法9条護持を「繰り返し訴えた」とした上で、「彼の思想の根源に迫る」と書いた。出版社も本の惹句で「平和憲法の死守を主張し続けた」と宣伝した。そのために、それがパール生涯の思想であったかのような印象が広められているのだ。

しかし「繰り返し訴えた」と言うなら、実際に複数回、ある程度長期間にわたって同様の発言をしたと証明しなければならない。

ところがパールの発言とされるものに「平和憲法を守る」などという言葉が登場したのは一度だけ、本当は「平和主義」と言ったはずの新聞記事の「要旨」しかない。それ以外、後にも先にも一度も確認されていない。

特に、その13年後、パールが80歳の時、病軀をおして来日を果たした際も、これが最後の来日であることを十分自覚していたはずなのに「平和憲法の死守」など一切言っていないのだ。それでどうして「繰り返し訴えた」と言えるのだろうか？

つまり、少なくとも憲法9条護持を「繰り返し訴えた」という点に関しては全くの嘘であり、ましてそれが「彼の思想の根源」であるはずがないのである。問題はたった一度「平和憲法を守る」と言ったかどうかだが、そんな重要なことをたった一度しか言わないというのも、あまりにも不自然というものだろう。

中島はパールを右派が利用していると見える現状がよっぽど気に入らなかったのだろう。その現状を痛撃する批判を欲するあまり、パールを「憲法9条護持」の人物に仕立て上げようとした。そのために心が逸って、たかが新聞記事の誤った「要旨」に胸躍らせ、はるかに信憑性のある田中正明のパール講演要約を精読せずに却下してしまったのである。

史料検証で厳に戒めねばならないことは、自分自身の偏見である。あらかじめイデオロギーの色眼鏡で史料を取捨選択することは学術的態度とは言えない。史料操作をし、根拠なき「新事実」を売りにした本を書き、学者の権威に騙されたＮＨＫがデマを拡散させる事態を見て中島は良心が疼かないのだろうか？

● ガンジー主義とは何か

反戦平和主義のサヨク方面は、未だに誤解しているようだが、そもそも「ガンジー主義（絶対平和主義）」と「憲法9条」の間には何の関係性も近似性もない。

憲法9条とは「平和を愛する諸国民の公正と信義に信頼して」という憲法前文を前提にして、すなわち全世界で日本だけが邪悪な国で、日本さえ武力を放棄すれば、他の「平和を愛する諸国民」は決して平和を脅かすことはない、という考えであり、これは終戦直後の連合国の世界観を反映している。

マッカーサーは新憲法を「承認」する声明で憲法9条を「あらゆる条項のなかで最も重要な条項」とした上で、「この保証と誓約によって、日本は本来その主権に固有の諸権利を放棄し、その将来における安全と存続自体を、世界の平和愛好諸国民の誠意と公正に委ねたのである」と言った。つまり憲法9条とは国の独立も主体性も放棄する宣言だったのである。

一方、ガンジー主義とは、大英帝国とのインド独立闘争の中でガンジーが説き、実践した、ナショナリズムを基盤とした宗教的・政治的手段なのだから、そもそも出発点からして正反対である。

当時の大英帝国は有色人種を虫けら以下の存在としか思わず、圧政の限りを尽くしていた。その人種偏見の凄まじさをナメてはいけない。パールはイギリスの歴史家・トインビーの〈われわれは彼らを歩いている樹木ぐらいにしか考えず、たまたま出会った地方に棲息する野獣としか考えていない。実際のところ、われわれ西欧人は彼らをその地方の動植物の一部と見做し、われわれと同様な情熱をもった人間とは見做さない。（中略）西欧人の先駆者が切り倒した森の木々、あるいは彼が射落とした大きな獲物のように、彼らの命は一時的であり、もろいものである〉という言葉を引き、〈十幾億の東洋人は「人類」のなかに入れてもらえなかったのである〉と語っている（『平和の宣言』２２４―２２６頁）。

ガンジー主義とは、「非暴力・無抵抗」の市民不服従運動というが、要するに圧政者に向かって丸腰で黙々と前進し、棍棒で頭を叩き割られるのみの抵抗運動なのだ。しかも第三者の目としてジャーナリストが報道しなければ、海外の良心的な人々の政治的介入を生むこともできない。

ユダヤ人問題に関してガンジーは、ユダヤ人は大挙して絶壁から突き落とされて犠牲になれば、人類に対する大きな貢献になるとまで言っている。ナチズムやチベットにおける中国の民族浄化の前には、ガンジー主義が果たして効力を発揮するのか、わしのような俗人には正直なところ無意味としか思えない。

それでいてガンジーは息子に父親が襲われた場合にはどうするべきかと尋ねられ、見殺しにするよりはあらゆる手段で救うべきだと答えている。卑怯・臆病よりは暴力を好むというのがガンジーの言い分だった。案外融通無碍《ゆうずうむげ》な思想のようでもある。

いずれにしろ生命を鴻毛のごとく軽く投げ出す覚悟で圧制者に立ち向かい、独立を勝ち取る、強烈なナショナリズム運動だと言える。生命至上主義で、国の主権も独立も曖昧でいい「憲法9条」と、どこをどう比較すれば同質のものと思えるのだろうか。

もちろんガンジー主義者のパールが、ガンジー主義と憲法9条を同一視していたとはとても考えられない。それは、まさに昭和27年のパール再来日講演で、パールがガンジー主義について語った内容を読めば明白である。

パールは、あるインドの行者が死の恐怖から逃れようとあらゆる修行を積んだ話を引き合いに出し、ガンジー主義とはいかなるものかを説いている。

〈彼は悶々として苦しみ、火の中、水の中にとびこんで死の恐怖を払い落そうとこころみた。しかし徒労であった。最後に彼は〝死〟を悟った。死から逃れようとしないで、死と抱き合った。そこに恐怖はなかった。死を抱いてしまった以上は、もはや地上に何一つおそれるものはなかった。恐怖は遠くへ離れてしまった。

無抵抗主義——非暴力、非協力の精神原理はここから出発しているのである。そこには微塵の恐怖観念もない。ただ真理の命ずるままに進むのみである。それは暴力よりも武力よりも、より困難な心の闘争である、それだけにいっそうの勇気と決意を要する〉(『平和の宣言』76頁)

この日本で「憲法9条護持」のために、死の恐怖すら超越して悟りを開くほどの「心の闘争」ができる者などいるだろうか?死の恐怖に耐えられないからこそ国の安全保障から目を背け、奴隷の平和でもいいと私心を吐露しているだけではないか。自分は戦う気はないと善人宣言さえすれば、誰にも危害を加えられるはずがないと夢想し、現実には日米安保に依存していることに目を塞ぎ、いざ不測の事態には逃げればいいと思っているような国民に、ガンジー主義が実践できようか?

パールはガンジー主義について、こうも語っている。

〈しかし、非暴力ということは、断じて怯懦《きょうだ》ということではない。「暴力と怯懦といずれを選ぶかと問われるなら、私は躊躇なく暴力を選ぶであろう」とマハトマ・ガンジーも喝破している。非暴力ということは暴力以上の勇気を必要とする。すなわち暴力を押しのけるだけの、暴力者をしてついに暴力を放棄せしめるだけの力を必要とする〉(『平和の宣言』171―172頁)

パールが主張した非武装中立、絶対平和主義の思想に比べれば「憲法9条」など、ただの怯懦である。

ちなみにこのパールの講演を中島も著書に使っているが、「暴力と怯懦といずれを選ぶかと問われるなら、私は躊躇なく暴力を選ぶ」という重要なガンジーの言葉をわざわざ省いて紹介しており、パールの論旨が全く伝わらなくなっている。

● 怯懦よりも暴力を選ぶと語ったパール

もし日本国民が憲法9条の「エセ平和主義」ではなく、死の恐怖も超越するほどの強烈なナショナリズムを自覚した上で、ガンジー主義に基づく「絶対平和主義」を選択するというのなら、さすがにこのわしも完敗だ。軍備廃絶を訴える覚悟を固めよう。

だが現実には、ガンジー主義が世界に広まることを願ったパールの思いとは裏腹に、今や当のインドですら、NPT(核拡散防止条約)体制を無視したまま、堂々の核保有大国となっていることは国際社会の常識である。

いずれにせよ「憲法9条はガンディー主義を明文化した理想の宣言文」など、ガンジー主義を冒瀆する妄言以外の何ものでもなく、ガンジー主義者のパールが「憲法9条護持」など言うはずもなく、仮に言ったとしたらパール自身の憲法9条に対する理解不足ゆえだったということに過ぎない。

中島は、パールが言うはずもない「憲法9条はガンディー主義を明文化した理想の宣言文」を、パールの主張として捏造しているくらいだから、おそらくこれが中島自身の主張なのだろうと判断し、わしは『ゴーマニズム宣言』(「SAPIO」2007年9月26日号=本書第1章)で批判した。

すると中島は自身のブログで、「小林さんは、明らかに私が『憲法9条はガンディー主義を理想化したもの』と主張していると見なされていますが、それは違います」と言い、自分はあくまでも「パールが平和憲法の中にガンディー主義の要素を見出していると分析しているだけです」と言い、「私の主張そのものを、ここに投影などしていません」と言い、「小林さんがおっしゃるとおり、ガンディー主義は恐ろしい覚悟が必要な思想です」と反論した。

これには驚いた。まるでオウム真理教に多大な影響を与えた、ポストモダンの宗教学者のような逃げ方である。本の主題、本の意義は、私の主張ではないと言い出した。自分では思ってもいない主張だが、「パールは護憲派だった」と主張する本を書き、「小林よしのりがパールを利用するのは間違いだ」と主張するのだから、いやはや常識も良識も無視する保守がいたものだ。

中島は、自分がパールよりもガンジー主義について深く理解しているとでも言うつもりなのだろうか?

前述の通り、パールはガンジー主義には死の恐怖すら乗り越える覚悟がいると明確に語っていた。「暴力と怯懦なら、躊躇なく暴力を選ぶ」とも言っていた。それを中島はあえて無視し、「パールが憲法9条にガンジー主義を見出している」などという、ありえない「分析」をしたのだ。

　そうしてパールが言ってもいない「憲法9条はガンディー主義を明文化した理想の宣言文」という珍説を流布しておきながら、「憲法9条とガンジー主義は違う」と指摘されると、「憲法9条とガンジー主義が同じだなんていう誤った考えは、あくまでもパールが言ったことだ。自分は初めからガンジー主義の何たるかは知っていた」と居直ったのである。こんな卑劣な話があるだろうか？　パールが聞いたら激怒するんじゃないか？　おそらく中島は、パールに対してもともと何の敬意も感じておらず、ただ利用してやろうとしか考えていなかったのだろう。

　中島は「大東亜戦争肯定論」を否定するためにも、悪質な史料引用を駆使してパールを利用する。例えば、パールの講演を次のように要約する。

〈日本は、近い過去において「軍事力を先頭にたてて、ことをなし、またことをなさんとしてきた」。これは西洋諸国からもアジア諸国からも「侵略」と見なされ、厳しい批判にさらされ続けた。日本が戦争に至った経緯は、必ずしも日本だけが攻められるべき問題ではない。日本が行った産業開発や教育の普及などを、すべて「侵略」と見なした西洋諸国にも大きな問題がある。

　しかし、日本の行為が「侵略」と見なされたのは「手段としての西洋の暴力の悪に対して、暴力をもつて起つたからである」。日本が西洋と同じ誤った道を歩んだために、日本の行為は「侵略」と見なされたのである〉（226頁）

　注意してほしいのはこの要約文の中で、パールの言葉はカギ括弧の中だけである。カギ括弧を繋ぐ文章はすべて中島の勝手な解釈を含んだ要約に過ぎない。読者は中島の要約全部をパールの発言かと勘違いする恐れのある文章である。

　実際この要約では、パールも日本の過去の行為を「侵略」と見なしているとしか思えない。ところが実は中島は、講演録から以下の重要な部分をわざと無視して要約しているのだ。

〈アジア民族の独立という聖なる目的さえも、アジアの貧困と文盲と疫病からの解放という聖なるこころざしさえも、〝侵略〟という名の下に一言で片づけられてしまった。私はもちろんそうとは思わない。またインドをはじめアジア諸民族も、決してそうとばかり受け取ってはいない。だが世界は〝侵略〟の名の下にこれを裁いた。なぜだろうか〉（『平和の宣言』127―128頁）

　呆れてモノも言えない。パールは日本の過去を「もちろん」侵略とは思っていなかったのだ。それどころか「アジア民族の独立という聖なる目的」と、「アジアの貧困と文盲と疫病からの解放という聖なるこころざし」まで認めている。

　なんとこれは、わしが挑発的に描いた「大東亜戦争肯定論」を上回る「大東亜聖戦論」ではないか！　パールは日本の戦争に「聖なる目的」と「聖なるこころざし」があったと認めた上で、なぜ西洋がこれを「侵略」と見なしたのかを語ったのである。

中島は自分のイデオロギーに都合の悪い部分を隠蔽して要約することで、パール自身も日本の過去を「侵略」と見なして語ったかのように見せかけている。しかもパールが言ってもいない「アジア諸国からも『侵略』と見なされ、厳しい批判にさらされ続けた」という言葉を挿入している。これなどは明らかに史料の改竄である。

中島はわしに対して「都合のいい部分だけを切り取って引用し、自己の歴史観を補強するために利用している」と批判していたわけだが、天に唾する行為とはこのことだ。

わしの反省点はパールが「大東亜聖戦論」すら意中にあったと見抜けなかったことである。

●『平和の宣言』への誹謗中傷

昭和27年のパール再来日時に関する史料は限られており、田中正明編の『平和の宣言』に依拠することが多くなるが、中島はこの本を実に自分に都合よく勝手につまみ食いし、歪曲して使っている。そしてその恣意的な史料操作を、なんと編者の田中への誹謗中傷で正当化するのだ。

先に挙げた「平和憲法」の新聞記事と、「平和主義」の田中手記のどちらを採用するかという件でも、「田中正明さんを経由した資料には、田中さんの主観が反映されていることがあり、史料の信憑性に疑問符がつくものがあります。そのため」異なる記述が複数存在する場合は、無条件で田中正明以外のものを選んだという（中島ブログ「小林よしのりさんへの返答」）。

読み比べもせず、田中正明を経由した史料というだけで即座に却下したというのだ。こんな差別的で杜撰な史料選定の方法など聞いたことがない。それでいいのなら、わしは中島岳志を経由した史料は今後全て却下しよう。

中島やサヨクは田中正明をあたかも資料改竄の常習者のように誹謗中傷しているが、実際にはそのような事実はない。ただ、田中は歴史の専門家ではないために単純な史料の読み間違いなどのミスはあるのだが、その程度のことなら、自慢ではないがわしの方がはるかに多くやっている。もちろん誤りが判明すればただちに訂正するし、史料の根幹を意図的に捻じ曲げるようなことなど一切していない。

田中は小学館文庫の『パール判事の日本無罪論』で、パールが、東京裁判の裁判所管轄権の範囲を１９４１年12月7日からと主張した、と書いたが、これは確かに１９３７年7月7日からの誤りである。これを中島は鬼の首でも取ったかのように〈明白な改竄であり、パールの主張を著しく歪曲している〉（２７８頁）と非難し、極限まで拡大して田中の史料全てが信用ならないかのような扱いをしている。

だが、田中は同じ本で、１９３７年12月のいわゆる「南京事件」のことを東京裁判の管轄権内のこととして書いているのだから、

「1941年12月7日から」としたのは単純ミスと見るべきだろう。実際、パール判決書のこのくだりは複雑で、誤読しやすくなっているのだ。田中の著述の信用性を問うのなら、同著に以下のような記述があるのを見逃すべきではないだろう。

〈もちろんパール博士は、海外における日本軍隊の残虐行為や非人道行為が皆無であるなどといっているのではない。「よしんばこれらの事実が、検察側の主張どおりではないにしても、ここに示された非人道的行為の多くのものは、実際に行われたであろうことは否定できない」とその事実を認めている〉（176頁）

田中は他の著書では「南京虐殺」が完全に虚構であると主張し続けた人物だが、パール判決書の解説では、このようにパールの主張をありのまま書いているのである。田中と中島と、どちらが資料改竄の常習者かといえば、確実に中島岳志の方だと実例が示しているではないか。読者諸氏にはパールの言葉自体を収めた『平和の宣言』を読んでいただくのがいいだろう。なに、義務教育卒業程度の国語能力があれば、中島がいかにこれを牽強付会しているかが一目瞭然になるとともに、パールの崇高な精神性と歴史観に感銘を受けることは間違いない。

●自称保守のご都合主義

さていささか瑣末な話だが、中島はもう1か所わしを名指しで批判している。わしが『いわゆるA級戦犯』で描いた「大亜細亜悲願之碑」のパールの碑文について、実は碑文の前半部分は別人の手によるものだと中島は主張する。パールが書いたのは後半のみだと中島は「出典不明」の史料を元に主張し、わしが碑文の全文をパールの詩として紹介したことを、あたかも史料の改竄でもしたかのように書いているのだ。

いやはやそんな「出典不明」の史料があるとは知らなかった。「出典不明」の史料に史料価値がないのは、かつて「新しい歴史教科書」の執筆をしたときに、歴史学者である伊藤隆東京大学名誉教授に教わったことであるが。

その「出典不明」の史料にある碑の成立過程がどうあれ、碑文にはパールの署名のみが刻まれている。前半部分が明らかにパールの思想と異なるとか、意に反する形で署名を入れられたとかいう証明がない以上、全編パールの詩として発表されたものと見てどこがいけないのか?

事実、今まで「大亜細亜悲願之碑」の碑文を紹介した人は、みな全文をパールの詩としている。それとも中島は、例えば米大統領の演説に対して、「あれは大統領の意見ではない。スピーチ・ライターの意見だ」などと言うのだろうか？　中島は、わしが自著『いわゆるA級戦犯』で、最終章を全編使って描き出したパール像に対し、史料を突きつけて崩すのではなく、難癖をつけることしかできないのだ。

中島著書についての根本的な疑問がまだある。例えば中島は、〈『日本無罪論』という語は、「パール判決書」の趣旨から明らかに逸脱している〉（278頁）と再三批判している。

一方、〈パールは、日本人から同情ある判決に感謝する旨の挨拶を受けるたびに「私は日本に同情して判決書を書いたのではなく、真実を追究した結果である」として、怒りをあらわにしたという。日本人による都合のいい解釈を許さないパールの姿は、八〇歳を超えてもなお健在であった〉（282頁）〈妥協を許さない生涯だった〉（292頁）と讃える。

ではなぜパールは、『日本無罪論』という自著に付けられるタイトルに何も言わなかったのか？

『日本無罪論』という書名をつけた田中正明によると、このタイトルに対し、左翼からの攻撃が大変にあり、その意見の大半は「被告の無罪はまだしも、田中のいふ『日本無罪』とはをかしいぢゃないか。日本は悪いことばかりしてをったのだから、あの裁判は確かに間違ひであるといふことは分かるが、日本は無罪ぢゃない」というものだったという。

何のことはない。自称保守の中島が言っていることと寸分違わず一緒だ。これについて田中はこう続けている。

〈後から私がパール博士にその事を聞きますと、「あゝ、『日本無罪論』でいいんだよ、お前の付けた名前でいいんだよ」と、言下に言はれました〉（「まほろば」136号）

実際、昭和27年のパールの来日中に本人の要望で出版された判決書の全訳本も『全訳日本無罪論』というタイトルだが、パールが異を唱えたという話は一切ない。さらに、来日中「『日本無罪論』のパール博士」と行く先々で紹介されたようだが、それに対して「怒りをあらわにした」形跡も全くない。

「妥協を許さない生涯だった」パールが、「日本無罪論」という語に関してだけは妥協を許し、「日本人による都合のいい解釈」を許したというのか？　この矛盾を中島は一切無視している。

また、中島は〈「パール判決書」は戦後間もない段階で書かれているため、史料的制限を大きく受けている。のちの歴史学の発展によって解明された史実も多く、その点でパールの記述に正確でない箇所があることは否めない〉（143―144頁）と書いている。これには、わしも賛成である。パールは「南京虐殺」や「バターン死の行進」を日本軍の残虐行為として事実認定しているが、昨今の歴史研究によって、これらの日本軍の戦争犯罪には多くの疑問が呈されている。

ところがどういうわけだか中島は、〈彼は「南京虐殺事件」や「バターン死の行進」をはじめとする日本軍の「残虐行為」を事実と認定し、「鬼畜のような性格」をもった行為として断罪した〉（297頁）として、「のちの歴史学の発展によって解明された史実」を完全無視する。彼の嫌いな右派論壇から出されている研究は完全無視だ。

自分の既成概念を揺るがしそうな研究成果には、見ざる・聞かざる・言わざるでは、そもそも研究者としての、そもそも学者としての、資格を問われてもやむを得まい。朝日・毎日御用達の自称保守とはそういうものか。

●真意を曲解しているのはどちらか

最大の疑問は、パール判決書を読んだ後の「A級戦犯」たちの反応である。東条英機は「印度の判事の意見に対しては、皆尊敬の念を感じている。これをもって東亜民族の誇りと感じた」と遺書に書き、「百年の後の世かとぞ思いしに今このふみを眼のあたりに見る」と歌に詠んでいる。100年後にしか現れないかと思っていた文を、いま眼前にしたと感激したのである。

板垣征四郎は刑執行の前日に「私どもとして、インドのパル判事から少数意見として書かれたものを、三日かかつて読んだが、非常に感銘しました」と語り、「二とせにもわたる裁きの庭のうちこの一ふみそ貴かりける」「すぐれたる人の文みて思うかなやみ世を照らすともしびのごと」という歌を詠んでいる。

松井石根は「ああ、あのインド判事の書いたものを見せてくれたが、大へんよくいつておる。われわれのいわんとするところを、すつかりいつておる。さすがにインド人だけあつて、哲学的見地から見ている」と述べた。

木村兵太郎は「闇の夜を照らすひかりのふみ仰ぎこころ安けく逝くぞうれ志き」と詠んでいる。これを読んで心安らかに死刑台に上れる、とまで言ったのだ。

また、大川周明も「明治史を抹殺せんとする連合国の意図はパール博士の日本無罪論によつて打砕かれ候」と書いている。

中島は以上のいわゆる「A級戦犯」の反応を著書に紹介している。

その一方で中島は、パール判決書とは〈日本の為政者はさまざまな「過ち」を犯し、「悪事」を行った。また、アジア各地では残虐行為を繰り返し、多大なる被害を与えた。その行為は「鬼畜のような性格」をもっており、どれほど非難しても非難し過ぎることはない。当然、その道義的罪は重い〉（178頁）と断じたもので、「無罪」の判決は、事後法では裁けないからにすぎないと執拗に主張する。

これはどういうことだろうか？　そんな判決書を読んで、なぜ「A級戦犯」たちは感激したのだろうか？　そんなものを読んで、「これで安らかに死ねる」なんて言えるだろうか？　それとも、当時のエリート中のエリートたる国家・軍指導者や、「当時最高の知性」と今も評価の高い東亜の論客が、揃いも揃ってパール判決書を誤読したというのか？

中島岳志という准教授は、彼らよりもはるかに正確に、あの難解で長文のパール判決書を読みこなせるほどのスバラシイ知性をお持ちなのか？　漫画で描いたわしの『戦争論』すらマトモに読めない国語力なのに？　まあ中島は、パールよりもガンジー主義を理解しているかのようなことを平然と言ってのける御仁だ。そう思っているのかもしれない。

それならば、「日本人は過ちを犯した」と断罪する判決書を書いたはずのパールは、なぜ広島の原爆慰霊碑の碑文を見て、日本人が日本人に向かって「過ちは繰り返しませせぬ」と誓っていることに憤慨したのか？

どうせ中島はこれらの疑問に答えることはできないだろう。

結論を言ってしまえば、中島を始めとするサヨク連中が繰り返し主張するパール判決書の解釈こそが、パール判決書の一部分を都合よく切り取り、勝手な拡大解釈を加えた捏造品であり、パールの真意を完全に歪曲しているからだ。

中島らサヨクがパール判決書で必ずつまみ食いして利用するのが「全面的共同謀議」の結論にある〈日本の為政者、外交官および政治家らは、おそらく間ちがっていたのであろう。またおそらくみずから過ちを犯したのであろう〉（『共同研究　パル判決書　下』466頁）という部分である。

本当はこの後に続く部分のほうが重要なのに、彼らは必ずそれを無視する。それはこんな文章だ。

〈しかしかれらは共同謀議者ではなかった。かれらは共同謀議はしなかったのである。起こったことを正しく評価するためには、各事件を全体中におけるそれ本来の位置にすえてみて初めて、正しく評価することができる。これらの事件を生ぜしめた政治的、経済的な諸事情の全部を検討することを回避してはならない〉

東京裁判で最大の争点は「共同謀議」、すなわち「A級戦犯」被告28人が共謀して侵略戦争を計画、実行したのかという点だった。パールは共同謀議はなかったと断定した。東京裁判で裁かれた数々の事件はいずれも共同謀議なしに生じたものであり、なぜそれが生じたのかについては、政治的、経済的事情の全部を検討しなければならないとパールは言っており、実際、その膨大な判決書で詳細に検討を行なったのである。

●「欧米にこそ責任」と言ったパール

では具体的に、パールは日本が軍国主義に向かうに至った「諸事情」をどう検討し、評価したのか？　それがよくわかる講演が『平和の宣言』に収録されている。例によって、中島はこれをわざと無視している。少々長くなるが、じっくり読んでほしい。

〈日本には常に、一刻の猶予も許されない一つの重大な問題があった。それは年々急速に増加する人口を、生活程度を低下させることなく、これをどうしても養ってゆかなければならないという問題だった。これは日本の政治に、いつでもつきまとっていた重大問題だった。（中略）一九二二年のワシントン会議以来、約十年間、日本はこの問題を解決するため、経済的には外国貿易の伸張、政治的には善隣政策という手段に出た。当時の日本の指導者は、日本政府および日本の国民が、急激に増加する日本の人口を養うためには、国際貿易を増大し、その貿易からの収入を増加させるよりほかないと、考えたのである。

しかるに日本のこの平和政策は、まもなく「人間の力ではいかんともしがたい非人間的な力」によって踏みにじられてしまった。太平洋にのぞむ四つの英語国が、日本のこの平和的な意図に何らの同情をも示さなかったのである。それが正しかったか、あるいは間違っていたかは暫くおき、日本はついにみずからの経済の分野で日本の人口を養ってゆこうとする試みは、あきらめるよりほかないという結論に到達した。

日本がそれまで推進してきた平和的政策が、日本人にしてみれば「日本の力ではいかんともしがたい非人間的な力」によって粉砕されてしまったからである。当時の幣原外相あたりのステーツマンシップは、人間のなしうるかぎりの最も知性ある政治の典型といってもいい程のものだったにもかかわらず、これが無残にも踏みにじられてしまった。米英両国の世界経済秩序は、世界経済を独占し、いかなる新興国の発展をも、締め出してしまうような性格のものだった。日本の味わったこの失望感こそ、ついに日本を駈って他の政策を推進させるにいたったのだ、といっても過言ではあるまい〉（『平和の宣言』188—189頁）

これと全く同じ論旨が判決書にも書かれている。（『共同研究　パル判決書　下』74—76頁）。同様の歴史観はクリストファー・ソーンやジョージ・ケナンなども表明しており、一部はマッカーサーでさえ認めている。そしてわしが描いた『戦争論2』『戦争論3』の歴史観とも通底しているものである。

このような判決文を書いたパールだからこそ、「過ちは繰り返しませぬ」の碑文に憤慨したのだ。そしてその翌日の講演で語気を強め、こう言ったのだ。

〈わたくしは一九二八年から四五年までの十八年間の歴史を二年八カ月かかってしらべた。とても普通では求められないような各方面の資料をあつめて研究した。この中には、おそらく日本人の知らなかった問題もある。それをわたくしは判決文につづった。このわたくしの歴史を読めば、欧米こそ憎むべきアジア侵略の張本人であるということがわかるはずだ。しかるに日本の多くの知識人は、ほとんどそれを読んでいない。そして自分の子弟に「日本は犯罪を犯したのだ」「日本は侵略の暴挙をあえてしたのだ」と教えている。満州事変から大東亜戦争勃発にいたる真実の歴史を、どうかわたくしの判決文をとおして充分研究していただきたい。日本の子弟がゆがめられた罪悪感を背負って、卑屈、頽廃にながれてゆくのを、わたくしは見すごして平然たるわけにはゆかない〉（『平和の宣言』95頁）

この発言は、パールとしてはあまりにも当然のものである。

中島はこの講演がよっぽど不都合であるらしく、例によってこれは田中正明の手記に要約として紹介されたもので、史料価値に疑問があると難癖をつけた挙句、パールが「判決文をとおして充分研究していただきたい」と言った歴史とは、「過ちを犯した」歴史のことだなどと、苦し紛れのムチャクチャを言っている（中島著書253—254頁）。

パールが判決書で示した歴史観とは、端的に言ってしまえば、

「日本は誤りを犯したが、日本がそうせざるを得ない状況に追い込んだのは欧米であり、欧米にこそ責任がある」

というものである。ところがサヨクは「日本は誤りを犯した」

の部分だけをつまみ食いし、曲解・拡大して利用しているのだ。これこそ歴史の捏造ではないか。

繰り返すが、判決書の真意は「日本は欧米に追い込まれ、やむなく開戦した」という点にこそあった。そして、その認識は当時の国家指導者たち全てが痛感していたことだった。だから、それを代弁してもらえたことに「A級戦犯」たちは感激したのだ。それが真実である。

●「日本有罪論」を展開する人々の悪意

日本を追い込んだ欧米の悪意の内には、明らかに人種差別が含まれていた。パールは判決書の中で「人種的感情」の項目を設け、検討を加えている。

トインビーの文章から、過去3世紀に亘って白色人種が有色人種を「歩く樹木」の如き扱いをしてきたことを挙げ、そんな中で、日露戦争で有色人種が白色人種に挑みうることが示されたことを指摘する。続いて第一次大戦後、日本が世界で初めて人種平等案を提出したこと、それが米大統領ウィルソンのために否決されたこと、加えて白人諸国に東洋人排斥運動が広がったこと、そのために日本の人口過剰問題がさらに深刻化したことが記されていく。これも、わしが『戦争論』シリーズで描いてきたことと全く同じである。

パール判決書は「日本はやむなく開戦に追い込まれた」という認識に留まり、「アジア解放のための戦いだった」という積極的評価にまでは踏み込んでいないため、厳密には「大東亜戦争肯定論」とまでは言えないかもしれない。だが背後に人種問題があることをここまで認定していれば、「大東亜戦争肯定論」まではあと一歩である。

やむなくであろうと、結果的にであろうと、大東亜戦争は日本が有色人種を代表して白色人種と戦う戦争となり、アジア解放のための戦争となったのである。それは東京裁判の時点ではまだはっきりしていなかった。しかしインド、ビルマ、インドネシアの独立を経た後である昭和27年のパールの再来日の際には、これが明確になっていた。だからこそ、この時にはパールは「アジア民族の独立という聖なる目的」「アジアの貧困と文盲と疫病からの解放という聖なるこころざし」を認める発言をし、あの「大亜細亜悲願之碑」の詩を書き、署名したのであろうとわしは確信する。

激動し　変転する歴史の流れの中に
道一筋につらなる幾多の人達が
万斛《ばんこく》の想いを抱いて死んでいった
しかし
大地深く打ちこまれた
悲願は消えない

抑圧されたアジアの解放のため
その厳粛なる誓いに
いのち捧げた魂の上に幸あれ
ああ　真理よ
あなたはわが心の中にある
その啓示に従つて　われは進む

一九五二年一一月五日　ラダビノード・パール

中島らサヨクは、パール本人も認めていた「日本無罪論」という言葉を目の仇にする。彼らは「日本有罪論」でないと気が治まらないのだ。そのために、パール判決書を何が何でも「日本有罪論」だったことにしようとつまみ食いし、曲解に曲解を重ねる。「日本有罪論」とは、つまり東京裁判史観である。

まさかパールも、自分の死から40年後には、東京裁判および東京裁判史観を全面否定するために自分が遺した判決文や言葉を、当の日本人が東京裁判史観を強化するために悪用するとは、夢にも思わなかったに違いない。情けない限りである。

パールは日本人が東京裁判批判を行なわないことに憤慨し、その理由は「アメリカの巧妙なる占領政策と、戦時宣伝に災いされて、過去の一切が誤りであったという罪悪感のとりことなったため、背骨《バックボーン》を抜かれ」（『平和の宣言』１５７—１５８頁）たためだと言っている。まさに、中島などはこういう人物なのだろう。

ちなみに、この発言は中島も著書で紹介している。ただし、例によって自分にとって都合の悪い「アメリカの巧妙なる占領政策と、戦時宣伝に災いされて、過去の一切が誤りであったという罪悪感のとりことなったため」という部分をあっさり削除し、単に〈敗戦の衝撃で「背骨を抜かれ」〉（２４２頁）と改竄している。中島の史料の扱い方は、一切合切がこの調子なのだ。

初めに自分の「薄らサヨク」イデオロギーがあり、史料からこれに都合のいい言葉を文脈から切り離してつまみ出し、曲解して紹介する。挙句の果ては「パール判事が憲法9条の死守を主張し続けた」などと完全な捏造で本一冊書き上げてしまう。すでに絶版になっていた本を史料とすれば、読んでない者にはわからないとでも思っていたのか？

その捏造本の冒頭で、靖国神社や、映画『プライド』や、小林よしのりが今までパール判事を曲解し続けてきたと讒言《ざんげん》するのだからまったく大した准教授だ。途方にくれる。

史実を歪曲して「東京裁判史観」の再強化を図る、朝日新聞が諸手を挙げて歓迎しそうな「保守」なんているのか？　日本が有史以来たった一度敗北を喫した先の対外戦争を、概ね肯定してみせようという構えもとれず、覚悟もできず、米国依存の戦後我々の甘えを棚に上げて、祖父たちのぎりぎりの主体性を断罪することに情熱を注ぐ「保守」など、一体何を保守したいと言うのか？

（本文敬称略）

SPECIAL ゴーマニズム宣言

パールは日本無罪論者を信頼した 第3章

『正論』07年11月号の論文（本書第2章）で、わしは中島岳志《しい》の『パール判事』が、パールの言葉を恣意的に引用し、歪曲《わいきょく》し、捏造したトンデモ本であることを、冷静に、丁寧に論証した。

中島の史料検証の杜撰《ずさん》さは目もあてられない。

わしは自分の著作で、パール氏の言葉を引用することによって、東京裁判の相対化、無効を訴える。

だが大東亜戦争肯定論に関しては、あくまでもわしの意見として描き、パール氏が絶対平和主義だったことも、きちんと伝えている。

しかるに中島は、パール氏が「憲法9条護持を、戦後、何度も訴えた」と根拠のない嘘を書き、

パール氏が日本の戦争を「アジア解放の聖なる目的」があったと評価していることを隠す。

わしと中島と、どっちが史料改竄《かいざん》・捏造犯であるかは、真っ当な国語力でわしの論文を読めばわかるはずだ。
ところがマスコミは、わしの論文発表後も、朝日・読売などの書評で、続々と中島のトンデモ本を称賛する記事を掲載した。
復讐と報復をこえて
パール判事 中島岳志著
しかも評者には御厨 貴《みくりやたかし》という東大教授までいる始末だ。
権威主義の壁は厚い。
やつらが平然とトンデモ本を御輿《みこし》に担ぎ続けるのなら、いかに中島が小者でも、徹底的に叩くしかない。
マスコミや学者が宣伝するデマゴギーとは徹底的に戦う。
それがわしの使命であり、
保守とは、デマを流す者ではなく、デマを見抜く者であるはずだからだ！
当の中島はブログで愚にもつかない反論を書いて、特にわしの愛読者でもない者たちから、次々に論破される始末だが、
未《いま》だに自分の誤りを認めず、わしへの中傷を謝罪しない。しらばっくれるのはサヨクの手口だ。
小林よしのりさんへの返答（2）
＞田中正明さんの史料扱い方についても、以前に書いた通りです。
「ならば慎重に扱えばい
という話で、
平和憲法か平和主義かに関
「田中であるから外した」
という理由では、
批判されて当然ではないかと
ここは小林さんの主
改めて整理しておくが、ここでのわしと中島の論争の最重要論点は、パール氏が憲法9条を「ガンディー主義を明文化した理想の宣言文」と認識し、憲法9条護持を「東京裁判後に繰り返し訴えた」という中島の新説が事実か否かだ。
中島がその唯一の根拠としたのは、毎日新聞に載ったパール氏の、という「講演要旨」にあった「平和憲法を守る日本」という言葉だけである。
は武器をもって無類に勇敢だった
が、平和憲法を守ることでも無類
の勇気を世界に示して頂きたい。
伝統的に無抵抗主義を守って来た
インドと勇気をもって平和憲法を
守る日本と手を握るなら平和の大
だが同じ講演の要約がもう一つある。
それはパール判決書を「日本無罪論」という題名で世に広めた田中正明氏の『平和の宣言』という本で、
そこでは、「平和主義にたたかう日本」となっていた！

田中氏の記述が正しければ、中島の「パール護憲派説」は一切の根拠を失う。
勝負はどちらの史料の信頼性が上かで決まる。
平和の宣言
パール氏が1952年の来日講演で「平和憲法」と言ったとしたら、英語で「the Peace Constitution」と言ったことになる。
「平和条項」を持つ憲法はアメリカを始め多数あるが、これは日本のサヨク概念としての「平和憲法」とは全然違う。法学者のパールが日本のサヨクと全く同じ感覚で「平和憲法」という語を、あっさり使うだろうか？
パール氏の講演は、ガンジーの「無抵抗・非暴力・非協力の精神原理」の話なんだから、「pacifism(平和主義)」と言ったと見るのが自然だろう。
パール氏は来日時、「日本は半独立でしかない」と言ってたくらいなのに、憲法9条を擁護するとは考えられない。
そんな中、『週刊金曜日』に中島のインタビューが載ったが、なんと、わしに指摘された自著の核心部分について一切、語っていない！逃げているのだ。謝罪もせず！
インタビュー
東京裁判 パール判決の真意はこうだ
中島岳志
しかも中島は、安倍前首相がパール氏の遺族に会ったことに関してこう言っている…
「東京裁判を全否定している——と右派どおりの解釈をしてパールの遺族に会う、それによって無言のメッセージを支持者に伝えると」
「東京裁判全否定」は「右派の解釈」だそうだ。
中島は、自分は右でも左でもないと繰り返し、「自分だけ真ん中」だと「おりこうさん」になりたがっているが、
おりこうさんはまんまんなか～～～っ
つまり「真ん中」の中島は、「東京裁判・一部肯定」論者の立場なのだ。
▲『週刊金曜日』2007年10月19日号

しかし日本の知識人って、中島岳志がパール判決書の内容をあれで紹介したと思い込んでるらしい。あれほどの「誤読」、「曲解読み」の真意は①国語力がない②頭が足らん③わざとサヨク運動で曲解してる…このどれかだ。中島本を絶賛している御厨貴、加藤陽子ら東大の学者を始めとして、日本の学者というのは根源的に国語力がないようだ。根源的に！

中島は「パールは東京裁判を全否定していない」と言う。

「通例の戦争犯罪」については、パールが裁判の意義を認めていると主張する。

そりゃ〜〜〜裁判の俎上《そじょう》には、載せるでしょうけど、それが東京裁判を肯定したことになるのかね？ アホやん。

パールによって法理自体を否定された東京裁判で、なんで「通例の戦争犯罪」だけが肯定されるのか？

日本国の行為としては戦争犯罪はない！「判決、無罪！」

…そう結論づけたパール判決を無視し、松井石根《いわね》大将を「通例の戦争犯罪」で強引に死刑台に送った東京裁判の、どこをパールが肯定したと言うのだ？

中島のこの異様な主張に関しては、後々詳しく描こう。

つっかれるな〜〜〜ホントに。

さらに笑わせることに中島はこうも言っている。

「（パールの言葉を）右派だけでなく左派も、自分たちの都合のいい物語に回収しようとする、かつ、そういう物語に当てはまらないものは単純に切り捨てていくという意味で、同じように問題です」

右も左も問題！まんまん中でなくっちゃ！

おい、おい！中島こそが、「パールは9条護持」という自分の「都合のいい物語」に回収するために、
重要な史料を「単純に切り捨てて」いる張本人ではないか！

よくもヌケヌケと言うよ。

左派だって今まで「パールは9条護持論者だった」なんて嘘話はしてないぞ！

そもそも中島の本は田中正明氏の『平和の宣言』から、45か所以上も引用している！

それなのに自分に都合の悪い箇所は、「田中正明は信用ならないから」として却下するのだから、一体どういう神経の持ち主だ？

うちの時浦は10年前、田中正明氏と板倉由明氏が一緒にいるところに同席している。2人とも今は鬼籍に入られたが、田中氏の改竄問題もどういう経緯か把握している。なんで板倉氏が田中氏を批判したのに仲良くしてたのかわかるか？なめるなよ、こら！

中島は、極力田中氏の史料を排除することで、「パールの肉声に近いものを再現しようとしました」とまで言う。

とにかく、田中正明氏がパール氏の来日時の言動をまとめた『平和の宣言』を、読んでもらった方が早いと思い、わしは小学館に復刊を要望した。

すると、インドに住むパール氏の息子に許可を求めにゃならんと言う。

そりゃ、まずいんじゃないかな～～と、わしは思ってたんだよな。

信用ならないと思う人物の本から、45か所以上も引用するなよ！

でたらめな奴だな！

保守論壇の知識人は、この息子に安倍前首相が会いに行ったことを、やけに喜んでいたが、
わしはどうせ今頃、日本のサヨクの手が回っていて、
息子に「父上が日本の右翼に利用されている」というブラフがかけられているだろうと推測していた。

はたして息子は、復刊を拒否してきた。

では『平和の宣言』は絶版のままになるのだろうか？

サヨクどもはこうして、世界中で反日工作を行なっているのだ。

箱根に「パール下中記念館」がある。パール氏、および氏と義兄弟の契りを結んだ平凡社創業者の下中彌三郎《やさぶろう》氏の記念館だが、中島はここを訪れて「強い憤り」を感じたと、著書の冒頭で記した。

常駐の管理人がおらず、掃除やメンテナンスがされてなく、「私はしばしの間、呆然とそこに立ちつくした」と言うのだ。

中島は右派がパール判決書を都合よく利用するだけで、他に関心を持たないからこんなに荒廃するのだと憤って見せ、「これではパールは浮かばれない」と思い立って『パール判事』の本を書いたと言う。

わしも50過ぎて、いいかげん冷静沈着な語り口でいかにゃならんかなと思って「正論」論文では抑制しつつ緻密に書いたが、それで通じるほど日本のマスコミ・知識人・学者は頭もよくないし、誠実でもない。この愚劣さには希望はもう持てない。ならば再び感情爆発型で、実名、似顔ありで、容赦ない手法に戻るしかないのだろう。

どう見ても記念館を管理している下中記念財団への難癖としか思えんが、中島は執筆の際、史料提供で下中記念財団に全面協力してもらっている。

一体、どういう神経の持ち主だ?

07年10月20日、わしは記念館へ向かった。

ブオォォ
パール氏が田中正明氏に書いた手紙を探しに。

そこにパール氏の著作の出版権を全面的に田中氏に委ねる内容が書いてあるはずなのだ。

記念館に到着すると、なんと10人ほどの青年たちが、せっせと記念館を掃除していた!

年に一度、ボランティアで大掃除をしているという。

みんな『ゴー宣』の読者で、突然わしが現れたことに驚き、大盛り上がりとなった。

彼らの働きで、記念館はピカピカに磨き上げられた。

偉そうに記念館の現状を嘆いて見せた中島は、ここでゴミの一つも拾ったのだろうか?

中島は週刊金曜日でも、朝日新聞でも、「パールが憲法9条を擁護すべきと何度も言っていた。」という嘘話をしない。「都合のいい歪曲・曲解」などの非難をわしに投げつけ、実は自分が「歪曲・曲解・捏造」してたのだから、謝罪すべきではないのか？
さて、今回見つかった史料は、パール氏が田中正明氏に送った1953年2月19日付の手紙で、問題の『平和の宣言』の信頼性を検証するのに、決定的な意味を持っている。
書き出しには、「My dear Masaaki chan」とある。
パール氏は田中氏を「お前は永遠に私の息子だ」と言い、日本語で親が子供を呼ぶようにと、田中氏を「マサアキチャン」と呼んでいたというが、手紙でもそう書いていたのである。
My dear Masaakichan,
I am so glad to recei
この手紙は、田中氏が『平和の宣言』を出す際に、許可を求めたのに対する返信で、こう明記されていた…
「私の講演をあなたのお好きなように活用、出版することを無条件に許可します。日本のみなさんに私の考え方をお伝えできることを嬉しく思います」
パール氏本人が、田中氏に全幅の信頼を置いていた証拠である。
y dear Masa
I am so gla receive your letter dat
instant.
You have my unqualified permission to
utilize my lectures in any way you like. I
if my views reach the Japanese public.
told you when I was in Japan, a
記念館にはもう2通、パール氏から田中氏への手紙が保管されていた。1966年、パール氏が最後の来日を果たした後のものである。
この頃は、1952年の来日時とは打って変わって、日本の法学者やマスコミが、「田中の『日本無罪論』という題名はパール判決書の主旨を歪曲するものだ」と大々的に宣伝し、そんな学者たちの招待でパール氏は来日していた。
しかしそれでもパール氏は、最後に日本人に向けて書いた2本の原稿を、
「これをお前に渡す。どのように利用してもかまわぬ」
…と田中正明氏に託した。日本の法学者に託さず、田中氏に託した思いが汲み取れるだろうか？

例えばパールが「平和憲法」と言ったとしよう。ならば中島の本の帯は、「パールは憲法9条が平和主義だという勘違いをしていた!」と書かねばならない。さすればサヨク学者やマスコミはこの本を評価しなかった!
中島は未だに「パールは東京裁判の全否定ではない」と言っているが、これもデマだから、わしが証明してやる。
そして帰国後の1966年10月24日付で田中氏に宛てた手紙にも、自分の文章を使用することを許可すると書かれていた。
My dear Tanakachan,
As regards your including any of my writings in your book you always have my permission.
Yours affectionately,
(Radhabinod Pal)
田中氏に託された原稿のうち、1本は読売新聞に掲載され、原稿料が出たので田中氏は50ドルの小切手でパール氏に送った。
その返信がもう1通の手紙である。日付は1966年11月9日。パール氏が亡くなる2か月前で、田中氏への遺言のようなものである。
なんとパール氏は、あの原稿で、誰からの、いかなる対価も受け取るつもりはないと、小切手を送り返したのだ。そして重ねてこう記している。
「どなたからも報酬を受け取ることはできません。あなたがお好きなように使うことを許可します」
9th November, 1966.
My dear Masaaki chan,
I have just received your letter dated November 1,
1966 enclosing a cheque of $ 50 for me.
決して対価は受け取らないと、潔癖なまでに筋を通したパール氏は、「『日本無罪論』は誤りだ」と言い立てた学者たちではなく、
『日本無罪論』と名付けた田中氏を、終生、全面的に信頼していたのだ!!
国際法の権威によって、パール判決書は「日本無罪論」ではない、という言い方が、しばしば為されてきた。講談社学術文庫の序文にもそういう記述があり、秀才くんたちは、権威を無条件に信じ込んだ地点から研究を始める。だがそれが間違いであることをわしが本書で証明しよう。
パール氏と田中氏の信頼関係を考慮すれば、『平和の宣言』を一次史料に準ずるものと考えてもおかしくない。
中島が引用した毎日新聞の記事など、てんで比較にならない。
わしは今回、出てきたパール氏の手紙を元に、『平和の宣言』を復刊してくれることを、小学館に再度頼んだ。

さて、パール氏が「平和憲法」と言ったのか、「平和主義」と言ったのか、という論争は、これでもう論理的には決着がついたと言っていいだろう。
状況証拠は固めつくしたしな。
だが実は問題は論理ではないのだ。
何しろ15年も前に完全にデマだと判明した「慰安婦強制連行」の証言本、『私の戦争犯罪』ですら、未だに絶版にもならず、その内容は事実として国際社会に定着させられてしまったほどだ。
私の戦争犯罪
朝鮮人強制連行
吉田清治
いくらわしが中島の本を、デマ満載のトンデモ本だと論証しても、マスコミや学者が中島本を称賛し続け、デマ宣伝の物量作戦で押し切ろうとするこの現状がある。
パール判事
安倍総理もインド訪問で遺族をたずねた名判事の真意
「日本無罪論にあらず」を論理化
無罪の真意読み解く

パール判事は東京裁判で、圧倒的なデマ宣伝にたった一人、論理だけで立ち向かった。
わしもデマの大量宣伝に、論理だけで立ち向かい続けるしかないのだろう。
ここで我々は、パール氏が田中氏に託した「遺言」ともいうべき原稿にあったこの言葉を噛みしめなければならない。

特に宣伝にまどわされない判断力を得てください。わざわざこういうのは、宣伝が大衆を支配するために案出された実に警戒すべき手段だからです。ほとんどの大国が宣伝省を持ち、有能な人を宣伝大臣に任命していることでも、その強力さがわかります。宣伝の恐ろしさは、たえず知らず知らずのうちに、働きかけ、知らず知らず矛盾することを自分の本性と信じこまされる点にあります。

わしは自分が間違っていたら
認めて訂正する。
必要な時は謝罪もする。
イデオロギーでデマ宣伝を
やってるわけではないから、
主張を180度変えても
いいのだ。
それが「真理」ならば。
赤福を目いっぱい宣伝してしまってすみません。
文庫化される時にそのまんま載せて、解説をつけて対処したく存じます。
それで読者が怒って去っていっても構わん。
普通に物語としての漫画に戻ればいいだけだ。
今でも十分描けるし、人気もとってるし、目が良くなって絵もまだうまくなっている。
卑怯者の島
小林よしのり
だがマスコミや、中島や御厨といった学者は「真理」よりも権威やイデオロギーを上位に置かねば、出世もできんし、食ってもゆけまい。
「真理」のみにこだわる個の強さがないのだ。
それにしたって沖縄の集団自決「軍命令」説といい、パールが「憲法9条護持」説といい、なんでこうもデマが蔓延する社会なのだ？
メディア・リテラシーなんて一体、誰が持ってるんだ!?
ごーまんかましてよかですか？
「デモクラシー」の土台が「デマゴギー」となっているこの日本社会が実に不愉快である！
おまえたち、デマに惑わされるな!!
パール判事
井上章一

資料 パール書簡全訳

第3章で紹介された、パール氏から田中正明氏宛に送られた3通の手紙の全訳は以下の通り。

1953年2月19日

親愛なる正明ちゃん

今月16日付の手紙を受け取りました、ありがとうございました。

私の講演をあなたのお好きなように活用、出版することを無条件に許可します。日本のみなさんに私の考え方をお伝えできることを嬉しく思います。

日本滞在中に話しましたが、コルカタ（カルカッタ）の出版社が私の反対判決を英語で出版することを検討しています。これはほぼ決まると思います。私の友人の下中氏にこの本を購入したいかどうか聞いてください。

私の友人のみなさんがお元気でいらっしゃることを願っています。私が日本を発ってから、中谷教授から連絡がありませんが、どうぞよろしくお伝えください。

敬具

信頼と愛情を込めて。

ラダビノード・パール

1966年10月24日

親愛なる田中ちゃん

今月18日付お手紙を受け取りました、ありがとうございました。また切り抜き記事も受け取りました。みなさんに久しぶりにお会いでき大変嬉しかったです。

あなたの本に私の書いたものを引用されることについてですが、いつでもどうぞお使いください。

平和、繁栄、幸福を願って。

敬具

ラダビノード・パール

1966年11月9日

親愛なる正明ちゃん

1966年11月1日付のお手紙とともに、同封された私宛ての50ドルの小切手を受け取りました。

このような小切手をお送りくださったことに少し驚いております。出版に際し私の文章を提供しましたが、誰かから支払いを受けるなどということは全く考えておりませんでした。したがって申し訳ありませんが、どなたからも報酬を受け取ることはできません。金銭を得るために書いたのではないことを伝えるとともに、小切手は読売（新聞）へ返却されるべきです。

このような支払いなく、私が書いたものをあなたがお好きなように使うことを許可します。小切手はお返しします。

敬具

信頼と愛情を込めて。

ラダビノード・パール

不当に歪められたパール像を正す 第4章

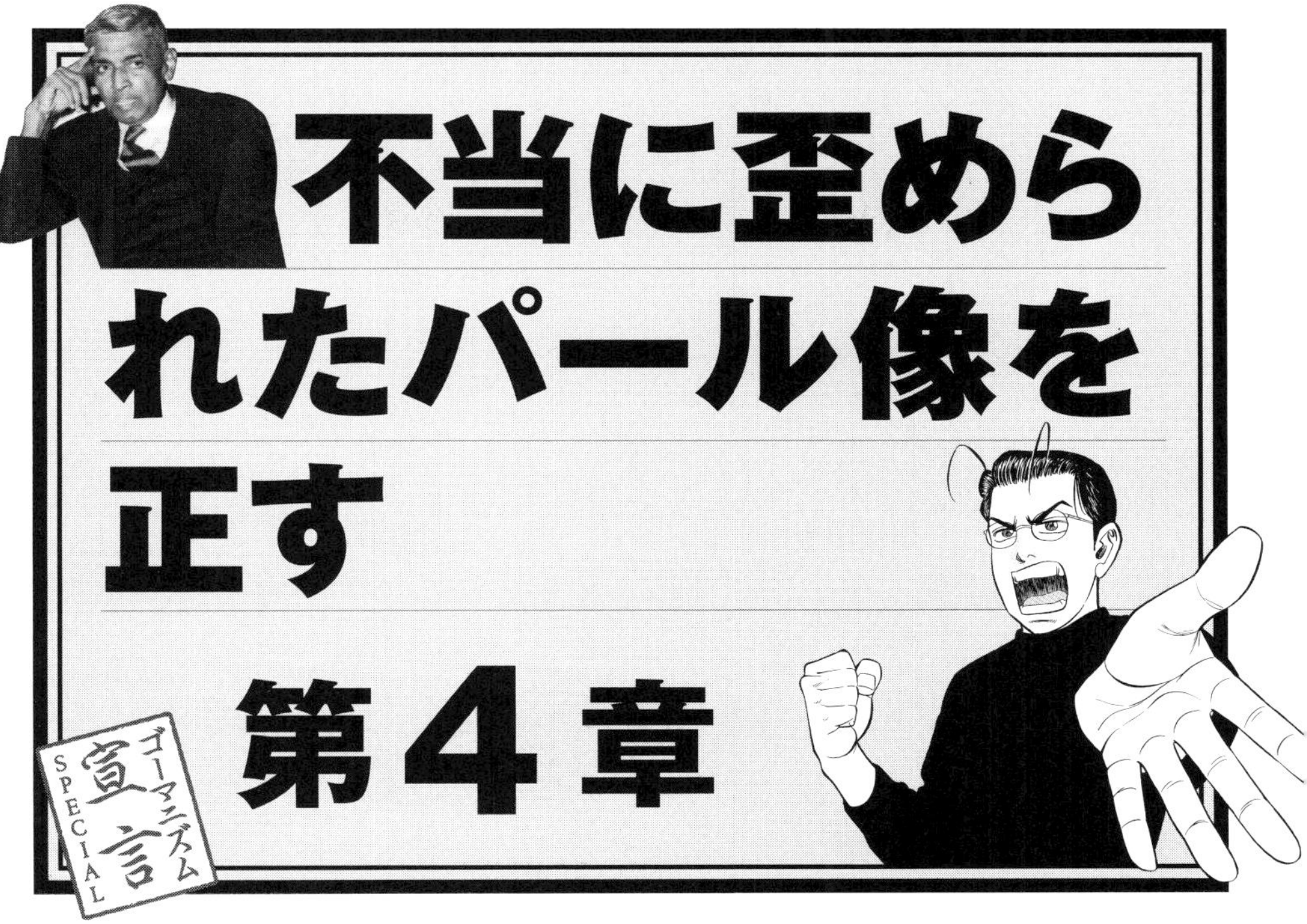
ゴーマニズム宣言
SPECIAL

箱根・パール下中記念館にて――
あ、これ「大亜細亜悲願之碑」の拓本ですよね。
え？何、それ？
広島の本照寺に建立された碑に、パールが碑文を書いてるんだ。
ああ、いわゆる『A級戦犯』（幻冬舎）の最終章に出てた、あれ？

激動し　変転する歴史の流れの中に
道一筋につらなる幾多の人達が
万《ばん》斛《こく》の想いを抱いて死んでいつた
しかし
大地深く打ちこまれた
悲願は消えない
抑圧されたアジアの解放のため
その厳粛なる誓いに
いのち捧げた魂の上に幸あれ
ああ　真理よ
あなたはわが心の中にある
その啓示に従つて　われは進む

一九五二年一一月五日
ラダビノード・パール

パール判事は、こんなにはっきりと日本の戦争が「アジア解放」のための戦いと認めてたんだね。

ところが中島岳志はこの碑文をそう解釈してはならないと、わしを非難している。

え～～～～？なんで、なんで？なんで？

この碑文は前半と後半に分かれていて、前半は碑文を依頼した本照寺の筧《かけい》義章住職が書き、
パール氏が書いたのは「抑圧されたアジアの解放のため」から後だけだそうです。

それで「小林よしのりは筧が執筆した文章までもパールの詩として紹介し、独自の大東亜戦争肯定論を展開している」と非難しているんです。

え～～～～～っ？

なんでそれが悪いの？

前半部分には署名はないのよ！

後半部分と一続きの詩として読めるようにしてあり、
最後にパールの署名がある。
ラダビノード・パール
うん、そ…そうだけど、こっちにパール氏がベンガル語で書いた詩の英訳があるけど、
これ、後半部分だけなんですよ。
Engli
Bengal L
of this monument:—
For the peace of those departed souls who took upon themselves the solemen vow at the salvation ceremony of oppressed Asi
"Oh! Lord, thou be
in my heart.
I do as appointed by
1952. 11. 5
Radhav
だって、その後半部分で「アジアの解放」の戦いを讃えてるんだよ!
パール氏が、わざわざ「アジアの解放」を付け加えてるんだよ!
だったら誰が読んでも全文、パール判事の詩と思うに決まってるよ。
その通りだ。
パール氏は半日間、熟考して後半に、わざわざ「アジアの解放」を付け加えた。
それでも中島は、「この碑文を、『大東亜戦争はアジア解放の聖戦である』という主張として解釈し、身勝手に流用する論者が多いが、これには大きな問題があるといえよう」と書いてます。
なんで〜〜〜?「抑圧されたアジアの解放のため」、「いのち捧げた魂」って書いてあるのに!?
何が身勝手で、何が大きな問題なのよっ!?
さあ…?
中島は、なんて書いてるんだよ。
え…えーと…「ここで我々が理解しなければならないのは、パールの碑文は、あくまでもアジアの解放のために戦ったアジア人に捧げられたものであり、『大東亜』戦争を戦った日本人に限定されたものではないということである」…と。

わしは中島から「小林は歪曲者である」という根も葉もない中傷をされた。わしが歪曲したのなら、謝罪して、訂正せねばならない。そこですべての史料を検証した。もう一度「パール判決書」も読んでみた。時間と手間を費やして、その結果にわしは激怒した。とことん描き続けるぞ！

「日本人に限定されたものではない」ってことは「日本人も含む」ってことでしょ？

そりゃそうだ。

これは日本人向けに限定されたものだなんて、誰が言ったの？

いや、別に誰も…。

誰も言ってないことを「右派」が言ってることにして攻撃するというセコイ手口を使うんだな、「薄らサヨク」は！

「アジア解放のために戦ったアジア人」が日本人だけじゃないなんて当たり前じゃない！

インド人も、ビルマ人も、インドネシア人も、マレー人も、み〜んな日本人と一緒にアジア解放のために戦ったんでしょ？

アジア諸国の代表を集めて「大東亜会議」もやったし、
本土防衛すら危なかった時期に、チャンドラ・ボースのインド独立構想に押されてインド国民軍と共に「インパール作戦」までやったんだからな。

それなのに対象を日本人だけに限定したら、そっちの方がず——っとヘンじゃん！

…というより中島によると、この碑文はインド人のためのものだそうです。

「パールの碑文の主眼は、独立運動に邁進し命を失った同胞の追悼にこそあった」…って断言してます。

パール

ええ〜〜〜っ、なんで〜〜〜〜っ？

どうしてインド人に限るの〜〜〜〜？

え〜〜〜と…パール氏がこの碑文の詩と一緒に、インド独立の志士の名を記した石を届けていて、その石をこの碑の中に奉納したから…だって。

だからってこの碑文がインド人のために「こそ」書かれたってことになるの？

中島はそう言ってるわけだな。

…………

バカじゃないの？

そもそもなんでパール氏はこの碑文を書くことになったの？

それはですね、パール氏は1952年に来日した時、広島で原爆慰霊碑の「安らかに眠って下さい 過ちは 繰返しませぬから」って碑文に憤慨したんですね。

安らかに眠って下さい 過ちは 繰返しませぬから
原爆投下という「過ち」を犯したのはアメリカなのに、なぜ日本人が日本人に向かって「過ちは繰り返しませぬ」と謝っているのか、と。

…で、その直後、新聞でこのことを知った覚住職がパール氏を訪ねて碑文の執筆を依頼するんです。

中島によると、覚住職は当時、靖國神社に祀られない一般市民の戦没者を慰霊する碑を建立する計画を進めていて、「この人の慰霊文を刻みつけることが、戦争犠牲者への最上の供養だ」と思ったそうです。

田中正明氏によると、その際、筧住職は「わたくしの寺の檀徒も大勢原爆でやられています。また出征して多くの戦死者も出しています。これらの諸精霊に対して、どういう言葉を手向けたらよいか。パール博士に『過ちは繰り返しませぬから』に代わる碑文を書いていただきたい」と頼んだそうです。それで半日間熟考の末、碑文の後半を執筆したというわけ。

パール氏は「過ちは繰り返しませぬから」に代わる慰霊文を頼まれたのよね？

筧住職がパール氏にこそ、と考えた動機を考えれば、当然、そうだろう。

広島のお寺に原爆および戦争犠牲者の慰霊文を頼まれたのに、
パール氏は日本人のためじゃなく、
インド人のために「こそ」詩を書いたの？

しかも「アジア解放」を付け加えて？

なんで？

しーーーーん…

そ〜〜〜……

パール氏って無礼であつかましい人なの？

ねえ、教えて！

広島の地で慰霊文に、インド人のことしか念頭にない詩を書くなんて非礼よねっ！

そんなわけのわからないことをする人が、なんで「過ちを繰り返しませぬ」の碑文に怒ったの？

なんで？

わな わな
わな…

んが〜〜〜〜っ!!

そんなの中島に聞いてくれ〜〜〜っ!!

パールは「過ちは繰り返しませぬ」の文句じゃ慰霊にならぬと憤ったのに…
その直後に、原爆犠牲者の慰霊文を頼まれたら…
日本人そっちのけで、自分の同胞のインド人を「こそ」慰霊する詩を、半日間も熟考して書くような…
意味不明の支離滅裂な人間だったなんてことは、中島岳志が書いたことで、
ぼくが言ったんじゃなー―――い!!
うぎゃ―――
わははははは
何としてもパール氏が、大東亜戦争の「アジア解放」の理念に共鳴していたと思わせてはならぬ、と。
中島が執念を燃やすから、パールがそんな支離滅裂な人間像になってしまうんだろう。
パール氏は原爆犠牲者の慰霊文のために熟考した末に、
原爆のみならず、大東亜戦争全体を文明史的に俯瞰するところまで視野を広げたのだろう。
原爆投下は4世紀に亘《わた》る白人の支配、人種偏見の帰結であった。
この白人の支配、人種偏見からの脱却こそがまさに大亜細亜の悲願であり、
大東亜戦争はそのための戦争であった。

…そんな思いから、パール氏は「アジア解放」のため命を捧げた全てのアジア人の魂に幸あれと書いたのだろう。

もちろん、その中には原爆犠牲者も、日本軍の戦死者も含まれている。

その上でパール氏は、アジア人の一員として、同胞のインド人の名を奉納した。

…そう見るのがごく自然というものだろう。

なるほどね、りっぱな人だわ。

あやうく無礼な異常者かと思うところだった。

しかし、なんでこんなに狂ったパール像を書いた本をマスコミや学者は支持するのかな？

マスコミも学者もほとんどがバカで、中島の本を読んでもその狂いに気づかないんだ。

国語力がないから！

まあ、本の中で、小林よしのりや靖國神社が批判されていれば、大マスコミと学者どもはほとんど絶賛なんだけどね。

学者って、百の論文、書くより、新聞に出る方が出世するという現実もあるしな。

ごーまんかましてよかですか？

言っておくが、わしはパールの取り合いしたり、パールを神棚に上げるために描いているのではない。

「国語力」の問題としてやっているのであり、

「権威主義」と「デマゴギー」の問題として、やっている。

そこんとこ、勘違いするなよ！

「パール判決の真意」って何だ?
第5章
ゴーマニズム宣言
SPECIAL

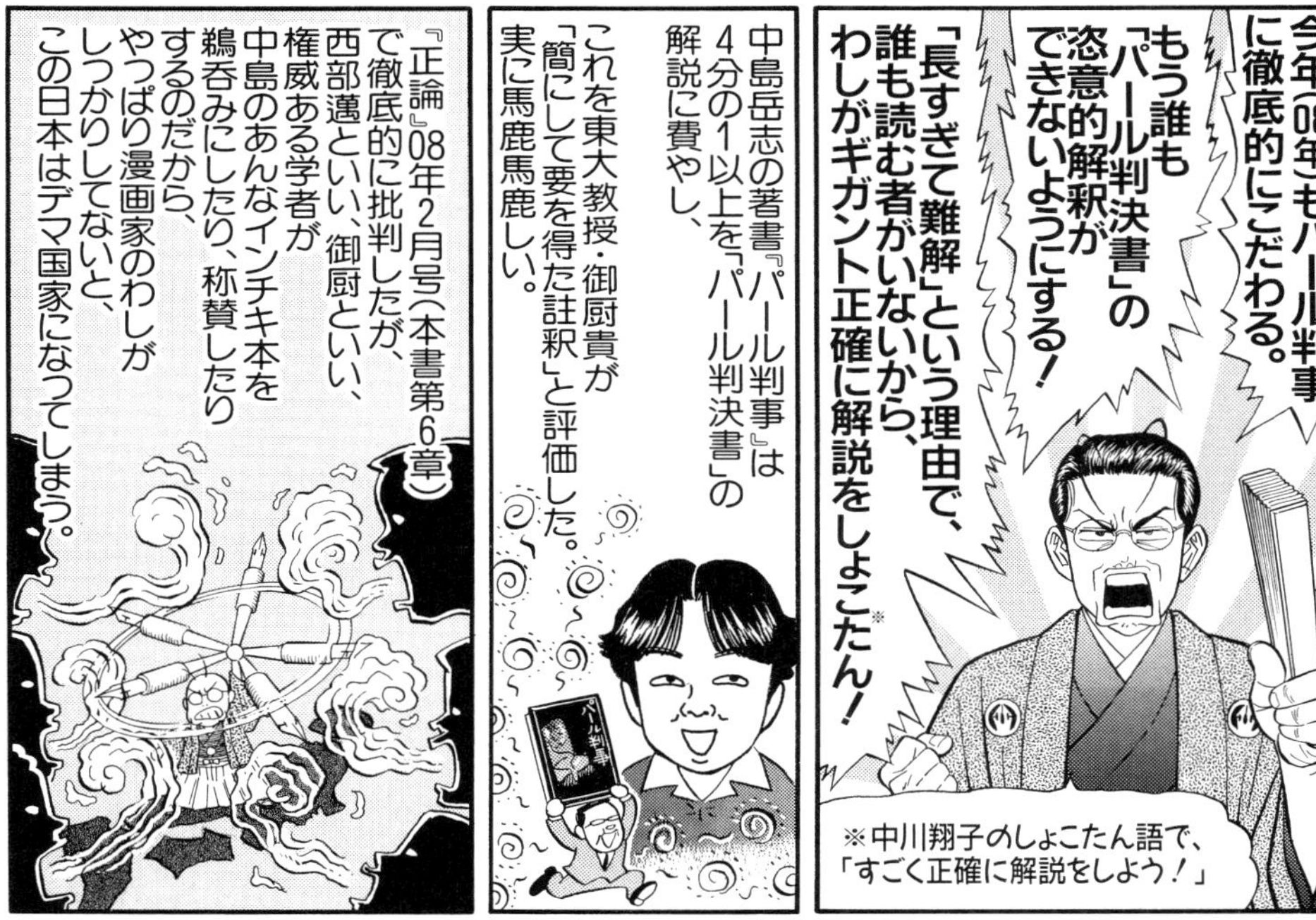
今年(08年)もパール判事に徹底的にこだわる。
もう誰も「パール判決書」の恣意的解釈ができないようにする!
「長すぎて難解」という理由で、誰も読む者がいないから、わしがギガント正確に解説をしょこたん※!
※中川翔子のしょこたん語で、「すごく正確に解説をしよう!」
中島岳志の著書『パール判事』は4分の1以上を「パール判決書」の解説に費やし、
これを東大教授・御厨貴が「簡にして要を得た註釈」と評価した。実に馬鹿馬鹿しい。
パール判事
『正論』08年2月号(本書第6章)で徹底的に批判したが、西部邁といい、御厨といい、権威ある学者が中島のあんなインチキ本を鵜呑みにしたり、称賛したりするのだから、やっぱり漫画家のわしがしっかりしてないと、この日本はデマ国家になってしまう。

中島のインチキ解釈の最たるものが「管轄権の範囲の問題」という部分だ。
これは東京裁判で裁く「戦争」とは、いつ始まりいつ終わったものを扱うのかという問題である。
終戦は1945年9月2日、戦艦ミズーリでの調印式と決まっているが、開戦をいつとするかが争点となった。
①検察側が起訴状で主張した1928年1月1日か、
②支那事変(日中戦争)が始まった「盧溝橋事件」の1937年7月7日か、
③大東亜戦争が始まった「真珠湾攻撃」の1941年12月7日(現地時間)か。
なぜ検察が1928年1月1日からを主張したかというと、日本政府が世界征服の陰謀会議を行なったとする偽書「田中上奏文」を、検察が当初信じていたからだとされる。

弁護側はカイロ・ポツダム両宣言を根拠に③、つまり真珠湾攻撃からと主張、
パールはこれを、「本裁判の管轄権は右の戦争中の、またはこれに関連する行為に限らなければならない」と一旦断定する。

しかしパールはその後に、盧溝橋事件以降の戦闘も含めるべきだと続け、最終的には②が結論となっている。

田中正明氏はこの最後の部分を読み飛ばしてしまったのか、『パール判事の日本無罪論』(小学館文庫)で、「1941年12月7日」を結論としているが、明らかにミスである。

中島はこれを鬼の首でも取ったかのように、わざわざ判決書の英文まで引用して「この意訳の『誤り』は、単なる『ミス』ではなく、意図的『改竄《かいざん》』と捉えられても致し方ない」「パールの意図を著しく歪曲し、踏みにじっている」と非難し、
例によって田中氏をあたかも信用ならない人物であるかのように誹謗《ひぼう》している。

だが本当に信用ならないのが誰かは、すぐ明らかになる。

※・支那事変を戦争と認めなかった理由
日本…国際法上の拘束や他国からの非難を逃れることを期待したため
中国…正式な戦争になると第三国には国際法上の中立義務が生じ、米国からの軍事支援がうけられなくなるため
米国…中立法が発動し、交戦国への支援ができなくなるため

中島は「パールは、半ば強引に、日中戦争を東京裁判の管轄権とすることにこだわった」と言う。

ではなぜそうしたのか？

「熱烈なガンディー主義者だったパールは、ガンディーの示した認識を共有していた可能性が極めて高い。ここで日中戦争を東京裁判の管轄権とすることに固執した背景には、ガンディーからの思想的影響があったと見ることが可能であろう。実際、あとで見るように、彼が示した南京虐殺事件に対する嫌悪感は、激しいものがあった」

「南京虐殺」については、改めて論証しよう。

ここで中島は唐突に、ガンジーが日本の帝国主義を厳しく批判していたことに触れる。

そして、こう言う…

要するに中島は「パールはガンジーの思想的影響で日本の帝国主義を嫌悪していたため、それを批判しようと、半ば強引に判断を曲げた」と言うのだ。

おいおい、おかしいじゃないか。

だったら検察側が主張したように、1928年1月1日から裁いたはずだろう。

だがパールはこれらに関しては、満州事変なども含めて塘沽《タンクー》協定（停戦協定）で決着済みとして、全部、あっさり却下している。

なぜ、そうしたのか？

中島の説は根拠のない憶測、というより邪推でしかない。というのも、判決書には、支那事変を管轄権に入れた理由が明確に書いてあるのだ！

本来、ポツダム宣言を厳密に見れば、真珠湾攻撃以降を「戦争」とするしかない。

各国が「戦争」を宣言したのは真珠湾攻撃以降で、日本も、中国も、米国も、それぞれの事情から支那事変を「戦争」と認めていない（※）。

しかしながら事実上の状態としては、支那事変は「戦争」と呼ぶしかない、パールはそう判断したのだ。

「実際に、その後の発展はすべてこの敵対行為によって生じた紛争に端を発しているということができる」

※：連合国はカイロ宣言で、日本が占領した地域の剥奪・返還を求めているが、その地域には満州、台湾など真珠湾攻撃以前に日本の支配下に入った地域が含まれている。連合国はポツダム宣言でさらにこの条項の実行を宣言。東京裁判はポツダム宣言に基づいて行われている以上、連合国が真珠湾攻撃以前の事件を考慮に入れていないはずがないとパールは判断した。

中国との戦いは言うに及ばず、米国も中国へできる限りの支援をしたことで、事実上、「みずからの行為によって真珠湾攻撃のはるか以前から交戦国となっていた」とされる状態だった。

これを当事国が全然、言及する意向がなかったとは考えられない（※）。そうパールは主張している。

つまりパールは、宣戦布告の有無にかかわらず、支那事変と大東亜戦争が連続していたと判断したため、盧溝橋事件以降を管轄権に入れたのだ！

中島は判決書に書いてあることを全て無視し、一切書かれていない事柄を持ち出し、パールが自身のガンジー主義というイデオロギーのために管轄権を強引に広げたことにした。

極めて悪質な意図的改竄、捏造である。

しかもこれはパールへの侮辱以外の何ものでもない。

パールは後に何度もこんな発言をした。

「私は日本の同情者として判決したのでもなく、西欧を憎んで判決したのでもない。真実を真実と認め、これに対する私の信ずる正しき法を適用したにすぎない。それ以上のものでも、それ以下のものでもない」

パールは自身のイデオロギーではなく、法の真理に従ったと強調したのだ。

だが中島の説だと、パールはガンジー主義者だったので日本の帝国主義を嫌い、特に南京虐殺を激しく嫌ったので、日中戦争を強引に管轄権に入れた、ということになる。

全くの嘘！

よく田中正明氏を「改竄」と罵《ののし》ったもんだな〜〜〜っ！

※長崎暢子は日経新聞平成19年8月26日の書評でわしを名指しして〔著者の力点は、小林よしのりなどによる、意見書「一部分を都合よく切り取り、『大東亜戦争肯定論』の主張につなげること」を批判することにあり、「日本無罪論あらず」とする論理は説得的である〕と中島を絶賛。中島こそがガンジーの言動を都合よく切り取って使っていのに、ガンジーの「手のひら返し」を論証したはずの長崎がなぜ褒める？イデオロギー優先で、事実なんかどうでもいいの

そもそもガンジーは1942年4月の時点では、日本の勝利を確信し、日本と手を結ぶために、非常に親日的な決議草案を書いていた！

ガンジーが「日本の帝国主義」を非難し始めたのは、日本が6月、ミッドウェー海戦に負けて、急に手のひらを返してからだぞ！

（長崎暢子『インド独立』※）

インドの専門家らしき中島がこんな程度のことも知らない。

しかもあきれたことに東大教授の山内昌之が「パールは盧溝橋事件以降の日中戦争を裁判の対象とすることにこだわり、日本の帝国主義的な姿勢に厳しい態度を崩さなかった」（『北海道新聞』07年9月9日付）と、中島のデマを鵜呑みにしている。

日本の学者はガンジーの実像を全く知らないからな。

ガンジーもパールもナショナリストだってことも知らないのだ！

そして学者もマスコミも東京裁判においてパールは「裁判官」であり、書いたのは「判決書」だという当たり前のことを、ちゃんと認識していない！

パールが強調したように、裁判官とは個人の思想ではなく法の真理に従い、検察・弁護双方の主張を検証して判決を下す者である。

「裁判官としての意見」と「一個人としての意見」とは必ずしも一致しない。

判決書は、裁判官が一個人としての主張を開陳する場ではない。

たとえ死刑廃止論者でも、法に従い時には死刑の判決書も書かねばならない。

それが裁判官であり、判決書である。

だからこそパールは絶対平和主義者でありながら、判決書ではガンジー主義に基づく戦争非難ではなく、国際法に照らした判断を書いた。

同様に、日本の戦争における「アジア解放」の理念に共感する部分があっても、その心情は書かなかった。

現在の日本では裁判官ですら、こんな裁判の基本も認識せず、平気で公私混同するから「司法のしゃべりすぎ」なんて問題が起こる。
例えば「靖國裁判」というのがあった。
「違憲判決」が出たとサヨクマスコミが大々的に報道したが、それは完全なデマで、「違憲」と書いたのは「判決」ではなく、「裁判官の私的な意見」だったのだ。
2004年(平成16年) 4月7日 水曜日
首相靖国参拝は違憲
福岡地裁判決
この裁判はサヨク市民団体が「小泉首相(当時)の靖國参拝は憲法違反で、精神的苦痛を受けた」と損害賠償を求めたもので、裁判官がすべきことは「賠償すべき損害が存在したか」の判断だけだった。
結果、判決は全ての請求を棄却したが、たまたま裁判長がサヨクで、靖國神社が嫌いというイデオロギーの人物だったために、裁判とは直接関係ないにもかかわらず、靖國神社や首相の靖國参拝を違憲と批判する私的意見を判決文に「傍論」として書いたのだ。
これは法的価値が一切なく、単なる公私混同の越権行為でしかない。
パールは裁判官として、このようなことは決してやってはならないと考えていたのだ。
中島らサヨクは、パール判決書の「真意」を読み解くなどと称し、判決文から、日本に対して批判的に見える記述や単語を探し出し、
間ちがって
攻撃的
悪事を
過ちを
それだけを抜き出して、「パールは法的に無罪と言っただけで、本心では日本を非難していた！」「これがパールの『真意』だ！」と叫ぶ。
情けなくも、馬鹿馬鹿しい限りである。
徹底して厳格な裁判官の使命を全うしようとしたパールが、法の真理を追究すべき場である判決書の中で、「法的には言えないけど、ホントは私も日本を非難したい『真意』を持ってますよ…」なんて私的なつぶやきを書くわけがないではないか！
DISSENTIENT JUDGMENT OF JUSTICE PAL

「パール判決書」に散見する
日本に対して批判的な記述は、
東京裁判に検察が提出した
主張から、パールが裁判官として
採用するに足ると判断したと
いうことを示しているに過ぎず、
それが必ずしも一個人としての
パールの意見と一致するとは
限らないのである！
しかもそれは、裁判長の裁量で
弁護側に有利な証拠が
ことごとく却下され、
検察側に有利な証拠は
何でも採用されるという、
著しく情報が偏った状況で
執筆されたことも
考慮しなければならない。
パール判決書から読み取るべき
パールの「真意」とは、
「日本無罪」の結論に至った
法の真理である。
DISSENTIENT JUDGMENT
OF
JUSTICE PAL
パール本人が裁判官として
厳に書くことを戒めたはずの
「個人的な心情」を、無理矢理にでも
読み取ろうとするのは、
パールが心血を注いだ判決書に
対する冒瀆《ぼうとく》以外の何ものでもない。
「判事」ではない、一個人としての
パール博士の心情が表れているのは、
東京裁判を終えた後の、
『平和の宣言』などに遺された
言葉であり、
「大東亜悲願之碑」の碑文である。
抑圧されたアジアの解放のためその厳粛なる誓いにいのち捧げた魂の上に幸あれ
ああ真理よ
あなたは我が心の中に在る
その啓示に従って我は進む
一九五二年十一月五日
ラダビノード・パール
ラダビノード・パール博士著
平和の宣言
田中正明編
東西文明社
それが都合の悪い言葉ばかりだから、
サヨクは『平和の宣言』編者の
田中正明氏を誹謗中傷し、
復刊を阻み、
碑文を無理矢理、曲解するのだ。

中島の本にしても、集団自決問題にしても、何で真実よりもイデオロギー優先になるのだろうか？運動のために、わしは言っているのではない！なるほど、と納得させてくれる、論理や証拠を提出してくれれば、わしは今言ってることを撤回してもいい。左翼が正しければ、左翼になってもいい。ただ真実を追求したいだけなのだが。

だがついに
パール著、田中正明編の『平和の宣言』が、小学館から復刊された！

これで誰でもパールの人物像に関する史料が読めるので中島のインチキは一目瞭然となる！

わしが西部邁氏を完全論破した『正論』2月号の論文（本書第6章）が話題になっている。

西部氏も中島のデタラメなパール判決書の解説を鵜呑みにして、「ガンジー主義に立つパール判決書」などと書いたので、わしとしては批判せざるを得なかった。

正論
西部氏は、パールがナショナリズムを「排除」していたとか「欠落」していたとか、書いてしまったが、これも中島のデマ本の影響で、『平和の宣言』の中には、パールの「ナショナリズムの本源」という論文まで収められている。

西部氏よ、わしを怨んでもわしに罪はないぞ！

中島のデマ本しか読まずにパールを誹謗したあんたに罪があるのだ！

なにしろ「アジア方面では怨まれた者に罪がある」と書いた人だからな西部氏は。逆怨みされたらたまったもんじゃない！

ごーまんかましてよかですか？

パール判決書は、当時を生きたパールの実感と史料で書いたものだから、
戦後の薄らサヨクな日本悪玉史観に冒された学者には読めないだろう。

長文で難解ゆえに日常忙しい一般人にはムリ。

わしが解説するしかないのかもしれない…

第6章
西部邁氏の誤謬を正す
中島岳志を守り、パールを貶めるのは不道徳である

東京裁判でインド代表判事を務めたラダビノード・パール博士を巡って、わしと中島岳志・北海道大学准教授との間に勃発した論争について、「正論」（２００８年１月号）で西部邁氏が、「諸君！」（２００８年１月号）で牛村圭氏が論評している。両者ともわしの方に分があると公正な判定をしてくれたことを、まず感謝する（以下、名前には敬称を略する）。

特に牛村の論評では、田中正明編によるパール言行録『平和の宣言』からの、中島の恣意的で膨大な量の引用、故人である田中へのあまりに不当で失礼な評価を指摘した点に大いに共感した。

だが問題は西部である。西部はこの問題を語る上で欠かせない『パール判決書』も『平和の宣言』も、一切読んでいない。中島の『パール判事』だけを読んで影響を受けてしまっているのは、これらの著書を精読したわしから見れば、あまりにも歴然としている。しかも西部は単に「パールは平和主義者で、ガンジー主義者で、世界連邦論者だった」という実に薄っぺらい思い込みだけで筆を滑らせており、その誤謬と矛盾の酷さは目も当てられない。この西部にしてあの中島のデマに汚染されるか！　明白な間違いを放置しておくことは、この論争に注目する読者にとって不誠実だと思うので、わしは再び筆を執ることにした。

・憶測を増幅させた新説珍説

わしは中島の『パール判事』が、史料を恣意的に操作した詐欺本だと指摘したが、なぜか西部は中島に寛容である。わしが指摘した中島の詐欺的行為について、何も論じない。原史料を一切読んでいないのだから具体的論証ができないのは

当然ではあるが、わざわざ論点を他にそらして中島が「いくつか重要な論点を指摘している」と評価するのだ。

西部は「自称保守派の人々が大東亜戦争肯定論のためにパール判決書を引用するやり方、それにしばしば瑕疵があった」とし、実例に渡部昇一の「正論」２００７年11月号の論考を挙げている。そしてわしに向かって「自称保守派」の瑕疵を明らかにした中島を「（熟年者らしく）評価してやってもよいのではないか」などと見当はずれな忠告をしている（引用文中のカッコ内は全て原文ママ）。

渡部の「パール史観」については後述するが、仮に「自称保守派」に「瑕疵」があったとしても、西部が言っていることは「無用心だということを明らかにするきっかけを与えてくれたのだから、泥棒を評価してやってもよいのではないか」と言うのと同じである。こんなことを言い出したら、世の中に評価に値しない人物などいない。悪人正機説を根拠に、オウム真理教の教祖・麻原彰晃を、市民社会の瑕疵を指摘したと評価した吉本隆明みたいなものだ。価値相対主義の極致である。

また、西部は中島に「その小林批判が短絡的にすぎ、また見当が外れていたことについて」謝罪したらどうかと勧めているが、わしは単に中島に的外れな批判をされたからという「私心」でこの論争を始めたのではない。中島の著書がパールの思想やパール判決書の内容を強引にねじ曲げて、無数の嘘をちりばめた偽装本であるにも拘らず、アカデミズムの権威に気圧されて誰もそれを見抜くことができず、とうとうＮＨＫが「パールは憲法9条を支持していた」という中島が捏造したデマを流すまでに至ったことに危機感を覚えたからだ。さらにそのデマをわしが指摘した後でも、続々と新聞その他で、中島著書を斜め読みし、読んでもいないパール判決書やパールの言行録を読んだふりをして書評を書き、デマを増幅させている不道徳な学者がいるという事態を看過できなかったのである。まさかその対象に西部まで加わるとは思わなかったが。

わしはいくら「ゴーマニズム」といっても西部のように渡部昇一を「自称保守派」と呼ぶほど無礼ではない。むしろ中島岳志を「保守オタクの薄らサヨク」と誠実に断言する。そもそも挙げられた渡部の例に、本当に「瑕疵」があるのか？

渡部は、日本の戦後には先の大戦を悪と決めつけた「東京裁判史観」と、これに反対した「パール判事の史観」があったと書いた。これに対して西部は、この両者が対立するという構図は成り立たないとして、パールは東京裁判史観に対立する史観、すなわち大東亜戦争を自衛戦争とする歴史観ではないと批判する。そしてその根拠をこう書く。

「ガンジー『主義者』（にすぎなかった）パール判事がそんな見方をするはずがない」

なぜ「そんな見方をしていない」ではなく「するはずがな

い」と書くのか？　西部がパール判決書を読んでいないからである。読みもせず、パールが「ガンジー『主義者』（にすぎなかった）」という印象だけで、「ガンジー主義者の史観に立つと、大東亜戦争を（基本的に）肯定することなどできはしない」はずだと、憶測だけで語っているのである。これがあの周到で緻密な文章を書いてきた西部邁か？　ネットおたくのウヨ言論じゃあるまいし、信じられないほど杜撰で不誠実な文章である。渡部はパール判決書の内容を紹介しながら論を展開しているのに、それを一瞥もせず「ガンジー主義者が書いたものだから」だけで切り捨てて批判している！

今回の西部の文章はすべてがこのように杜撰な論理で成り立っている。つまり、「パールは平和主義者で、ガンジー主義者で、世界連邦主義者だった。そんな者が書いた判決書は保守思想とは無縁だ。それなのに、都合よくパールを利用している自称保守派がいる」というのだ。

西部がわしと中島の論争でわしに軍配を挙げているからといって、誤魔化されてはいけない。わしへの批判だけは退けておく一方で、「右派がパールをご都合主義的に利用している」という中島の主張そのものは擁護しようというのが西部の『パール判事は保守派の友たりえない』（「正論」２００８年1月号）という論文の真意である。しかもその根拠が、何一つ史料に基づかない、西部が勝手に頭の中だけで偏見を元に作り上げた妄想でしかないのだから、わしは一読して呆然としてしまった。

それでも一応、西部の憶測が当たっているのか、渡部に瑕疵があったのかを検証するが、その前にもう一つ、西部が重大な勘違いをしていることを指摘しなければ話が進まない。

前述のように、西部はパール判決書とは「ガンジー『主義者』（にすぎなかった）パール判事」が「ガンジー主義の史観」を書いたものだと思っている。そもそも「ガンジー主義の史観」というのがどういうものかさっぱりわからないのだが、それはともかく、最後のほうでは「ガンジー主義に立つパール判決書」とも書いている。

どうやら西部は、判決書とは裁判官が自らの思想信条・或いは主義などを開陳する場ではない、ということすら失念しているようだ。むしろ個人の思想信条に左右されずに法の判断を明記するのが判決書であって、個人の思想と裁判官としての判断は必ずしも一致しない。原則としてはそれが判決書というものだ。パールは判決書で、「法による正義の優れている点は、裁判官がいかに善良であり、いかに賢明であっても、かれらの個人的な好みやかれら特有の気質にのみもとづいて判決を下す自由を持たないという事実にある」と書いている。

２００４年福岡地裁の靖国訴訟では、裁判官が判決とは全く関係ない自らの「反ヤスクニ」の思想を「傍論」として書き込んだが、明らかにこの例は裁判官として越権である。「法の真理」を厳しく追究したパールは、そのような公私混同は決してしないというプライドを持っていた人物であり、判決書がガンジー主義で書いてあることなどあり得ないのである。

そんなことはパール判決書を読んでいればすぐわかることで、これまで誰もパール判決書が「ガンジー主義に立つ」などという解釈はしていない。僅かな例外は中島が判決書の一部について「ガンディーからの思想的影響があったと見ることが可能であろう」と憶測を書いたことくらいだ。西部はこれに汚染されたのだろう。だがその中島でさえ、パール判決書全体がガンジー主義に立脚しているとは書いていない。「ガンジー主義に立つパール判決書」とは、実は中島の憶測を増幅させた、西部による新説珍説なのだ。デマとはこうやって膨らんでいくものだという実例である。

●東京裁判史観とパール判事の史観は対立している

パールは判決書に何を書いたのか。「ガンジー主義」を書いたのではない。書いたのは、東京裁判判決に対する「反対意見」である。パール判決書は正式には「Dissentient Judgment of Justice Pal」という。西部はおそらくこの名称だけを中島の本で見かけて、英語はわかると反応したのか「正しくは『不同意審判文』」と書いているが、普通は「反対意見書」と訳されている。

東京裁判は英米法の形式で行なわれた。英米法の「Judgment」には通常の裁判所が出す「判決」と、その裁判に関わった判事が判決について述べる「意見書」の2種類がある。通常「パール判決書」と呼んでいるのでわかりにくいが、パールが書いたのは日本の裁判のような「判決」ではなく、東京裁判の裁判所が下した判決に対する「反対意見書」なのである。

東京裁判の判決は、「A級戦犯」被告が一貫して共同謀議して侵略戦争を計画・実行したと認めた。ここから派生したのが「東京裁判史観」である。パールはこれに対して「反対意見書」を書いた。「A級戦犯」被告は共同謀議をしておらず、侵略戦争を計画・実行したのではない。日本が戦争に至ったのは他に理由があると、個人の思想信条からではなく、証拠をもとにして論証したのだ。つまり渡部が言った通り、東京裁判判決が示した史観＝「東京裁判史観」と、パールが反対意見書に示した史観＝「パール判事の史観」は当然対立しているのである。あまりにも、当たり前の話である。

ではパールは、日本が「共同謀議」以外のいかなる理由で戦争に向かったと判断したのか。わしはその一端を前回の論文で紹介しておいた。それは、資源も耕作地も足りない島国に膨大な人口を抱えた日本がやむなく辿った道であった。しかも、もともと平和政策であった日本を軍国主義に向かわせた原因も欧米の側にあった。

パールはＡＢＣＤ包囲陣を「経済戦の宣戦布告」と呼び、「日本人が名づけたように、正しく『対日包囲政策』であった」と認める。そしてハル・ノートを受け取るに至っては、「モナコ王国やルクセンブルク大公国でさえも合衆国にたいして戈をとって起ちあがったであろう」と現代の歴史家でさえ見なしている、と書いている。まさにパールは自衛戦争だったと判断したのだ。そして渡部昇一が書いているように、このことは後にはマッカーサーすら認めたのである。

言うまでもなくパール判事の矜持《きょうじ》としては、判決書では史料検証による戦争の原因までしか書けまい。だが「東京裁判判事」という立場を離れたパールが、個人の意見として「このわたくしの歴史を読めば、欧米こそ憎むべきアジア侵略の張本人であるということがわかるはずだ」と発言していたこと、「抑圧されたアジアの解放のため　その厳粛なる誓いにいのち捧げた魂の上に幸あれ」と「大亜細亜悲願之碑」の碑文の詩に書いたことも前回の論文（本書第２章）で紹介した。ここでは「アジア解放」の理念に共鳴することで、大東亜戦争肯定論に踏み込んでいるのではないか？　これだけでも読めば、「パール史観」が「東京裁判史観」と対立したものだということぐらいわかるはずではないか。

西部の論文は、全てが史料を無視した妄想を基にしているため、これ以上論じても何も建設的意義はない。しかし西部は他にも重大な誤謬を大量に書いているので、「王様は裸だ」と叫んでしまうサガを持つ漫画家として、やむを得ぬ仕儀だがそのフルチンぶりを指摘することにする。

まずはパールの「世界連邦論」についてである。西部はここでも印象だけで「世界共和国の空想」「パールにおけるナショナリズムの欠落」「パールにおける国民主義の否認」「国家を世界連邦のなかに解消せんとしていた」等々書き連ねている。「世界連邦」という言葉だけで、「そんなサヨクが保守の友たりえるものか！」と切り捨て、そして「彼を最大の友としてきた我が国の大東亜戦争肯定論者たちの言動は……いささかながら便宜主義に堕していた」という具合に再度「右派がパールをご都合主義的に利用している」説に同意して、「中島氏のパール論は大いに議論に値する」と褒めるのだ。

だが「世界連邦論」については当時の歴史的背景を考える必要がある。大規模な戦争の後には、二度と戦争を起こさないための平和運動や平和機構の提唱が行なわれ、結局は失敗に終わるのが歴史の常であり、「世界連邦」の思想は第二次世界大戦後に世界中で同時多発的に生まれた。そのため提唱者の特定もできないほどで、元来左翼に限られた思想では全くなかった。現に日本の世界連邦建設同盟の結成時の会長は衆院議員尾崎行雄、副会長はキリスト教社会主義者の賀川豊彦、理事長は大アジア主義者の下中彌三郎と、思想の左右に関係なく人が集まっていた。

しかもこれは西部が思い込んでいるような、国家を解消して単一の世界国家をつくろうという思想ではない。各国家の主権と軍備を制限して、世界連邦という国際法による法治共同体の一員として秩序づけるという構想である。

パールが「世界連邦」を語った頃は、広島・長崎の原爆の記憶がまだ生々しく、核兵器への恐怖は、現在では想像もできないほどだった。西部はこの時期に「『これで世界から戦争の波が引いていくに違いない』という平和主義のムード」があったと書いているが、そんなバカな。世界は第二次大戦の終結と同時に第三次世界大戦、核戦争、人類滅亡という恐怖に震えたのである。歴史を偽造してはいけない。

パールは核兵器の登場によって戦争も武器も無意味になったと考え、核戦争への恐怖が、人類は団結しなければならないという「紐帯《ちゅうたい》」になったと言った。現在そんなことを言ったら単なるサヨクの夢想だが、当時は違う。

「人類の總破滅か
世界連邦政府か
今、世界はまさにこの二者擇一というところまできている。人類の總破滅にはもつてゆきたくない。何とか第三次大戦をさけたい、これが人類二十五億の一人のこらずの切なる願いであろう」（下中彌三郎『世界連邦』１９５４年刊）

こういう時代だったのである。

だがパールも、亡くなる前年の１９６６年の来日時には、国家間の相互不信を憂い、「この不信感があるかぎり、一つの連邦を作ることは夢であり、世界連邦を考えることでさえバカげていると思います」と言うようになっていた。わしはこれを西部のように嘲笑する気にはなれない。それはサヨクが戦前日本の軍国主義を非難するのと同じだからである。西部の言葉で言うならば「歴史的パースペクティブが欠けている」のである。

● パールはナショナリズムに無理解だったか

西部は当時の「世界連邦思想」に対する無知と偏見から、パールはナショナリズムに対して無理解だったと何度も書いているが、これも事実無根の言いがかりに過ぎない。パールは『平和の宣言』で「ナショナリズムの本源」という考察を書いており、第二次大戦の影響でナショナリズム忌避の傾向があった欧米人に反対して「ナショナリズムは本源的なものであり、人類の政治生活の発展途上において、かならずしも、悪い役割を果たしてきたものではない」と唱えている。孫文の言葉を引いて「もしわれらがコスモポリタニズムを、ひろめんと欲するならば、われらはまず、われら自身のナショナリズムを力強く宣揚しなければならない」と言い、さらに、ナショナリズムは国際社会全体の見地から見ると積極的役割を演じうる一方、遠大な見地からは自制を余儀なくされるだろうと分析する。なぜなら、「民族というものはたしかに実体のある価値たかきものではあるが、他と関連してのみ、価値を持ちうるものだ」というのだ。西部が中島のインチキ本で勉強したって、こんなパール像は絶対に出てきはしない。サヨクに都合が悪い箇所はすべて隠蔽しているのだから。

パールがガンジー主義に影響を受けているのであれば、ガンジーにおける「不服従」の原理が、まさにナショナリズムにこそあることを自覚していたのはそもそも自明の理ではないか。それとも西部はサヨク並みにガンジー主義がナショナリズムなき平和主義だとでも錯誤していたか？

当然、その「非暴力・無抵抗」の原理＝自立自尊のナショナリズムを、インドのようにリアリズムで実現すれば、「武力・抵抗」のそれしかないという選択を国民は採らざるを得ないだろう。どこの世界に自分の女房・子供が目の前で敵兵に暴虐の限りを尽くされても、平然と自ら殺されることを志願できる男がいるか？　しかもその場の光景が世界に報道されなければ、まったくの無駄死にとなる。そんなことはチベットやウイグルで、今も行なわれていることである。パールがナショナリズムを「排除」していたとか「欠落」していたとか決め付ける前に、せめてたった2冊しかないパールの言行録くらい読んで勉強しておくのが知識人の「公徳」というものではないか。

さらに西部は「パールの社会観は、『共産主義は良いが、共産党は悪い』と発言するような水準に低迷していた」とも中傷しているが、パールは『平和の宣言』で「わたくしは幼少に父をうしない、インドで一番貧しい農家の小せがれとして青少年期をすごしました。貧乏とたたかい、思想問題を悩んできた。しかし結論として共産主義に共鳴できない多くのものがあることを発見した」と語っており、単に「共産主義は良いが、共産党は悪い」などという幼稚な社会観に留まっていたはずはない。

「共産主義は良いが、共産党は悪い」の発言は読売新聞（1950年2月8日夕刊）から中島が著書に引用しているのだが、元の記事を読んでも断片的でパールの真意は判然としない。むしろその記事で大切なのは、世界平和者会議のためインドにやってきた日本代表一行にパールが「諸君は戦争をこの世からなくそうと思って平和者会議に来ておられるがそれは言葉のインフレーションに終りはしないか」と忠告した部分や、日本はヒトラーにいくら勧められても日ソ中立条約を守って対ソ参戦をしなかったのに、ソ連は条約を破って対日参戦したことを挙げて「日本は余りに正直であったと私は思う」と発言した部分なのだが、例によって中島はそれを引用せず、なぜか、ついでに断片的に触れている程度で真意不明の「共産主義は良い。然し共産党は悪い」の方を引用しているのだ。

西部論文は「東京裁判における法律・政治・道徳の絡み合い」と題した項で混迷の極みに達する。何しろパールが法治主義を貫いたことを批判し始めるのである。これには驚いた。いくら何でもこんな暴論が出てくるとは夢にも思わなかった。パールを「国際道徳を軽視し国際政治を無視した」「法律至上主義者」などと非難した人は日本で、いやおそらく世界でも、西部邁が初めてだろう。裁判官が法の厳守を通したのを批判するのだから、この人はそのうち消防士が火事を消したのを批判し始めるかもしれない。

西部は、東京裁判を批判するなら国際道徳の正統性、国際政治の正当性を問うのが先決であるのに、パールは法律論を優先したために東京裁判の似非道徳と不当政治を抉り出すのに失敗したのではないかと批判する。何度も言うが、パールは裁判官ですよ。裁判官がこの裁判は法律上不当であるという判断を下したのだから、裁判にとってこれ以上致命的な批判はないではないか。それなのに法律よりも道徳・政治を先に語らなければダメだと難癖つけるとは、思想家の思い上がりもここまできたかと嘆息をもらす以外にない。

西部は国際法を軽視し、「国際道徳」に基づいて事後法による裁判を行なってもよいのではないかとまで言い出す。自分がどれだけとんでもないことを言っているか、自覚しているのだろうか。

アメリカ、オランダに続いてカナダでも慰安婦問題を「性奴隷制」として非難する決議が成立してしまった。このままでは日本の慰安婦のみを重大な人権侵害問題として扱うべきだとする「国際道徳」が成立しかねない昨今である。となれば、今後もし慰安婦問題を事後法で国際裁判にかけようということになったら、西部は賛成しなければならない。「そんなものは国際道徳ではない」と言っても、誰がどうやってそれを判断するのか。西部は「道徳を具体化するのは、政治である」というが、「国際政治」の上でも安倍晋三の「謝罪」のせいで、もはや慰安婦問題に異議は唱えられないではないか。

こういうことがあるからパールは「法の裁き」を貫徹させねばならぬと主張したのだ。「社会通念」とか「国際道徳」とかいうものは一時の熱狂や、プロパガンダでも左右される。だからこそパールは「どのような法の規制にせよ、それは流砂のように変転きわまりない意見や、考慮の足りない思想といった薄弱な基礎のうえに立つものにしてしまってはならない」と書いたのである。判決書のこのくだりは、中島著書でも珍しくちゃんと引用しているのだが、西部の目には留まらなかったか、理解できなかったようだ。

さらに言うならば、西部の繰り返す「国際道徳」とは一体何なのだろうか。西部は東京裁判を「国際道徳の正統性を偽装する復讐劇であり、またその道徳の具体化において国際政治の正当性を仮装する『みせしめ』の儀式である」と「確信してきた」という。つまり東京裁判は「みせしめ」の政治的儀式であり、国際道徳の偽装だと西部は「確信してきた」はずである。

ところが次のページで西部は「戦争の終結にあって『みせしめ』の政治的儀式が勝者のがわによって行われるのも一種の国際道徳なのであり」と平然と書いている。これはどういうことだろうか。「国際道徳の偽装」だと「確信してきた」ものが、ページが変わったらあっさり「一種の国際道徳」になってしまった。西部邁一人の中でもこんなに混乱しているのが「国際道徳」であるならば、こんなものに基づいて事後法なんかで裁かれてはたまったものではない。パールの判断が完全に正しかったと、西部自身が証明しているではないか。

もっと根本的な話をしよう。そもそも西部邁は国際法とは何か、わかっているのだろうか？　西部は「道徳と政治を度外視するのでは国際法が空理に舞い上がる」として、国際法よりも国際道徳と国際政治が優先だと繰り返したが、国際法とは、国際道徳や国際政治とは別個に存在しているものなのか？　初歩中の初歩の質問をしよう。国際法とは何から成り立っているのでしょうか？　西部の答えは「宗教的真理」だ。「パールの法治主義にあっても、法の原点は宗教が準備するものとされている」「パール判事は、法は宗教的真理に発し、その法が道徳や政治に優先すると構えた」「『宗教に発する真理の法』があるとするのみならず、それを世界の矛盾・葛藤・争闘の渦巻く状況にたいして直接的に適用せんとする」と書いていることから明白だ。

これは、驚愕の無知である。西部は国際法について何も知らなかったのだ。国際法は「宗教的真理」で成り立っているのではない。当たり前ではないか。宗教的真理で成り立っているのなら、「ヒンドゥー教的国際法」とか「キリスト教的国際法」とか「イスラム教的国際法」が存在することになってしまう。国際法は「条約」と「国際慣習法」で成り立っているのだ！　条約とは何か。国際政治の産物である。国際慣習法とは何か。国際道徳の産物である。すなわち国際法は国際政治と国際道徳の埒外にあるどころか、むしろその逆で、国際政治と国際道徳の積み重ねの上にこそ成立しているのである！

国際法の父と言われる17世紀のグロティウスの時代は、まだ戦争中の略奪は兵の自然な権利として合法とされていた。曲がりなりにも戦争に国際法上のルールが作られたのは19世紀のハーグ陸戦法規からである。国際道徳が国際法として結実するには、それだけの歴史の蓄積を必要とするのである。第二次大戦前においては、パリ不戦条約でも侵略戦争を定義することはできなかった。当時の国際法はそこまで成熟していなかった。そして現在も国際法は発展の途上にあるのだ。

西部は、パールが法にこだわるあまり東京裁判の似非道徳性と不当政治性を抉り出すのに失敗したと書いたが、これは国際法に対する無知からくるイチャモン以外の何ものでもない。国際法違反の追及こそが、似非道徳性と不当政治性の追及そのものなのである。とにかく一度パール判決書を読んでみなさい。こう書いてあるから。

「勝者によって今日与えられた犯罪の定義に従っていわゆる裁判を行うことは敗戦者を即時殺戮した昔とわれわれの時代との間に横たわるところの数世紀にわたる文明を抹殺するものである。かようにして定められた法律に照らして行われる裁判は、復讐の欲望を満たすために、法律的手続きを踏んでいるようなふりをするものにほかならない。それはいやしくも正義の観念とは全然合致しないものである。かような裁判を行うとすれば、本件において見るような裁判所の設立は、法律的事項というよりも、むしろ政治的事項、すなわち本質的には政治的な目的にたいして、右のようにして司法的外貌を冠《かぶ》せたものである、という感じを与えるかもしれないし、また、そう解釈されても、それはきわめて当然である。儀式化された復讐のもたらすところのものは、たんに瞬時の満足に過ぎないばかりでなく、窮極的には後悔をともなうことはほとんど必至である」

「国際道徳」が「国際法」に結実するには歴史の蓄積が必須である。それを一足飛びに、未だ国際法にまで成熟するに至っていない「国際道徳（と思っているもの）」を根拠に「事後法」を作って裁いてもいいという西部の主張は、パールに言わせると、国際法が積み重ねてきた「数世紀にわたる文明を抹殺するもの」なのである。いわば革命思想のようなものだ。保守とは歴史の蓄積を尊重する立場だと思っていたのだが、西部は保守思想家を廃業するつもりなのだろうか？

●政治的見せしめの甘受はできない

今回の西部の論文を読んで、「これは保守思想家廃業宣言か？」と思った箇所はまだある。

「とくにアジア方面では『人の恨みを買う』行為を『罪』とみる社会通念があり、その意味での道徳的な罪についてなら、大東亜戦争の指導者は、いや彼らに素直に追随した多くの日本国民も、もしアジアの人々がいつまでも彼らを罪人とみなしたいのならば、それはやむをえぬ仕儀と諦めておかなければならない」

これが西部邁の文章だと思えるだろうか？　まるで戦争責任追及サヨクの主張だ。特に、大東亜戦争に恨みを持つ「アジア」はほとんど中国・韓国だけなのに、あっさりと「アジア方面」「アジアの人々」と書いてしまうあたり、サヨクそのものだ。第一、「アジア方面」に「人の恨みを買う行為を罪とみる」という「社会通念」や「道徳」なんて本当にあるのか？

韓国はベトナム戦争で、中国は中越戦争でベトナム人から恨みを買ったが、一切「罪」など感じていないではないか。中国は再三の謝罪要求にも一度も謝罪していない。韓国は金大中が大統領時代に一応謝罪したが、国内の反発を受け、後はウヤムヤである。

「人の恨みを買う行為は罪」などという「社会通念」などありはしないし、承認もしなければいい。しょせん怨恨感情に見えるものは、中国・韓国が日本に一方的に押し付けている中華思想にすぎないのだ。そんなものをナイーブに受け止める性癖を持つ種族を薄らサヨクと言うのだ。

しかも中国・韓国の「恨み」は、それぞれの国内事情のために教育によって人工的に生産しているもので、戦時中を知っている世代よりも、若い世代ほど強烈になっているということくらい常識ではないか。要するに「反日」を核として国家の正当性を維持するしかないという厄介な国が、ヨーロッパにはなく、アジアにあった、それがドイツの幸運であり、日本の不幸であったという認識を我々はまず共有せねばならない。その地点から、この捏造された怨恨感情を外交戦術として使ってくる中・韓に、どう対処するかの外交技術を磨くというのなら話はわかる。

だが西部はさらにとんでもないことを言い出す。サンフランシスコ講和条約第11条の「戦犯裁判法廷の裁判を受諾」という条文の解釈を云々する必要もなく、「その講和で日本は『政治的みせしめを甘受することにした』ということで話を御仕舞にしなければならないのだ」と言うのである。

これは一体どういう意味だろうか? 「たかが政治的みせしめだと、面従腹背で受け入れておく」という意味かと思ったが、「甘受」とは「逆らわずに仕方ないと思って受ける」ということだから、それはありえない。普通の国語力で解釈するならば、「政治的みせしめだろうが仕方ない。A級戦犯は犯罪人だ。日本は戦争犯罪国家で、平和に対する罪を犯した侵略国家だ。その決定に異議は一切唱えない」という意味以外、考えようがない。

問題はその場合、これで「話を御仕舞に」できるのだろうか? そんなことは絶対にない。「A級戦犯は犯罪人」と甘受してしまったら、次は必ず靖国神社から分祀しろという話になるだろう。「国立追悼施設」も建設され、靖国神社は空洞化する。国家のために戦っても、負ければ国民に祀ってももらえないという物語の空洞化は、国のために戦う者を蔑ろにするサヨクの術中に落ちるだけである。歴史教科書の見直しなど未来永劫できっこない。新たな戦争犯罪は次々捏造され、講和条約を無視した企業や個人への賠償訴訟が際限なく起こされるだろう。

カナダ下院で成立した慰安婦問題の非難決議では、慰安婦問題に対する日本国内の反論に対して、なんと「慰安婦の性的奴隷化と人身売買に対する否定論者」の「封じ込め」を求める条項まで盛り込んでいる。わしのような論者を言論弾圧せよと要求しているのだ。政治的見せしめを甘受すべきという西部の意見に従えば、いずれ日本では大東亜戦争の評価に関する言論の自由は失われ、東京裁判の見直しさえ口にすることはできなくなり、日本はドイツ以上の戦争犯罪国家として記憶されることになるだろう。当然、東京裁判の反対意見書であるパール判決書も焚書されることになる。そこまで行っても「話を御仕舞に」できるかどうかはわからない。

謝罪すれば許される、禊《みそぎ》や祓《はら》いで清められる「罪」の感覚は日本特有のものであり、実はサヨクこそが日本的精神の体現者であるとも言える。したがって西部が中島と同種の東京裁判甘受サヨクであり、日本的みそぎ保守であるとするなら、国内向けの発言として封じ込めるしかない。

だが国際社会にあっては「罪」に対応する「罰」が果てしなく要求されるだけであり、侵略の「罪」を贖う「罰」は、最終的には侵略されることしかないという結論に到達するしかあるまい。いっぺん「東京裁判を甘受するから話を御仕舞にしてくれないか」と中国・韓国・北朝鮮方面に相談に行ってみたらどうだ。

西部は大東亜戦争の大義さえも、「日本は『大東亜共栄圏』などという半空想を語るばかり」だったと冷笑する。その共栄のためのアジア各国のインターナショナリズムについて「日本の提示するものはあまりにも少なかった」と言うのだ。そんなことを書いている人間が、同じ「論文」の3ページ後に「大切なのは、どんな戦役についてであれ、それへの評価は歴史的なパースペクティブのなかで行われるべきだということである」と書く。

さらに2ページ後では、自分が謝罪される側なら、謝罪する側＝現在の視点から歴史を非難する者に対して、「お前たちは歴史を超越するほどの卓越した能力をどこで手に入れたのか、死者たちの死を賭した蛮勇や軽率を頭ごなしに非難する資格をお前たちは誰から与えられたのか」と嘲《あざけ》ってやると書いている。自ら大東亜戦争を腐しつつ、時代状況を考えて評価しろと忠告し、大東亜戦争を腐す者を嘲るというこの文脈を見ると、この人は、自分が何を主張しているのかわからなくなっているのではないか。

「歴史的パースペクティブ」を考慮するならば、日本自体がぎりぎりの自存自衛を賭けた戦いを続けながら、それと同時に「大東亜共栄圏」の大義を樹立していかなければならなかったという事情を酌まなければならないはずだ。確実に戦争に勝つ見通しがあれば、戦後体制についてもっと具体的に提示できただろう。しかし日本は開戦前から敗戦に至るまで、一度だって戦勝後のビジョンを立てられるような状況にはなかったのだ。

１９４３年11月の大東亜会議も、既に敗戦の兆候が見えたため、敗戦後対策として大東亜戦争の大義をより鮮明に「アジア解放」として掲げておこうというのが発案者の重光葵の狙いだった。しかしそうであっても、アジアの代表を集めた会議で「大東亜共同宣言」に「大東亜を米英の桎梏より解放」と明文化したことは、世界史的に重大なことだった。それほど欧米列強の植民地に対する圧政は過酷だったのである。パールは『平和の宣言』の中でインドネシアの例を挙げ、「オランダ人はもっとも利益のあがる輸出農産物であるところの砂糖、コーヒーおよびインディゴ染料の強制栽培を行った。この制度施行の結果として引続き飢饉がおこり、ジャバのある地方では半分以上も人口が激減してしまった」と記しているが、このような事例は枚挙に暇がない。

日本は大東亜会議に先立ちフィリピン、ビルマの独立を承認。さらにインドネシア、インドと、日本が掲げた「アジア解放」の理念は各国にとって希望だった。さもなくば、また植民地に戻るしかなかったのだから。そして多くの日本兵も、この理念に殉じた。当時から無謀と言われ、飢餓と疫病で3万の日本兵が「白骨街道」を成したインパール作戦は、ほとんどインド独立のために行なわれたようなものだった。インドネシアでは、戦後も約1000人と言われる日本兵が残留して独立戦争を戦った。西部は、これらすべてを「半空想」で片づけるような、歴史を超越するほどの卓越した能力をどこで手に入れたのか。

西部は大東亜戦争に対する評価として「深層における肯定」と「表層における否定」があるという。そしてガンジーもパールも「表層における否定」をしていて、「ガンジーもパールも大東亜戦争を『過ち』とよんで、日本帝国のとくに対中侵略に道徳的な批判を加えている」と主張し始める。

ここで西部はガンジーを「ヒンドゥ教清教徒主義」「（宗教原理主義的な）反『近代主義者』」などと書いているが、あまりにも通俗的な見方過ぎはしないか。ガンジーは裕福な家に育ち、イギリスに留学して近代合理主義を身につけている。イギリスがボーア戦争を起こした時はイギリスのために陸軍に志願入隊し、第一次大戦の時もイギリスのため志願兵募集に協力している。あの有名な民族主義の風貌も、西欧のオリエンタリズムへの憧憬を逆手に取ったプロパガンダの面があり、その言動には常に戦略的・政治的意図があったことを考慮しなければならない。

中島は、ガンジーが日本の戦争を非難した1942年7月18日の声明を著書に引用している。しかしこれを指摘するならば、同年4月のアラバハード全インド会議派委員会にガンジーが提出した決議草案にも触れなければ不公平というものだろう。そこには「日本はインドとの間に闘争はない。日本は大英帝国と戦争をしているのである」と書かれている。当時ガンジーは日本の勝利を信じていたという説があり、インド史学者の長崎暢子によると「第二次大戦中にアジア人によって書かれた文書のなかで、日本の傀儡を別にすれば、これは最も親日的な文書の一つであろう」という。なお長崎によるとガンジーは、ミッドウェー海戦が決した6月5日から9日の間に「一大転換」をしたそうだ。

パールが「大東亜戦争を『過ち』とよんで」「対中侵略に道

徳的な批判を加え」たというのに至っては、完全に中島著書を鵜呑みにした受け売りである。中島はパール判決書の「日本の為政者、外交官および政治家らは、おそらく間ちがっていたのであろう。またおそらくみずから過ちを犯したのであろう」という箇所から「間ちがい」「過ち」だけを切り離し、「パールは、この結論部分で日本の為政者を『間ちがい』や『過ち』、『悪事』というネガティブな価値判断を伴う語を使って批判した」と書いたのである。

だが原文を見れば「悪事」は「悪事を行ったかもしれない。しかし」と続く文章で、悪事を行なったと断定もしていない。中島は、もはや文脈など完全無視で、「ネガティブな語」を無理やり寄せ集めてパールが日本を道義的に批判したようにでっち上げているのだ。「間ちがい」「過ち」については前回のわしの論文で詳述したとおり、日本の為政者は「間ちがい」「過ち」を犯したのであろうが、共同謀議はしなかったという文章で、最終的には欧米にこそ責任があったという分析につながるのである。やはり西部はわしの論文もマトモに読まず、中島のインチキ本に洗脳されている。

そして西部は、日本に「道徳的批判を加えている」(と、中島が主張している)パール判決書を「自称保守派」が利用することについて、「中島氏が指摘するように、不道徳の誹りを免れない。我が国の自称保守派にその種の不道徳漢が少なくないことも認めなければなるまい」と、またも中島の「右派批判」に賛意を示す。これで三度目だ。結局、言いたいことはこれだけなのだ。そしてまたもパールが世界連邦論者で、虚妄の世界像のなかにあったなどと誹謗中傷を繰り返した挙句、「そんなパールでさえ」日本の戦前を認めざるを得なかったという程度の扱いに留めておけと結論付けるのである。これがいかに的を外しているかは、もう繰り返すまでもないだろう。

●「絶対平和主義者」によって書かれた「日本無罪」

それにしても、なぜここまで西部の論調に狂いが生じているのか。往々にして世間では、学者は情緒を排した客観的な論文を書くと思われており、田中正明や小林よしのりのような、素人や漫画家は弁証と情緒的判断を混乱させていると思われがちである。偏見と権威主義に抗うことは無理だとわしも諦めているが、義務教育卒業程度の国語力で読み取れない文章は、いかにアカデミズムを装っても、底流に明らかにしない情緒を注ぎ込んでいるからに他ならない。

そもそも情緒を完全に排した論理などないのだ。中島のそれには「戦後体制を守りたい、右派を攻撃したい、特にたかが漫画家の小林よしのりを槍玉に挙げて」という情緒がむき出しであり、西部のそれには「小林君の論は正しいけど、圧倒的に分が悪い中島君も守らねばならない。中島の功績は自称保守派の瑕疵を指摘した点にあるだろ？　何とか評価してやってくれよ」という情緒が顕わになっている。
その結果、渡部昇一が自称保守派として槍玉に挙げられてしまっているのだ。それはあまりにも渡部昇一に失礼だからという情緒的判断で、わしは「パール史観は東京裁判に対立するものとしてあるのだ」と論証した。本来、西部との付き合いのほうが長くて、交友の中で直接学んだことも多いのだが、わしとしては義を重んじざるを得ない。間違っているものは間違っているのだ。

この際、しょせん漫画家、偏見を引き受ける覚悟で論理の正体を暴いておこう。マジック界でも種明かしがブームだが、そのような手法も言論の世界に「公正」という一条の正義の光を投じておくためには有効かと思われる。

西部は毎日新聞（２００７年4月23日夕刊）で中島と対談。西部は中島を見るなり「おっ、いい顔をしてるねぇ」と気に入った様子で、「それから約3時間、対談は笑いが絶えなかった」というほど和気藹々としていたようだ。その後西部は中島と対談本を作る計画を進行。中島は同年9月6日、丸善・丸の内本店におけるトークショーで「僕は近代日本にしっかりとした保守主義者というのは二人しかいないと思っているのですが、一人は西部さんで、もう一人は福田恒存。この二人は非常に重要な保守思想家だと思います」と、西部を褒めちぎっている。

わしは漫画家なので、どうしても戯画が思い浮かんでしまうのだが、今脳裏に映るのは、「おじいちゃん、その人、絶対に詐欺師だよ」という遠方に住む孫の忠告に対して「いいや、あの人は若いのに感心な、いい人じゃぁ〜。わしのこともよく言ってくれるしの〜」と言い張って、法外な値段で壺やら羽毛布団やらを買い続ける、孤独な老人の姿である。こんなことしていたら、保守思想家としての実績という財産すべてをドブに捨てることになりますよと遠方の孫は忠告したいところだが、もう手遅れか。おじいちゃんは既に財産をドブに叩き込んだ上に、詐欺の片棒担ぎまでしてしまった。

パールは「保守派の友」たりうるのか？　という西部の問題提起など、もともとわしにはどうでもいいことだった。わしは最初から「パールの取り合いなどするつもりはない」と繰り返している。さらにわしはパールを「保守派の友」などというチンケな存在だとは思っていない。なにしろパールは「日本の恩人」であると思っているのだから。

過去の日本を悪玉にしようとするプロパガンダが際限なく進行している現在、「日本無罪」のパール判決を今日いかなる国際法学者も覆すことはできないという事実はなかなか痛快である。そしてあの判決文の結論「時が、熱狂と、偏見をやわらげた暁には、また理性が、虚偽からその仮面を剥ぎとった暁には、そのときこそ、正義の女神はその秤を平衡に保ちながら過去の賞罰の多くに、その所を変えることを要求するであろう」、この言葉にサヨクがどれほど恐怖を抱いているか。しかもこれは「絶対平和主義者」によって書かれた言葉なのである。

しかもパールは東京裁判の後も、終生日本を愛していた。戦争罪悪感の烙印を押され、背骨を抜かれた敗戦国日本の体たらくを見てもなおである。1952年にパールが再来日した時、日本は「主権回復」したと言いながら、未だ釈放されないA級およびBC級戦犯たちがまだ数多くいた。にも拘らず、彼らを裁いた東京裁判その他の軍事裁判の不当性を日本の知識人は誰も訴えず、全く無関心だった。

そんな中、パールはBC級戦犯の家族たちと対面する。家族は「お父さんを帰してください」と頼む。頼まれてもどうにもならないことなのに、パールは自分の無力を詫び、家族と一緒に泣くのだ。

さらにパールは、急に帰国が早まった慌しい時にもかかわらず巣鴨拘置所に出向き、BC級戦犯800人の監獄を丹念に一つ一つ訪ねて慰めた。わしは『平和の宣言』でそのことを知り、胸を打たれた。当の日本人ですら無関心だったのに、ここまで敗戦国日本に対して情をかけてくれた外国人が他にいようか？

わしは恩人に敬意を表したいだけである。だからこそ恩人の実像を歪めようとする者とは徹底的に戦う。絶版となっていた『平和の宣言』を復刻させるべく、パールが編者の田中正明に送った出版の許可状を探し出したりもしている。これは情緒であるが、日本人としての礼儀であり、公的な戦いであると確信する。

然るに西部邁は、たかが自分におべっかを使ってくれる中島岳志を守りたいという私心を満足させるために、チンピラなみの難癖、イチャモン、言いがかりの限りを尽くして国の恩人を誹謗中傷したのだ。東京裁判を全面的に否定し、日本人に対して東京裁判史観の克服を唱えた恩人を貶めておいて、代わりに言うことが「東京裁判の政治的みせしめを甘受して御仕舞にしろ」だ。これで保守思想を強化したつもりなのか。

西部は中島との対談本で「保守とは根源的にどういう思想なのか」を話し合っているらしい。特に中島に言うが、根源的に知りたきゃ、まず国語力から身につけろ！　その次に歴史を学べ！

わしは一抜けた。金輪際「保守派」になど分類されたくはない。

護憲論者が「平和憲法」を修正するか？
ゴーマニズム宣言SPECIAL
第7章
世の中には単なる「反・小林よしのり」という連中がいる。
彼らは右派の代表はわしだと思っていて、わしを批判する書物・人物を大歓迎する。
その書物がデマだらけの詐欺本だろうと構わない。
言っておくがわしはパールの取り合いをしてるのではなく、ただ単に、真っ当な国語力だけで、パールの真の理解の仕方と、パール判決書の読み方を描いているだけである。
パール判決書
中島岳志が西部邁氏を籠絡《ろうらく》して「我こそは保守なり」と自称しても、「反・小林」の左翼、及びサヨク連中は同じ匂いのする者に接近してくる。
ほ…保守とは〜〜〜っ！
熱狂を排するものなのでしゅ！
ほ…保守とは…保守とは〜〜っ…
クゥーン
クンクン
オンオン
クウン
「反・小林」に価値を見出された中島は「反・小林地獄」に堕ちるしかないだろう。自己責任である。

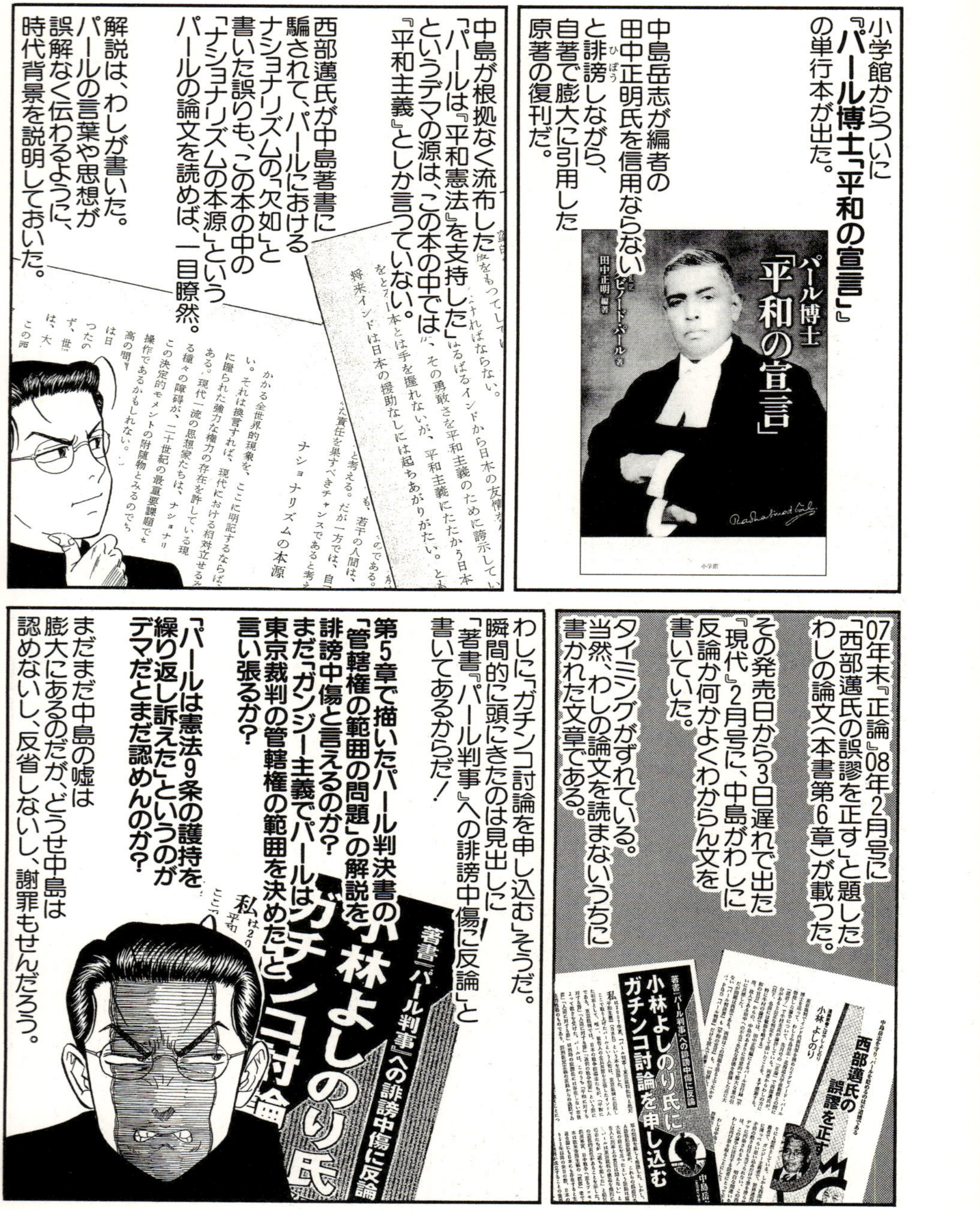
小学館からついに
『パール博士「平和の宣言」』
の単行本が出た。
中島岳志が編者の
田中正明氏を信用ならない
と誹謗《ひぼう》しながら、
自著で膨大に引用した
原著の復刊だ。
パール博士「平和の宣言」
田中正明 編著
小学館
中島が根拠なく流布した
「パールは『平和憲法』を支持した」
というデマの源は、この本の中では
『平和主義』としか言っていない。
西部邁氏が中島著書に
騙されて、パールにおける
ナショナリズムの「欠如」と
書いた誤りも、この本の中の
「ナショナリズムの本源」という
パールの論文を読めば、一目瞭然。
解説は、わしが書いた。
パールの言葉や思想が
誤解なく伝わるように、
時代背景を説明しておいた。
ナショナリズムの本源
07年末『正論』08年2月号に
「西部邁氏の誤謬を正す」と題した
わしの論文(本書第6章)が載った。
その発売日から3日遅れで出た
『現代』2月号に、中島がわしに
反論か何かよくわからん文を
書いていた。
タイミングがずれている。
当然、わしの論文を読まないうちに
書かれた文章である。
西部邁氏の誤謬を正す
小林よしのり
著書『パール判事』への誹謗中傷に反論
小林よしのり氏にガチンコ討論を申し込む
わしに「ガチンコ討論を申し込む」そうだ。
瞬間的に頭にきたのは見出しに
「著書『パール判事』への誹謗中傷に反論」と
書いてあるからだ！
第5章で描いたパール判決書の
「管轄権の範囲の問題」の解説を
誹謗中傷と言えるのか？
まだ「ガンジー主義でパールは
東京裁判の管轄権の範囲を決めた」と
言い張るか？
「パールは憲法9条の護持を
繰り返し訴えた」というのが
デマだとまだ認めんのか？
まだまだ中島の嘘は
膨大にあるのだが、どうせ中島は
認めないし、反省しないし、謝罪もせんだろう。
著書『パール判事』への誹謗中傷に反論
小林よしのり氏にガチンコ討論

西部氏は『正論』08年1月号でこう書いた。

「中島氏はその小林批判が短絡的にすぎ、また見当が外れていたことについて（若者らしく）あっさり謝ったほうがよいのではないか」

これに連動して『現代』で中島はわしに行なった批判について、「私自身がバランスを欠いていた」「私自身、反省すべきだと思う」と謝ったように見せている。

さらに西部氏は、渡部昇一氏を「自称保守」として槍玉に挙げ、その「自称保守」と小林よしのりは異なるというニュアンスで書いた。

中島はこれにもそのまま連動し、「小林氏の描く歴史は自称保守のものとは大きく異なる」と書いている。

加えて西部氏は「絶対平和主義者で世界連邦主義者だったパールは保守派の友ではない」という論を展開した。

もちろん中島は連動して「パールの非武装中立論や再軍備反対論、世界連邦論など、保守思想とは相容れない議論について、小林氏は論じることを避けているように見受けられる」と書いている。

西部氏の『正論』1月号と中島の『現代』2月号の文章は完全に連携しており、

「自称保守」なるものをスケープゴートにすることで、わしを取り込もうというのが、西部・中島連合の目論見だったようだ。

まさかわしが『正論』2月号で、渡部昇一氏を擁護して西部氏を徹底批判し、パールの世界連邦論や平和主義についても論じ、
保守思想なんかのためにパールを語っているのではなく、金輪際「保守派」と思ってほしくもないと宣言するとは予想外だっただろう。

作戦失敗、ご愁傷様。

わしは自分が的外れな批判をされたから謝れと言っているのではない。

中島がインチキを書いている！

…と言っているのだ。

それを認めずに謝られたって、何を許せと言うのか？

前述したように中島の今回の文章のタイトルには、「著書『パール判事』への誹謗中傷に反論」と、見出しが付いている。
著書『パール判事』への誹謗中傷に反論
小林よしのり氏
謝ったように見せかけながら、中島はなんと新たなデマでわしを中傷しているのである!
さらにふざけたことに、中島はわしへの的外れな批判を一切取り下げず、わしが『戦争論』で「パール判決書」を「大東亜戦争肯定論」の文脈で使っていると、最初の主張を繰り返している。何も反省などしていないのだ。
小林よし
戦
しかもこの論点は、中島が自身のブログで書いた途端、特にわしの愛読者でもない立場の者の書き込みで、完全論破されたものではないか!
漫画の「文脈」はネーム(文字部分)だけではなく、絵、コマ運び、ページのめくり、吹き出しの有無や吹き出しの形、写植の種類などの要素も関係して構成される。
それを素直に読めば、パールの主張として書いたのは、「アメリカの正義」の否定まで!
「大東亜戦争肯定論」の主張は、ページをめくらせて、わしの主張として描いていることは明白だ!
パルの主張は、ここまで!
ページをめくり、場面転換!あとは全部わしのセリフ!!
その時立ちはだかったのが日本だ
アメリカと日本はその当時ライバルだった
被告人全員無罪!
日本には自衛のためさらには欧米列強によるアジアの全植民地化を防ぐという「正義」がある!
日本の戦争に正義はあった!
283
中島は、別の文脈になっている二つの文章を一続きのように引用して批判しており、
自分のブログの読者に、「この二つの文章を繋げる行為は、『中島氏は、別個の文章を繋げ、自説に都合よく引用をした』と言えてしまう」と、手厳しく指摘されている。
中島はブログを作っておいて自分の読者の反応も見ないのか?

中島はなぜかわしに対して
執拗に「対談」を申し込んでいる。
『ゴー宣』で批判を始めるとすぐに
申し込みがあり、今回も
「心からお願いしたい」
「対談に応じていただけないだろうか」
「どうか若輩者に胸を貸していただきたい」
と、わざとらしく平身低頭している。
馬鹿馬鹿しい。
これはあくまでも**「史料批判」**を
交えた論争だぞ。
直接会って、どう討論するんだ?
二人で必死に「パール判決書」を
繰りながら話すのか?
の基礎の上にだけ了解《りょうかい》に到達できるということを徹底《てってい》させれるように
その態度は無理であり、攻勢的であり、あるいは傍若無人的《ぼうじゃくぶじんてき》なもの
つらつら読み上げて、
その解釈は違う、
ここに書いてあると、
また、つらつら読み上げる
ガチンコ討論か?
もし日本が、東亜共栄圏建設計画を進める考えであったならば、野村大使はそれを強調し、
またその基礎の上にだけ了解《りょうかい》に到達できるということを徹底《てってい》させれるようにはっきりと調合
された。その態度は無理であり、攻勢的であり、あるいは傍若無人的なものであったかもし
みっともない!
そんな恥ずかしいことできるか!
こういうことは以前から
何度もあった。
論争で追い込まれたら
「直接会って話しましょう」と
言い出す奴がいるのだ。
会って話せば
懐柔できるとでも
思っているのか?
実際わしは
心根が優しいから
会ったらその後の
筆が鈍る。
パール判決書の件は、
まだまだ
描かねばならぬことが
膨大にあるのだ!
ただでさえわしは超多忙だ。
それで対談を断ったら、
「小林が逃げた!」と吹聴し、
勝手に勝利宣言をする奴も
過去にいた。
中島には、それを勧める。
中島を説得するのは無意味だ。
嘘と歪曲と誤謬だらけの
おのれの罪を全て認め、
きちんと謝罪して、
ただちに偽造本の回収が
できるのか?
回収できないのなら、
偽装食品メーカーより
たちが悪い!
2007年「今年の漢字」
偽
パール判

中島に、朝日・毎日新聞から可愛がられる
「薄らサヨク」の「世間」から出る
勇気や実力があるはずもなかろう。
戦後日本の言論空間において、
おりこうさんになれるポジションが
「薄らサヨク」御用達の「自称保守」。
自己欺瞞に埋没した知識人など、
わしがこうして叩いてやれば、
「反小林」の「薄らサヨク」マスコミから
益々、お声がかかるようになるだろうよ。
毎日新聞
MAINICHI
朝日新聞
わしはこの世に
本物を見たい者は
いると信じている。
真実に近づきたい
者はいると信じる。
「国語力」のある者が
いると信じて、
主張したいことは
『ゴー宣』と論文で
発表する!
中島は対談を申し込みつつ、
こんなことを書いている。
「小林氏の言論は、多大な影響力を持っている。
1990年代に学生生活を送った私にとって、
『小林よしのり』という存在は大きかった。
『おぼっちゃまくん』を読んで育った私たちの世代に
とって、小林氏が放つ痛烈な表現は、共感を
呼び起こし、時に反発を呼び起こした。
そのような小林氏と討論が成立することは、
社会的な意義も大きいと思う」
「小林氏の言論は、私たちの世代にとっては、
他の自称保守の論客とは比較にならないほど、
影響力が大きい」
そこまでおべっか使う奴が、
自著で唯一わしを名指しして、
「パールをご都合主義的に利用している」
「右派論客」の代表扱いしたのか?
かつて『論座』(07年7月号)で、
わしがインタビューで登場した時に、
「西部は保守だが、小林は右翼」だと
解説していたくせに、
今回はなぜ「小林は自称保守ではなく、
かといって真正保守でもなく、右翼です」
と、はっきり書かなかった?
漫画家だと思ってなめてたくせに、
今頃、おべっか使っても遅い!
論座
特集 格差、保守 そして戦
思想と物語を失った保守と右翼
「改憲萌え」「靖国萌え」断片的熱狂を超えよ
中島岳志
「右翼」の志向性で一貫する
小林よしのり
さて、ここで議論したいのは、

『現代』の中島の文章で最もおかしかった箇所は、わしを「右翼」と認定した中島が、わしに「保守とは何か」を説く箇所だ。何？わしに右翼はやめて保守になって欲しいってこと？爆笑だよ、全く。支離滅裂なことしか言ってないのに、なんでサヨクも騙されるのか心底わからんよ。

また、06年7月12日付朝日新聞では、日本から送られたパールの胸像がカルカッタ大学の部屋の片隅でほこりまみれになっており、パールの存在が故郷で忘れ去られようとしていると書いた。
国主義
残
ところが『文藝春秋』08年1月号に載ったNHKディレクター・高木徹氏のレポートを読むと、事情は全く違う。
パール判事 知られざる出自
高木 徹
パールの出身校の職員室にはパールの写真が飾られ、校長は「当校出身の国際的な偉人として、記憶を新たにしている」と言い、教室では生徒にパールの業績を教えていたという。
また、パールが生地の近くに土地を買い、私財を投じて作った村があり、そこでは人々が今もパールを尊敬しているという。
サヨクは「右派」を批判するために、「パールは故郷でも忘れられた存在」と、パールを貶《おとし》めるデマまで流していたのだ！
朝日新聞
それにしてもこのレポートは興味深い新事実が満載だった。中島も著書『パール判事』を書く際に現地調査をしたというが、比べ物にならない。
そもそも中島はパールの生地を取材していない。高木氏らNHKのスタッフはパールの生地・サリンプール村で「日本からの取材は初めてだ」と大歓迎されたそうだ。
大阪外大でヒンドゥー語を専攻した程度の中島には、ベンガル語圏のパールの生地は取材できなかったのだろう。
なお、パールはインド哲学を理解するにはベンガル語とサンスクリット語が必須で、ヒンドスタニー語（ヒンドゥー語）では不十分だと言っている。

06年12月、インドのマンモハン・シン首相が来日し、国会でこう演説した。

1952年、インドは日本との間で二国間の平和条約に調印し、日本に対するすべての戦争賠償要求を放棄しました。

戦後、ラダビノード・パール判事の下した信念に基づく判断は、今日に至っても日本で記憶されています。

こうした出来事は、我々の友情の深さと、歴史を通じて、危機に際してお互いに助け合ってきた事実を反映するものです。

今もパールは日印友好の象徴であるという証拠である。

しかしマスコミはこの発言を一切報道しながった。

結局のところ、サヨクマスコミがパールを「忘れられた存在」にしたがっているのだ！

毎日新聞
朝日新聞
……

……

……

さて中島が未だにパールは講演で「平和憲法」と言ったのか、「平和主義」と言ったのかという問題にこだわっているようなので、ダメ押しで最重要の状況証拠を出してやろう。

決定的史料であるパールの英文原稿は未だ発見されておらず、日本語の記録が2種類存在している。

一つは毎日新聞に載った講演要旨。ここには「平和憲法を守る日本」とある。

もう一つは田中正明編『平和の宣言』に収録された講演要約。ここでは同じ部分が「平和主義にたたかう日本」となっていた。

平和への軍備はない
平和の宣言
中島は「田中は信用できないから毎日新聞が正しい」の一点張りである。

ところが中島は、信用できない田中の『平和の宣言』に全面的に依拠するダブルスタンダードを平然と行なっている。

牛村圭氏は『諸君！』08年1月号でこれを指摘して「学問的な誠実さに欠ける」と批判。「少なくとも『平和の宣言』に編集採録した論考ではなく、新聞・雑誌初出の折の論考・記事にあたり、それを引くのが学問的良心の発揮ではないか」と書いた。

中島はこれを読んで慌てて図書館に走ったのだろう。今回の「反論」で初出に当たり史料検証をやったと書いているが、今さら遅い。

『パール判事』の時点では「引用・参考文献」に雑誌の名が一切ないことで明白だ。

平和の宣言

中島は『現代』でこう書いている。
「田中正明氏については、提示する史料に自らの主観を反映させることがある」
「自らの主観に基づいて史料の修正を行ったのだろう」
小林よしのり氏にガチンコ討論を申し込
仮にそうだったとして、田中がここで「平和憲法」を「平和主義」に修正したとするには、
田中がこの時「改憲派」であり、「平和憲法」に反対するという「主観」を有していたことが大前提になる。
田中はさんざん「右翼」と呼ばれてきた人物なので、誰もがこの前提に疑いを持たなかったようだが、事実は違う。
決定的なことを言おう。
田中正明は当時、平和憲法・護持論者だったのだ!!
田中は1952年に世界連邦運動に参加し、世界連邦建設同盟の事務局長を1974年まで15年間務めた。
その間、世界連邦の理想と日本国憲法は合致するものと唱えており、
著書『世界連邦―その思想と運動』では、こう書いている…
いうまでもなく、現在の憲法といえど、千古不磨の聖典でもなく、最高でも絶対でもない。むしろ数えれば欠点の方が多いかもしれない。時代に応じ、必要に応じて是正して然るべきものであろう。しかし、これを貫いている平和主義、人権尊重、民主平等の精神は、押しつけといわれようと、何といわれようと、正しい方向である。なかでもみずから交戦権を放棄した憲法九条は、人類の理想をうたったものであり、核時代における世界の在るべき姿を想定してつくられたものといえよう。
田中正明
世界連邦
その思想と運動

対談するには筋を通してもらいたい。わしが今後明らかにしていく中島の本の誤謬にどう対処するのか？わしに対する誹謗をどう謝罪するのか？自著を全面的に書き直すのか？回収するのか？真実に目を背けぬ勇気があるのか？善人づらしてひき逃げ犯のように生きていくのか？それを見極めずに対談には応じられない。

紛れもなくこれは田中正明の文章である。田中はこの本の序文で「私の主観的評論も随所で、遠慮なくのべさせてもらった」と断っている。

当時の田中の「主観」は、間違いなく「平和憲法護持」だった！

田中が日本国憲法を「占領基本法」と批判するようになったのは、平成以降なのだ！

つまり、仮に田中が自らの主観で史料を修正したならば、「平和主義」を「平和憲法」に書き換えることはあっても、その逆はありえないのである。

まして敬愛するパールの発言である。パールが「平和憲法を守る日本」と言ったのを、田中が「平和主義」に書き換えるということだけは、決してありえないのだ！

そもそも中島は、パールが「憲法九条護持」を「繰り返し訴えた」と書いたのだから、その趣旨の発言が複数回あったことを証明しなければならないのに、それを一切提示しない。

それどころか、たった一回の発言も証明されないのだ。

……

ことあるごとに持ち出される田中正明の「改竄問題」については、改めてじっくり書こう。

これは田中の改竄そのものよりも、それを利用してフレームアップした朝日新聞の方に問題がある。

田中が「改竄の前科者」で「信用できない」というイメージは、朝日のプロパガンダによって作られたもので、改竄の事実を指摘した板倉由明ですら、田中を「信用できない」とは思っていなかったのである。

朝日新聞

言っておくが「パールは憲法9条の護持を繰り返し訴えた」というデマの看破は、パールを巡る論争の第一歩に過ぎない。

他にも中島は山ほどインチキを書いている。

パール判事
第5章ではパール判決書の「裁判の管轄の範囲」について、中島が書いた嘘を暴いた。

全くの嘘！

中島が今、サヨク系メディアで吹聴している「パールは東京裁判を一部肯定していた」という説も、全くのインチキ！

誰にもわかりやすく完璧に論証してやる！

こうして片っ端から中島の嘘・デマ・インチキを暴くのは、中島憎しでやっているのではない。

今までサヨクがパールについて勝手な解釈や歪曲を積み重ねてきたが、その集大成のようなものを中島が『パール判事』で書いてくれたからだ。

わしにとっては笑いが止まらぬほどの「飛んで火に入る生《い》け贄《にえ》」だったのだ！

パール判事
毎日新聞
朝日新聞
ごーまんかましてよかですか？

しかもその本でわしが名指しされている。

これは神のお導きではないか？

中島は神に捧げる生け贄として選ばれたのだ。

資料

『平和の宣言』復刊にあたって

2008年2月に小学館より復刊された『パール博士「平和の宣言」』（ラダビノード・パール著、田中正明編著）に寄せた原稿を収録する。

第二次世界大戦終結後に行なわれた極東国際軍事裁判――通称・東京裁判。勝者が敗者を復讐のために裁いた、国際法無視の暗黒法廷において、11人の判事の中でただ一人、敢然と法の真理を貫き、「A級戦犯」全被告無罪、すなわち日本無罪の判決を下したインド代表判事、ラダビノード・パール。

だがその人となりを伝える資料は多くはない。何しろパールが書いた東京裁判の判決書は恐ろしく長大で難解であり、並大抵のことでは読めないし、たとえ読んでもパール本人の人柄まではわからない。もちろん、どんな状況であろうと法の真理を守ろうとする、彼の不屈の信念はわかるのだが、個人としての思想、例えばパールがガンジー主義者だったことはわりと知られているが、そのような思想性などを読み取ることはできない。もともと判決書は裁判官個人の思想信条を開陳する場ではないのだから、当然といえば当然である。

では、「東京裁判判事」という立場を離れたラダビノード・パール個人の思想はいかなるものだったのか。それを知るには、東京裁判終結後のパールの発言を知らなければならない。

広島県の本照寺に建立された「大亜細亜悲願之碑」に、パールによる碑文が刻まれている。

激動し　変転する歴史の流れの中に
道一筋につらなる幾多の人達が
万斛《ばんこく》の想いを抱いて死んでいつた
しかし
大地深く打ちこまれた
悲願は消えない
抑圧されたアジアの解放のため
その厳粛なる誓いに
いのち捧げた魂の上に幸あれ
ああ　真理よ
あなたはわが心の中にある
その啓示に従つて　われは進む

一九五二年一一月五日　ラダビノード・パール

この時、東京裁判終結から4年後である。パールはこの年再び日本を訪れ、27日間滞在して講演や各地の視察、各界の人々との面会など、精力的に行動している。

その際広島を訪れたパールは、原爆慰霊碑の「安らかに眠って下さい　過ちは　繰返しませぬから」という碑文に憤慨した。原爆投下という「過ち」を犯したのはアメリカなのに、なぜ日本人が日本人に「過ちは繰返しませぬ」と謝っているのかというのである。ここでパールは「東京裁判で何もかも日本が悪かったとする戦時宣伝のデマゴーグがこれほどまでに日本人の魂を奪ってしまったとは思わなかった」「東京裁判の影響は原子爆弾の被害よりも甚大だ」と慨嘆したという。

このことはマスコミでも大きく報道され、それを知った本照寺の筧《かけい》義章住職はパールの宿泊先を訪ね、「わたくしの寺の檀徒も大勢原爆でやられています。また出征して多くの戦死者も出しています。これらの諸精霊に対して、どういう言葉を手向けたらよいか。パール博士に『過ちは繰返しませぬから』に代わる碑文を書いていただきたい」と懇請したという。

パールはこれを快諾、半日間熟考の末書いたのが、この碑文である。

パールは、明らかに日本による「アジア解放」の戦いを讃えている。東京裁判による日本罪悪史観から抜け出せない者にとっては、この事実が相当都合が悪いらしく、何とかこれが「アジア解放」を讃えたものではないことにしようと解釈を試みるが、全く説得力がない。一説によるとこの碑文の前半は寛らが用意していたもので、パールの詩は後半のみだというが、いずれにしろその後半部分で、パールは「アジア解放」を顕彰しているのである。

本書『パール博士「平和の宣言」』（原題『平和の宣言』）は、この1952年の来日時の、パールの講演や論文、そして、パールに同行した編者・田中正明の手記から成る。長らく絶版になっていたが、「判事」ではないパール個人の思想を現代に伝える、数少ない貴重な史料である。再刊にあたって編集部は、原著で第三部に入っていた田中の手記を第一部に移して、パール小伝を巻末に残した。細かい字句の修正以外、内容には手を加えていない。

本書は内容的に今日の状況にはそぐわない部分もあるが、それにもかかわらず、現在復刊することには大きな意味がある。東京裁判の評価に関して現在も活発な議論があり、それに伴ってパールに対する注目も高まってきているからである。

最近の議論の中には悪質な手段を取る者もいて、本書が絶版だったことをいいことに、本書から文脈を無視して勝手な拡大解釈をしてご都合主義的に援用し、ありえないパール像を捏造した本が出版されている。その本ではパールが日本の戦争に対して「道義的責任」を追及し続けていたという主張がなされており、帯ではこのようなパールの言葉が使われている。

「みなさんは、次の事実を隠すことはできない。それはかつてみなさんが、戦争という手段を取ったという事実である」

この言葉だけを前後の文脈から完全に切り離して見せられれば、一見、パールが日本人に対して「戦争をした罪を隠すことはできない」と、道義的責任を追及したかのように思える。ところが実際は全く違う。本書165ページ～

を読んでほしい。日本は美しい国であり、愛と平和を求める国である。しかしながら日本は戦争をした。今日我々の住む世界は、それほどまでに矛盾に満ちているのである……パールはそう言ったのであり、そこに日本を責める意図は特にないのである。

こうも露骨に、パールの意図とは全く違う形でパールの言葉を勝手に切り取って引用し、自己の歴史観を補強するために利用する論者がいたのでは、パールは浮かばれない。このように曲解され続けているパールの思想と行動を正すには、パール自身の言葉を再び世に出す以外にない。

本書の編者・田中正明は、日本で初めてパール判決書の内容を世に広めた人物である。東京裁判で死刑にされた松井石根《いわね》大将の秘書を務めた田中は、松井の密葬の席で初めて「パール判決書」の存在を知り、松井たちの冤《えん》を雪《そそ》ぐべく、GHQの占領下で公表を禁じられていた判決書の出版に執念を燃やした。

そして田中はパール判決書の要約と解説をまとめた本を、1952年4月28日、占領が解除された当日に『日本無罪論―眞理の裁き―』の題名で出版したのだ。法学者でもない在野の徒である田中が最初にパール判決書を紹介したことから、後々田中に批判や中傷が付きまとうことになるが、あの当時パール判決書を世に出そうとする勇気のある学者などいなかったのであり、田中の功績はもっと評価されてよいだろう。

『日本無罪論』はベストセラーになり、パールを再び日本に招こうという動きが起こった。その際、招請の中心人物となったのは田中の恩師・下中彌三郎である。下中は学校教育も満足に受けられない貧しい育ちから独学で身を起こし、百科事典で有名な「平凡社」を創業した。戦前には松井石根を会長に、孫文の「大亜細亜主義」の理想の実現を目指す「大亜細亜協会」を結成。松井は蔣介石や南シナの軍閥を訪ねて孫文の「日本なくして中国なし、中国なくして日本なし」の日中和平の大義を説き、この時田中は秘書として同行している。

戦後、下中と田中は公職追放が解除されると「大亜細亜主義」をさらに発展させた形で「世界連邦運動」に参加。パールを再来日させた最大の目的は、下中が企画して広島で開催する「世界連邦アジア会議」に、世界連邦論者であるパールを招待することにあった。

パールは下中と田中を大変気に入り、下中と義兄弟の契りを結び、田中に「お前は永遠に私の子供だ」と言った。本書の出版に当たっては、田中に「私の講演を、君の好む方法で出版、利用することを無条件で許可する」という手紙を送るほど、全幅の信頼を置いている。

このような経緯からも、本書ほど東京裁判後のパールの思想を的確に伝えている本は他にはないと断言できる。

最近「パールは東京裁判を全面否定していたわけではなく、その意義を一部は認めていた」という論者がいるが、それが全くの虚偽であることも、本書のパール自身の言葉を読めば一目瞭然である。判決書でも表明されていた東京裁判に対する批判は、本書ではより一層強い表現で表れている。

パールはニュルンベルク裁判と東京裁判で適用した二つの法律が、この二つの裁判所に限ったものであり、法律に値しない法律であり、リンチに過ぎないと断言している。そのような、法と呼べない法で勝手に裁いたニュルンベルク裁判と東京裁判の判事こそ、本当の犯罪者、法を曲げた違反者として裁かなければならぬとまで言うのだ。どこをどう読めばパールが「東京裁判の意義を一部認めていた」などという結論が出てくるというのだろうか？

さらに本書では、判決書では語られなかった、日本の戦争に対するパールの考えも読み取ることができる。３００年続いたイギリスによる植民統治下のインドに生まれ育ったパールは、平和主義者でありながら日露戦争の日本の勝利に喜び、民族の誇りが目覚めたと言い、インドをはじめアジア各地の独立運動はここから始まったと言ってもいいと述べている。

また、第一次大戦後に日本が国際連盟に対して人種平等案を提出し、西欧諸国に葬り去られた経緯を話している。そして、第二次大戦が終わると「数百年にわたり、絶対的な優位の地位にたって支配した西洋諸国は、いまやアジアにおける新しい情勢に目を開かなくてはならぬ」という状況が現出したと語っている。そのような想いが、先述の「大亜細亜悲願之碑」の碑文に結実したことは間違いないだろう。

こういうパールの主張は、東京裁判を肯定したい、日本の戦争は全て罪悪だったことにしたいという歴史観には甚だ都合の悪いものである。だからこそ、本書からパールの言葉をつまみ食いして曲解するという作業がこれまで数多く行なわれてきたのだ。

だがその一方では、パールは絶対平和主義者であり、世界連邦を提唱し、日本の再軍備反対を唱えたことも事実である。現在の価値観では、なぜそれが両立するのかは理解できないだろう。これには、時代の背景を考えなければならない。

大規模な戦争の後には、戦争を二度と起こさないための平和運動や平和機構の提唱が行なわれるのが歴史の常であり、未曾有の大惨事となった第二次世界大戦の後には、世界中で同時多発的に「世界連邦」の思想が生まれた。

これは各国家の主権と軍備を制限して、世界連邦という国際法による法治共同体の一員として秩序づけようというものである。誤解されがちであるが、国家を解消して単一の世界国家をつくろうというものではない。

広島・長崎に投下された原爆の記憶がまだ生々しかった当時の核兵器への恐怖は、現在では想像もできないほどのものだった。黒澤明の１９５５年の映画『生きものの記録』では、三船敏郎演じる老人が原水爆への恐怖から発狂してしまう様が描かれる。現在見るとギャグに見えてしまうような描写だが、当時はこれがリアルな感覚だったのである。

パールが再来日した１９５２年は朝鮮戦争の真っ最中であり、第三次世界大戦、核戦争、人類滅亡という恐怖はすぐそばにある現実だと、誰もが思っていた。パールも、核兵器の登場によって戦争も武器も無意味になってしまったと考え、核戦争への恐怖が、人類は団結しなければならないという「紐帯《ちゅうたい》」になったと期待したのだ。

パールは戦前に関しては「アジア解放の戦い」にも共感しているが、戦後に関しては一切の武力を否定している。戦前と戦後の間に断絶があると言ってもいいだろう。それは一見矛盾しているようだが、核兵器の登場によって世界史は一変し、戦争の意味合いも全く変わってしまったと考えられていた当時としては、それなりに筋が通った思想だったのである。さすがに人類が核の恐怖にすら慣れてしまうという事態は、パールにも想定外だったのだ。

　とはいえ誤解してはいけない。パールが考えていた平和主義は、そう生易しいものではない。本書の97ページを読んでみるといい。「平和をつらぬくためには、尊い血がながされなくてはならないであろう。しかし肉体は銃剣によって亡ぼされても、魂を奪うことはできない」「どうせ戦によって死ぬ命なら、われわれは平和のために死のうではないか」と言っている。１０１ページでは、「戦争のために死ぬ命なら、平和のために死ぬ覚悟を示してもらいたい。恐怖の観念を捨てよ。命を投げ出すとき、そこには恐怖はない」と言っている。「命こそすべて」の日本の反戦平和とは正反対の思想である。これこそがガンジー主義の真髄なのだ。ガンジー主義とは、平和のためなら恐怖心もなく自らの命を投げ出さねばならぬという、大変な危険思想なのである。日本の平和主義者がそこまでの覚悟をした上で、日本国民にも非暴力で死ねと説得できるだろうか。

　残念ながらいま見ればパールの平和主義は破綻したと言わざるを得ない。パールがガンジー主義に基づく平和国家を貫くと信じていた当のインドでさえ、今やＮＰＴ（核拡散防止条約）体制を無視したまま、堂々の核保有大国である。当時でさえ、インドは膨大な予算を軍備に使っているではないかと国会議員から尋ねられ、パールは「自分は政治家ではないから、政治について、はっきりしたことは申し上げられない」と言いつつ、苦しい答弁をしている。「日本の青年学徒の眼は、マハトマ・ガンジーの思想を受けいれようとしている」など、あまりに現実離れした理想と言わざるを得ない発言も度々見られる。

　しかしそうであってもパールの平和主義には、まだわしも認められるところがある。「世界連邦」の実現はまず不可能だろうが、理想を求めるならば理論的には国際法秩序を発展させ、アメリカだろうが、中国だろうが、ロシアだろうが、北朝鮮だろうが、国際法によって裁くという世界体制を構築する以外、世界平和を求める方法など存在しないはずである。少なくとも、理想を手離し、イラク戦争の際に「国際法なんか役にも立たない」と暴言を吐き、どうせ世界は弱肉強食だと居直ってアメリカに追従した親米保守よりは、国際法の発展に一縷《いちる》の望みを賭ける立場の方がずっといい。現に、第二次大戦では無差別空爆、市民虐殺やり放題の戦いが通用したのに、イラク戦争などでは建前上はピンポイント爆撃しか許されないようになっている程度には、国際法は徐々に成熟しているとは言えるのである。

パールが再来日した時、日本は「主権回復」したと言いながら、未だ釈放されないA級およびBC級戦犯たちが数多くいた。にもかかわらず、彼らを裁いた東京裁判その他の軍事裁判の正当性に関する本質的論争について、日本の評論家、ジャーナリスト、法律家があまりにも無関心もしくは不勉強であることにパールは失望し、義憤さえ覚えたという。

そのような状況は以後も続き、現在まで至っている。そのために一時期はパール自体が忘れられた存在となってしまい、それをいいことに史料を都合よく引用してゆがめられたパール像を捏造した本が出るような事態にまでなってしまったのだ。

わしが本書で特に胸を打たれたのは、パールがBC級戦犯の家族たちと対面する場面である。「お父さんを帰してください」と頼む家族。パールに頼んでもどうにもならない。悪いのはアメリカはじめ連合国なのだから。それなのにパールは自分の無力を詫び、家族と一緒に泣くのだ。

さらにパールは急に帰国が早まった慌しい時にもかかわらず巣鴨拘置所に出向き、BC級戦犯800人の監獄を丹念に一つ一つ訪ね、慰めたという。普通ではちょっとできないことである。当の日本人ですら彼らに無関心だったというのに、インド人のパールがここまで敗戦国日本に対して情をかけてくれたのだ。50年遅かったが、今さらながら感謝の念を表明するしかない。

パールは日本の恩人である。

せめて、恩人の存在をもっと知ってもらいたい。

せめて、恩人の言葉をきちんと伝えたい。

さすがにパールが提唱した平和主義を実践する勇気は未だ持てないのだが、それはインドでも同じなのだから、それだけは勘弁してほしい。

平成20年1月10日

ゴーマニズム宣言SPECIAL
国際法は歴史の蓄積で成り立つ
第8章
ここで、パールが守ろうとした「国際法」とはいかなるものであるかを語っておこう。
そもそも国際社会に法秩序はあるのか？無法状態なのか？
イラク戦争直前の米政権では、もはや国際法は無力だという意見が支配的だった。
ブッシュ政権の理論的支柱といわれたケーガンは「アメリカとヨーロッパは、軍事力に対する考えが開きすぎた。ヨーロッパは甘い」と言った。
ヨーロッパは今や18世紀の哲学者・カントの「永久平和論」の理想社会を目指しているつもりだろうが、しかしその平和のまどろみはアメリカが外から安全保障を提供しているからだ、と皮肉を言っている。
これは日本にも当てはまる皮肉だと自覚せねばならない。

ケーガンは世界を17世紀の哲学者トマス・ホッブスの「リヴァイアサン」で論じられた「自然状態」として捉《とら》えている。

わしはわざわざこんな小難しい本まで読んでみた。

ええくそ！

ホッブスはこの世界が無秩序の「自然状態」であるという。

それはどんな状態かと言うと…

「絶えざる恐怖と、暴力による死の危険がある。そこでは人間の生活は孤独で貧しく、きたならしく、残忍で、しかも短い」

「自分たちすべてを畏怖させるような共通の権力がないあいだは、人間は戦争と呼ばれる状態、各人の各人による戦争状態にある」

ホッブスは極端に悲観的な世界観を持っていたらしい。

このような無秩序の戦争状態、自然状態を終わらせるために、人間は自分自身を統治する権利を第三者に委ねる。

それが主権国家、つまり「リヴァイアサン」であるそうな。

「リヴァイアサン」は「ヨヴ記」41章などに現れる巨大な鰐《わに》、あるいは龍、あるいは巨大な「海獣」のことらしい。

ホッブスは「万人を畏怖させる権力」を持つ、「リヴァイアサン」だけが、世界に秩序をもたらすと説く。

そしてケーガンは、今や他国の追随を許さぬ圧倒的な軍事力を持つアメリカこそが、その「リヴァイアサン」であると喩《たと》え、
これに賛同したネオコンたちが世界に新秩序を打ち立てようと企てたのだ。

国際法も国連も世界秩序を打ち立てるためには全く無力で、「怪物・アメリカ」のみがその役目を担うというわけだ。

保守派の知識人は、この傲岸《ごうがん》な物言いの前に、すっかり萎縮した。

「愕然《がくぜん》として怯《おび》えよ」と叫んでいるチワワみたいな知識人までいた。

だが今のアメリカを見よ。

ホッブスの社会契約論を持ち出して、国際社会を語るなんてことが馬鹿だったのだ。

そもそもホッブスの言う「自然状態」なんてあり得ない。

実際にあるのは、「歴史状態」である。

当たり前ではないか。人も国も「関係」というルールの中で生きている。

それはすでに、歴史的に形成されてきている。

国際社会は、慣習と法律の集まりでできている。

単なる無秩序が国家間に広がっているのではない！

「イラク戦争」でアメリカは国際法を無視して「予防的先制攻撃」の域を踏み外し「覇権的先制攻撃」を行なった。

イラクが今日、明日にでも、アメリカを大量破壊兵器で攻撃するという逼迫《ひっぱく》した危機はなかった。

PE!!

PRETZEL
それどころか、ついに大量破壊兵器は存在しなかった!

これは「覇権的先制攻撃」＝「侵略」だったのだ!

アメリカはイラク攻撃の目的自体を「大量破壊兵器」から、「体制転換」へスライドしてしまったが
侵略だったという事実は動かしようがない。

わしが開戦当時アメリカの攻撃は、「国際法違反」で「侵略」であると主張したのを、
親米保守派の中西輝政氏が見たらしい。

岡崎久彦氏との対談で、わしを名指しで批判。

「国際法なんか役にも立たない。国連なんか非力だ」と、まるで不良少年みたいに言い合っていた。

小林さんは素人《しろうと》としてはよく国際法などあまり役にも立たない学問を勉強する気になったと褒めてあげたくはありますがね(笑)。

岡崎にしろ、中西にしろ、呆れるほど国際法について無知なのだ。
▲『諸君!』2003年6月号

そもそも、国と国が戦争するに当たって、軍隊がテロ集団や暴力団、山賊、海賊の類《たぐい》とは違うという根拠となるのは、
「国際法」を守るか否かなのである。
親米保守派は、その軍隊を軍隊たらしめる
「国際法」を「役にも立たない」と、
一笑に付しているのだから、わしはもう、あきれ果てた。
これでは『戦争論2』で、「戦争になったらだれを殺しますか?」と言ってた連中と一緒だ。
平成さんは戦争になったら誰を殺しますか?
誰を?
国際法先進国のスイスでは、一般家庭に「民間人は軍事作戦を行なってはならない」という国際法のパンフレットを配るそうだが、
親米保守派の家に、政府は国際法のパンフを今すぐ配っておくべきではないか!?
みんなのこくさいほう
まもろう、ルール
政府広報
彼ら親米保守派は、もはや国際法も国連も役に立たない、だから日本は国際協調なんか捨てて、アメリカにだけ必死でついて行けばいいのだと言っていたが…
では、当のアメリカはそこまで堂々と国際法を無視できるのだろうか?
2003年5月2日、サンディエゴの空母リンカーンの艦上でブッシュ大統領は
「戦闘終結宣言」を行なった。
アメリカはイラク戦争の「勝利宣言」を未だにできないでいる。
戦争はまだ終わっていないのである。
なぜ「勝利宣言」か、「戦争終結宣言」ができないのか?

実は「戦争」を終結させてしまうと、国際法上、アメリカに戦勝国としての義務が生じてしまうからだ。

戦争が終結すると、「ジュネーブ条約」により、6000人にのぼるイラク軍捕虜を釈放しなければならなくなる。

戦犯をどう裁くかが決まってないので、それはできない。

「ハーグ条約」によれば、フセイン大統領らの拘束に武力を用いることができなくなる。

だが一方、アメリカはイラク復興を速く進めたいが、国連による経済制裁を解除してもらうには、戦争終結のアナウンスが必要だ。

そこで苦肉の策としてアメリカは、「戦闘終結宣言」という微妙な言葉の言い換えですり抜けたのである。

アメリカは、明らかに「国際法違反」という批判を気にしている。

国際法は決して無力ではない。

未だにアメリカは、国際社会の「慣習・ルール・道徳」によって、縛られているのである！

「リヴァイアサン＝怪物」であるはずのアメリカが、国際社会の歴史の中で、少しずつ形成されてきた不文の法、国際法、いわば「道徳」に、未だに縛られているということだ。

アメリカが本当に国際法を、ことごとく無視して戦争したら、それはもう暴力団である。

さすがに全世界から軽蔑される国になる。

建て前としてだけでも、国際法を遵守しているように見せなければならない。

アメリカはイラク戦争前「悪の枢軸」という言葉で道徳的・倫理的に相手国を断罪した。

イラクの「自由化」「民主化」「独裁制打倒」も道徳に関する言葉だ。

THE AXIS OF EVIL
ここで「道徳」と「倫理」を区別しておく。

世間の目を気にすることで、自分の行動の規範を作る場合を「道徳」と言う。

一神教によって、善悪を判断することを「倫理」と言う。

「道義」とは、人の行なうべき理にかなった道筋のこと、とする。

「政治と道徳は切り離すべきだ」と暴論を吐いた者もいたが、
政治と道徳は区別しがたい。

アメリカがイラクを「悪」と呼び、「倫理」を掲げ、「大量破壊兵器の拡散防止」という「大義」を掲げたことは今後も尾を引くだろう。

THE AXIS OF EVIL
皮肉なことに、世界はアメリカの思惑により情報のグローバル化が進んでいた。

世界中のメディアからアメリカの「倫理」＝「大義」が注目され続けることになる。

アメリカが「リヴァイアサン」になったと言うが、なにしろ情報のグローバル化により、世界を「世間」に変えてしまったのはアメリカ自身である。

他ならぬアメリカ自身がこれから起こす戦争で、常に「世間」の目を気にせざるを得ない状態を作ってしまった。

自ら道徳に縛られる世界を作ってしまったのだ!!

大量破壊兵器がなかったことは、今後も非難を浴びつづけるだろう。

今回、500トンの劣化ウラン弾を使ったことへの犯罪性も将来、問われることになろう。

「道徳」や「倫理」が「国益」に影響する時代になった。

ある意味、喜ばしいことだ。かつて日米の戦争の時は、都市空襲も原爆も「道徳」的に問題にされなかったじゃないか!

それが今回は「ピンポイント攻撃」で、民間人の犠牲を最小限にするという宣伝がアメリカによってなされた。

現実は誤爆だらけで、あくまでも建て前だけのこととはいえ、「道徳」がアメリカの戦術に影響していることも間違いあるまい。

国際法は条約と
国際慣習法で
成り立つ。
歴史の中で
慣習・ルール・道徳を
蓄積させて進化
し続けているのだ。
16世紀には、
勝者が敗者の
生殺与奪の権を
全て握っていた。
捕えた王を
勝手に作った
法で裁いて
処刑し、
インカ帝国や
アステカ帝国を
滅ぼした。
その後発展した
国際法によって、
このような野蛮行為は
姿を消したはずだった。
しかし東京裁判では
「人道に対する罪」などという
それまでありもしなかった
「事後法」で日本を裁いたのだ。
戦争の勝者が
敗者を裁く
野蛮行為が
堂々と行なわれたのだ。
それは国際法を
発展させてきた
歴史を400年逆行
させる行為だった。
良識ある法律家には
到底看過できない
ものだったに違いない。
だからこそパールは
判決書で
東京裁判を
「数世紀にわたる
文明を抹殺
するもの」と
批判したのだ。

1928（昭和3）年、パリで「不戦条約（ケロッグ・ブリアン条約）」なるものが調印され、「侵略戦争」の放棄を宣言した。

高邁な理想を掲げた条約だったが、この条約に国際法としての効力はなかった。

当事国の都合でつけられた留保条件で穴だらけだったのだ。

条約では「侵略」の定義は当事国にまかされていた。要するに…

わが国はこれから侵略するぞ——!!

…と言わない限り、「侵略」にならないのである。

実際、条約締結の翌年には早くもソ連が…

これは自衛行動だ！

と、満州を攻めた。

この条約は…

〝新年の決意〟か〝サンタクロースへの手紙〟のようなもの。

郵便切手一枚ほどの価値もない。

雨の日以外は傘をさすべからずというようなもので、本質的に無意味。

…と酷評された。

まさに第一次大戦後の空虚な平和主義の延長で生まれたものだった。

ところが東京裁判はこんな条約を盾に「日本は侵略をした」と断罪した。

もちろんパールは条約に法的効力はなかったとしている。

しかし今でも「日本は、〝パリ不戦条約〟に違反して侵略した」なんていう学者がおる。

憲法9条はパリ不戦条約の理想を受け継いだものだと言う者もいるが、
自国さえ戦争放棄を宣言すれば他国も攻めてこないなどというのは歴史を無視した夢想でしかない。
9条
9条
国際法はそれを執行する機関を持たない法である。
それが最大の弱点であり「役にも立たない」と軽視する者もいる。
だからこそパールは「世界連邦」の理想を持った。
各国の主権を制限して世界連邦の下に置き国際法によって秩序づけたいとパールは願ったのだ。
ごーまんかましてよかですか？
国際法は歴史の蓄積の上に成り立つ。
祖父母たちの努力と犠牲によって進化を続けてきたことを思えば、
未来にパールの理想の実現を祈りたく思う。

第9章 パールは東京裁判を「一部肯定」したという珍説

ゴーマニズム宣言 SPECIAL
パールは東京裁判を「一部肯定」したという珍説
第9章

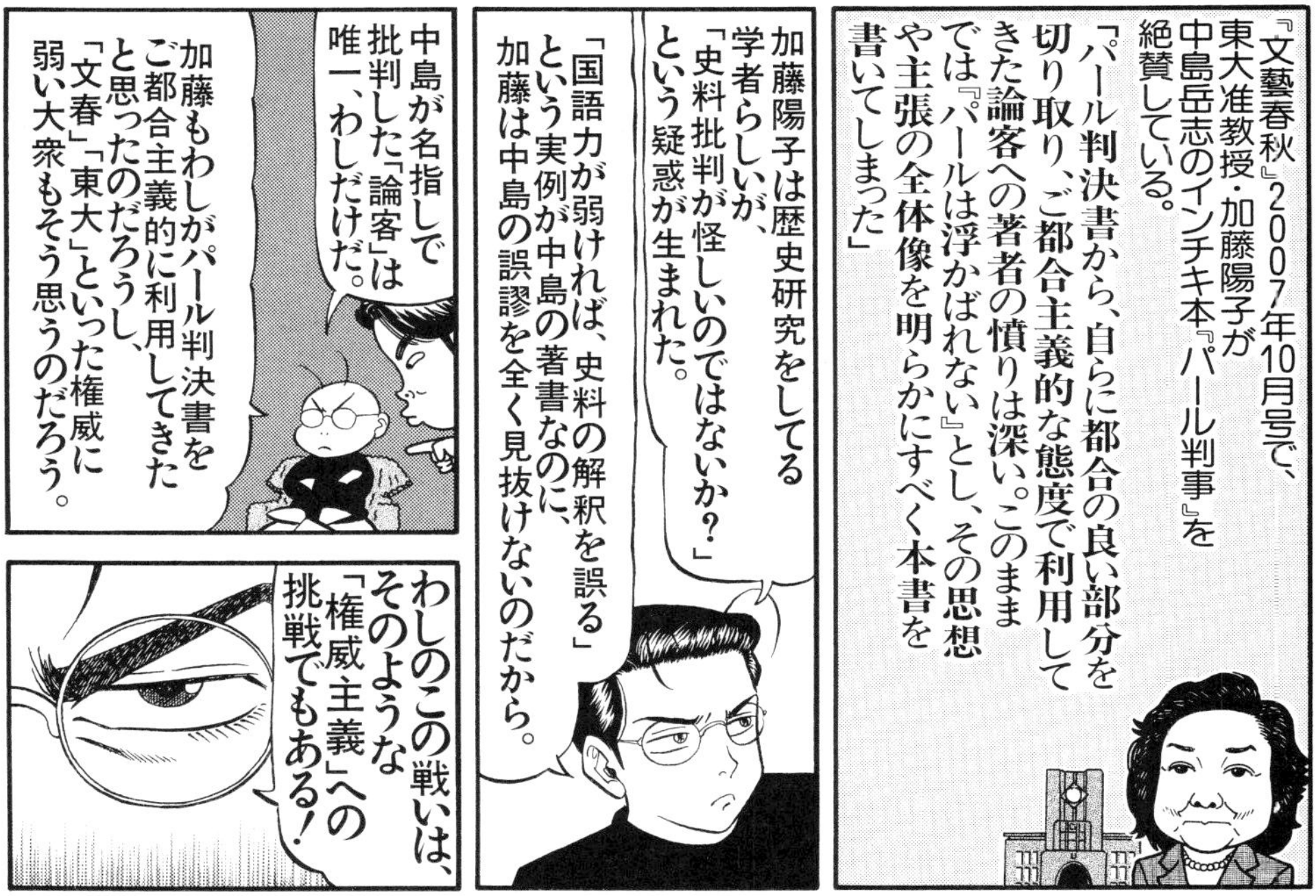

『文藝春秋』2007年10月号で、東大准教授・加藤陽子が中島岳志のインチキ本『パール判事』を絶賛している。

「パール判決書から、自らに都合の良い部分を切り取り、ご都合主義的な態度で利用してきた論客への著者の憤りは深い。このままでは『パールは浮かばれない』とし、その思想や主張の全体像を明らかにすべく本書を書いてしまった」

加藤陽子は歴史研究をしてる学者らしいが、「史料批判が怪しいのではないか?」という疑惑が生まれた。

「国語力が弱ければ、史料の解釈を誤る」という実例が中島の著書なのに、加藤は中島の誤謬を全く見抜けないのだから。

中島が名指しで批判した「論客」は唯一、わしだけだ。

加藤もわしがパール判決書をご都合主義的に利用してきたと思ったのだろうし、「文春」「東大」といった権威に弱い大衆もそう思うのだろう。

わしのこの戦いは、そのような「権威主義」への挑戦でもある!

加藤陽子は中島著書の要点として、第一に
「パールが東京裁判を否定していたかのような解釈は誤り」
というのを挙げる。
なんということか!
①パールは9条護持を繰り返し主張説
②「大東亜悲願之碑」の碑文はインド人専用説
③パールは東京裁判の管轄権の範囲を、ガンジー主義で支那事変からにした説
…に続く中島の珍説
「パールは東京裁判を一部肯定した説」にお墨付きを与えたのだ!

何しろ中島はこんな言い方までする。

「ここで重要なことは、パールは自分自身が構成員の一員を担っている東京裁判を、根本的に否定してはいないということである」

なんだ、これは?

「パールは東京裁判の判事を務めたのだから、東京裁判を認めていた」と言いたいのか?

判事の任務を蹴って、インドに帰らない限り、「東京裁判を否定していない」ことになるのか?

中島は何をもってパールが東京裁判を肯定したというのか?

それを検証する前に、まずこの発言に触れておかねばならない。

――パール判決に関して、最も誤解されている部分は何ですか。

中島 パールが、東京裁判はすべて事後法で成り立っていると主張した、という点です。事実はまったく違うんですよ。

(『週刊金曜日』07年10月19日号)

また出た!

「誰も言ってないことを非難する」得意の手口!

「東京裁判は事後法で裁いた不当な裁きだった」…とはよく言うが、

「東京裁判はすべて事後法で成り立っていた」…なんて誰も言ってないのだ!

念のために言っておくが、パール判決書では「通例の戦争犯罪」においても、いわゆるA級戦犯は「無罪」とい
結論を出している。無罪なのに死刑の判決を出した裁判をパールが肯定するか？パールが南京事
件をどう見ていたのかについては、一章を設けて詳しく論じる。中島の言うようなものではない。

そりゃ丁寧に言う余裕があれば、こう言うだろう。

東京裁判で裁こうとしたのは、①平和に対する罪 ②人道に対する罪 ③通例の戦争犯罪 …だが、当時の国際法上成立したのは③だけであり、事後法である①②で裁いたのは不当だった。

だが、いちいちこうは言えないし、字数が足らなければ「東京裁判は事後法で裁いた」と言っても全然構わないのだ。

何が「最も誤解されている部分」だ！

…で、中島の説では、①②についてパールは裁判の成立を認めなかったが、③の「通例の戦争犯罪」に関しては、国際法の根拠があり、裁判の成立を認めた。だから「東京裁判一部肯定」だと言うのだ。

「パールは、国際法で確立されている『通例の戦争犯罪』が、東京裁判において裁かれるのは当然であり、その意義を明確に認めている」

おいおい、パールは単に裁判の俎上に載せることを認めただけだぞ！

なんで裁判の「意義」まで認めたことになるんだよ？

実は中島自身も「ただ、この判断は、即座に被告人の有罪につながるものではなく、訴追が成立しているということを示しているに過ぎない」と書いている。

にもかかわらず中島は、その前後に「東京裁判の意義を積極的に認め」たと繰り返すのだ。

国語力がないのか、頭が変なのか、詐欺師なのか？一体どれなんだ？

「訴追が成立したに過ぎない」が、「積極的に裁判の意義を認めた」に即座にすり替わる。

何という詐欺的レトリック！

強調しておくが、パールは「訴追が成立する」と言っただけであり、
それをもって「東京裁判の意義を認めた」のでは決してない！

パールは、そこで正義の裁きが行なわれなければ、意義どころか深刻な害悪を残すことになるとして、公正に裁く必要をくどいほど書いているのだ。

「被害を受けた国が、敵国国民にたいして刑事裁判権を行使することは、犯罪者側の国民からは、正義というよりはむしろ復讐であると考えられ、したがって将来の平和保障の最善策ではない、ということである。戦争犯罪人の処罰は、国際正義の行為であるべきものであって、復讐にたいする渇望を満たすものであってはならない」

(ゴシックは、パールが傍線で強調した部分)

裁判に際して被告(「A級戦犯」)側は、判事が全員、戦勝国から選ばれているため、審理に偏見が生じると、異議を唱えた。

パールはこれに十分理解を示すが、最終的には異議を却下している。それはなぜか?

まずパールは、判事たちは個人として裁判にあたっており、出身国は関係ないという判断を示す。

ただし判事たちには、「普通の誠実と正直より以上の」「道義的節操」が不可欠だとする。
▲『東京裁判 下巻』(東京裁判刊行会)より。
そして、誰でも無意識に予断が生じることはあり、「一歩を誤れば客観的でかつ健全な判断をつまずかせる陥穽《かんせい》となるおそれがつねにあって」人間が正義を行なうことに対する信用を傷つけることになると警告する。

だが「かような障害にもかかわらず、甘んじて受けなければならないものは人間の正義である」と被告たちに言う。

その一方でパールは他の判事たちに「キーナン氏が冒頭陳述の終りに引用した連合国最高司令官の言葉を常に心に留めておくべきである」と言う。その言葉とは、次のようなものである。

世界の人々の大多数を代表し不信悪意又は憎悪の精神を以て我々は此処《ここ》に会するに非ず。寧《むし》ろ我々が将に奉仕せんとして居る神聖なる目的に貢献する唯一のものであるかの高次の安全性に止揚し、我々国民の総てを彼等が茲《ここ》に正式に採らんとして居る諒解への忠実なる遵法に全く従わせしめることが我々勝者並に敗者の双方のなすべきことなのである。

白々しいほど立派な言葉だが、これを心に留め、「無意識的な希望」や「衝動のおもむくところ」を、「真実として受け入れたがる心理を避けなければならない」と、パールは厳に戒めている。

つまりパールは、被告（A級戦犯）側には、判決を甘んじて受け入れるよう求める一方、他の判事には公正に裁くよう厳しく求め、それを前提に、被告の異議を退けたのだ。

それを中島はこう解説する。

「東京裁判は、戦勝国の戦争犯罪が裁判にかけられず、構成員が戦勝国によって独占されているという問題があるものの、被告は『人間の行う正義』を甘んじて受け入れなければならない、というのがパールの大前提である。このことを、われわれはまず理解しなければならない」

このひどさが見抜けるだろうか？

中島は、パールが他の判事たちに厳格公正に裁かねばならないとしつこく唱えた部分をすべて省き、

「裁判にいかに問題があろうと甘んじて受け入れろ」と被告へ一方的に言ったかのように変え、
しかもそれを「パールの大前提」ということにしたのである。

甘んじろ
甘んじろ
そして中島こそが「パール判決書から、自らに都合の良い部分を切り取り、ご都合主義的な態度で利用して」いるのを全く見抜けなかった東大准教授・加藤陽子が、これを鵜呑みにしてこう書いたのだ。

パールが東京裁判を否定していたかのような解釈は誤りで、戦勝国の犯罪を裁かない等の問題点を指摘したものの、「被告は『人間の行う正義』を甘んじて受け入れなければならない」との立場をとった。

これが日本のアカデミズムのレベルである。

それはバカデミズムと言うしかないレベルなのだ。

実を言えば、「パールは東京裁判を肯定したか、否定したか」なんて話は、あっという間に結論が出るのだ。

そもそも東京裁判を肯定とか否定とか言う場合、東京裁判の「何を」肯定した、否定したと言うのか？

中島は訴追の成立を認めたことを「東京裁判を肯定した」と言ったわけだが、
もともと「訴追成立＝裁判肯定」なんて議論は、今まで誰もしていない。

これも中島が勝手に言い出した珍説でしかない。

「東京裁判を否定する」とは、「東京裁判の判決・決定を否定する」という意味に決まってるだろうが!!

パール判事が、東京裁判の多数派判事による「判決・決定」を、肯定しているわけがないじゃないか!!

一般に「パール判決書」といわれる文書は、正確には「判決書」ではない。
東京裁判では「Judgment」には、裁判所が出す「判決」と、その裁判に関わった判事が、判決について述べる「意見書」の2種類があった。
そしてパールが書いたのは、まさに、東京裁判の裁判所が下した判決に対する「Dissentient Judgment」＝「反対意見書」なのである！
DISSENTIENT JUDGMENT OF JUSTICE PAL
つまり「パール判決書」とは、東京裁判に反対するために書かれた意見書なのだ!!
東京裁判を否定するために、パールは裁判所判決文を上回る分量の意見書を心血注いで書いたのだ!!
言うも馬鹿馬鹿しい。
パールが東京裁判を肯定していたか、否定していたかなんて、「パール判決書」の一番最初の1行を読んだだけで、議論の余地もないじゃないか！
第一部　予備的法律問題
同僚判事の判決と決定に同意しえないことは、本官のきわめて遺憾とするところである。
本事件ならびにこれに関連する法律と事実との問題の重大性にかんがみ、本裁判所の決定の
ために生ずる問題につき、所見を述べることは、本官の義務であると感ずるものである。
一九四六年四月二十九日、上記の十一訴追国は、二十八名の者に対して起訴状を提出した。
被告松岡洋右および永野修身は死亡し、被告大川周明は精神異常のゆえに
かくて残りの二十五名が現在被告として、
召喚されているのである。
同僚判事の判決と決定に同意しえないことは、本官のきわめて遺憾とするところである。

東大の学生は加藤陽子にこの『ゴー宣』を読ませなさい。学問がイデオロギーや偏見で歪められていいのかと問いなさい。漫画家の言うことなど信じないと言うかどうか確かめなさい。小林よしのりは自分が間違っていたら素直に訂正する人間だと伝えなさい。

東京裁判の「判決」と「決定」に同意できない。これを「東京裁判・否定」と言うのだ！

加藤陽子は中島の本に刺激され、パール判決書を「じっくり読んでみた」という。それでパールについて何やら思いを馳せたようだが、最初の1行も理解しないまま、何をどう読んで、何を思ったというのだろう？

それにしてもパールの意図を何ひとつ理解せず、「パール判決書」の1行目からすでに頭に入ってなく、パールの主張を根幹からねじ曲げて、あちこちのマスコミで得意満面に語っている中島岳志になぜ誰も注意しないのか？

ごーまんかましてよかですか？

東京裁判を否定するための文書を、全力で曲解して、「東京裁判・肯定」にでっち上げた北大准教授。

それを見抜けず絶賛した東大准教授。

バカデミズムの実態がここに明らかになった!!

ゴーマニズム宣言SPECIAL
第10章
パールは「道義的責任」など指摘していない

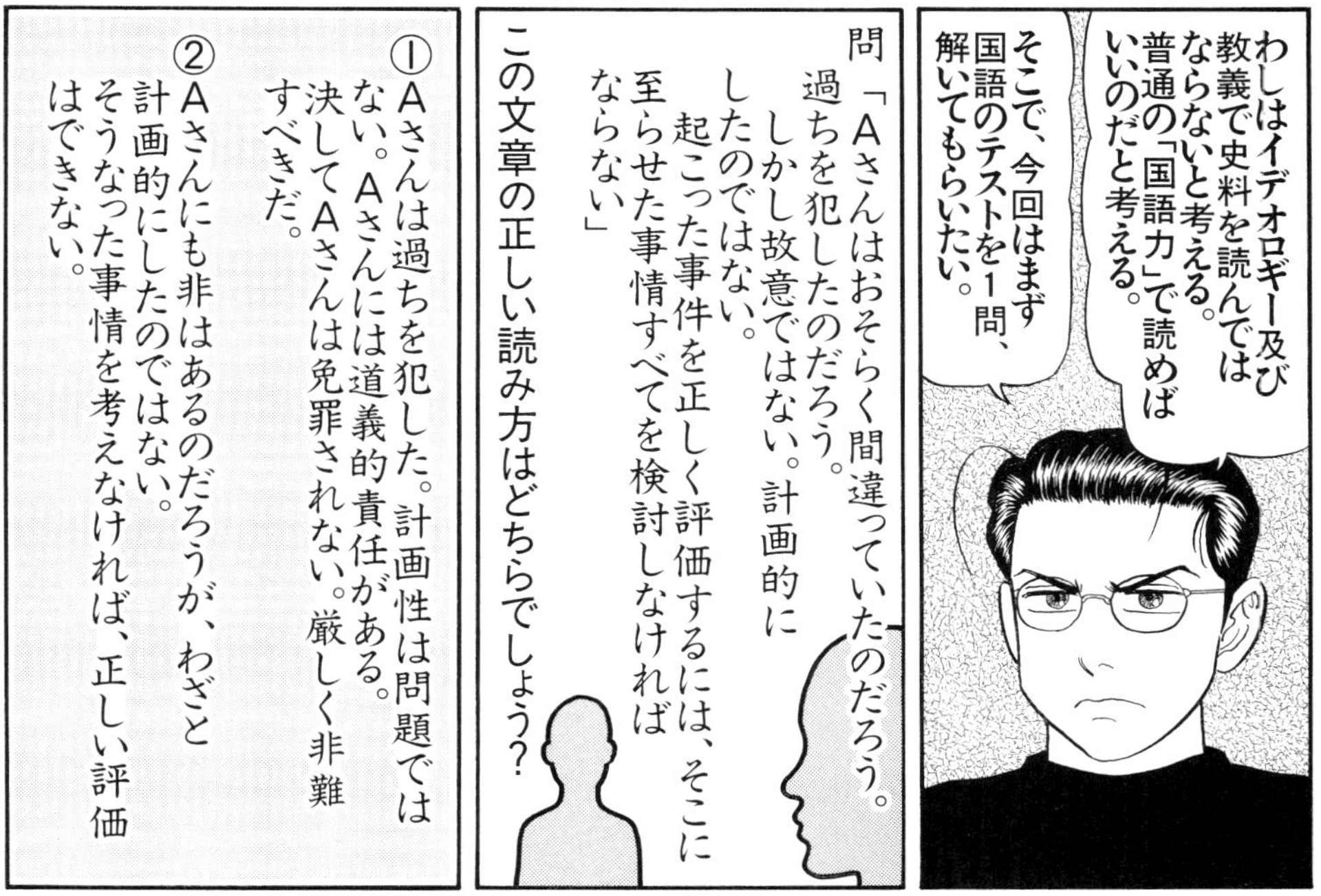

わしはイデオロギー及び教義で史料を読んではならないと考える。普通の「国語力」で読めばいいのだと考える。
そこで、今回はまず国語のテストを1問、解いてもらいたい。
問「Aさんはおそらく間違っていたのだろう。過ちを犯したのだろう。しかし故意ではない。計画的にしたのではない。起こった事件を正しく評価するには、そこに至らせた事情すべてを検討しなければならない」
この文章の正しい読み方はどちらでしょう?
①Aさんは過ちを犯した。計画性は問題ではない。Aさんには道義的責任がある。決してAさんは免罪されない。厳しく非難すべきだ。
②Aさんにも非はあるのだろうが、わざと計画的にしたのではない。そうなった事情を考えなければ、正しい評価はできない。

まさか①が正解だなんて言うやつはおらんだろう。

義務教育以前の問題、小学校受験の幼児のレベルだ。

ところが「①が正解だ！断じて①が正しい！」と叫ぶ珍奇な人々がいる。

中島岳志、そして中島のパール判決書解釈を支持する学者、マスコミらだ。

パールは判決書で、こう書いている。

日本の為政者、外交官および政治家らは、おそらく間ちがっていたのであろう。またおそらくみずから過ちを犯したのであろう。しかしかれらは共同謀議者ではなかった。かれらは共同謀議はしなかったのである。

起こったことを正しく評価するためには、各事件を全体中におけるそれ本来の位置にすえてみて初めて、正しく評価することができる。これらの事件を生ぜしめた政治的、経済的な諸事情の全部を検討することを回避してはならない。

（東京裁判研究会編、講談社学術文庫『共同研究 パル判決書』＝以下、『判決書』＝下466）

とりあえず「共同謀議」とは「計画的犯罪」程度の意味だと思ってほしい。

詳しくは改めて説明する。

今回は「国語力」の問題だ。

パールは、この結論部分で日本の為政者を「間ちがい」や「過ち」、「悪事」というネガティブな価値判断を伴う語を使って批判した。

（中島『パール判事』166）

ぶはっ…

単語しか目に入らんかったんかいっ！

中島はこの文章の「起こったことを正しく評価するためには」から後の文章を全て省き、こう解説している。

こんな国語力では小学入試でも不合格だろう。

中島は「文脈」が脳に伝わらないらしい。「単語」だけに反応する！

パールの文から「ネガティブな語」だけを拾い出し、その間を自分の勝手な文章で埋め、それを「パールの真意」としてデッチ上げてしまう。

その「単語」の悪用によるデッチ上げ文章の最高傑作がこれだ！

パールがこの意見書で何度も繰り返したように、日本の為政者はさまざまな「過ち」を犯し、「悪事」を行った。また、アジア各地では残虐行為を繰り返し、多大なる被害を与えた。その行為は「鬼畜のような性格」をもっており、どれほど非難してもし過ぎることはない。当然、その道義的罪は重い。

（中島『パール判事』178）

この文章で、実際のパール判決書に書かれているのは「過ち」「悪事」「鬼畜のような性格」だけである。

あとは全部、中島の作文だ。

「過ち」という単語がどういう文脈で出てきたかは、さっき引用した判決書で見たとおりだ。

悪事に関しては、実は「悪事を行ったかもしれない。しかし」と続く文章で、悪事を行なったと断定もしていない。

「鬼畜のような性格」に関しても、その後に「しかしながら」と文章が続き、捕らえられた犯人は既に死刑をもって断罪されている、「残虐行為」は決して日本の国策として行なわれたものではなく、「残虐な政策」「無差別殺人の政策」と呼べるものは「原子爆弾使用の決定である」と結論付ける文章なのである！

中島は「文脈」無視で「ネガティブな語」だけを取り出し、あとは全部、勝手に作文するという詐欺的手法を駆使して、パール判決書の文脈をことごとくねじ曲げていく。

本当はこんなこと「パール判決書」には一切書かれてないのだ!!

こんな調子で中島の著書『パール判事』は、4分の1を『パール判決書』の解説に使っている。

「パール判決書」からの引用と、それに対する中島の文章が交互に続くが、中島の文章中でパールが実際言ったことは断片的に出てくる「 」の中だけで、間を中島の曲解に満ちた作文がつなぎ、全体をパールの主張のように偽装している。

中には〈道義的・社会通念的には、間違いなく不当な行為〉〈日本と西洋諸国が同じ穴の狢〉〈悪しき日本帝国主義〉〈日本にも開戦の責任がある〉等々の言葉がパールの発言のように出てくるが、判決書にはそんなことは全く書かれていない！

パール判事
何しろ中島は、東京裁判当時、「侵略」の定義がなく、敗戦国だけが「侵略」とされたとパールが指摘したことを紹介しながら、
そのたった2ページ後に、「パールにとって、日本のアジア侵略も」（中島『パール判事』131）と平然と書くのだから、デタラメにも程がある。

他にも、パール判決書で「正当な」戦争と「不正な」戦争の区別があると「主張する人が時にはあった」（『判決書』上304）と書いてあるのを、

「植民地獲得のための戦争は『不当』なものである」（中島『パール判事』129）と、パール自身が断言したように変えるなど、指摘しだすとキリがない。

パール判事
それならせめて引用だけでも正確かと思ったら、とんでもない。その最たるものがこれだ。

パールは日本外交にも大きな問題があったと論じ、その非を指摘している。彼は、アメリカ首脳部との交渉窓口となった野村ワシントン駐在大使の行動に触れて、次のように述べている。

その態度は無理であり、攻撃的であり、あるいは傍若無人的なものであったかもしれない。

（中島『パール判事』162）

尊敬する西部邁氏がわしに論破されて、名古屋の雑誌で無意味な反論を書いている。しかも未だに中島のインチキ本に騙されたまま！福沢諭吉を読解できずに語っていた連中と同じじゃないか。もこの問題から手を引いていただきたい。間違ったことを書いたら正さねばならなくなる。

ところが、実際の判決書の記述はこうなのだ。

その態度は無理であり、攻勢的であり、あるいは傍若無人的なものであったかもしれないが、この点については米国当局者を安全感に陥れるようになにものをも隠蔽するような試みはなされなかった。

（『判決書』下375 傍線わし）

「攻勢的」が「攻撃的」になってるくらいは大目に見てもいい。

だがここでパールが言おうとしたのは、「野村大使の態度はともかく、日本側は交渉で米国を安心させて騙すような隠蔽は何もしなかった」ということである。

中島は「しれないが、」と続く文を「しれない。」と書き換えて、後半部分を省き、パールが日本外交を非難したように文意を曲げたのだ！

これは改竄以外の何ものでもない。

こんなものを学者が揃って絶賛したことは、何度でも書き留めておかねばならない。

御厨貴（東大教授）「本書の中心をなす第三章『パール判決書』における箇にして要を得た注釈」

加藤陽子（東大准教授）「パール判決書から、自らに都合の良い部分を切り取り、ご都合主義的な態度で利用してきた論客への著者の憤りは深い」

赤井敏夫（神戸学院大教授）「本書の目的は厳密なテキスト分析を通じてパールの主張を明確化すること」

原武史（明治学院大教授）「『パール判決書』を、パールに言及する論者がいかにきちんと読んでいないか、あるいは読まなくなったかが明らかにされる」

長崎暢子（龍谷大教授）「難解なパール意見書の内容が分かりやすく紹介される」

彼ら全員、全く「パール判決書」を読んでいないか、読んでいるとしたら、中島同様の、小学入試不合格の国語力しかない者たちなのだろう。

バカデミズムである。

中島はパール判決書が「道義的責任まで不問に付したわけではない」と何度も主張する。

ところが実際に中島がその証拠として指摘したのは、その全部がこれまで見てきたように「ネガティブな語」を文脈無視で切り取って並べ、捏造、改竄したものである。それしかないのである。

文庫で1338ページもある膨大な判決書の中から、そんなセコイ操作をしなければ「証拠」が提出できないことからも明らかであろう。

悪事
パール判決書の中に、「道義的責任」を追及している部分など一切ないのだ!!

DISSENTIENT JUDGMENT OF JUSTICE PAL
Radhabinod Pal
そもそも「道義的責任」などという定義も曖昧な価値判断を、パールが判決書に持ち込むはずがない。

それは判決書をちゃんと読んでいればわかることである。

パールは判決書でこう繰り返している。

「つぎの事実を重ねて強調したい。すなわち、本官の現在の目的にとっては、ある国の採用したある特定の政策の是非をきめることは、本官にとって必要でないということである」

（『判決書』上851）

「日本の中国における諸行為が、はたして正当となしうるものであったかどうかを検討することは、本官にとって全然必要ではないのである」

（『判決書』上858）

パール判決書の目的は、
検察側が主張し、
多数派判事が丸呑みで認定した
東京裁判・判決が
正しいか否かの検証だけである。
日本の政策・行為そのものの是非、
正当・不当の判断は必要ないと
強調したのである。
まして善悪正邪という
「道義的責任」の判断まで
扱っているはずがなく、
もし中島が言うように、
パールが日本に対して「どれほど
非難してもし過ぎることはない。
当然、その道義的罪は重い」と
判決書で書いていたら、
パールはとんでもない二枚舌の
男だったということになってしまう。
「パール判決書は日本の
道義的責任までは
免罪してはいない」というのは
サヨクの常套句でもあるが、
全くのウソである。
そもそも「道義的責任」を
裁くなんて、裁判官の
仕事じゃないだろう。
そんなものは
個人の良心の領域であって、
パール判事が考えることではない。
わしは推測するのだが、
パールは日本人に、いちいち
「パールさんは東京裁判で『無罪』の
判決を出されましたが、日本の
『道義的責任』までなかったと
言われてるんじゃないですよね？」
と聞かれると、ウザかっただろうな
と思う。
日本人は何で
「法的な判断」と
「道義・倫理的判断」を
ごっちゃにするんだろう？
「道義的責任」なんて、日本人が
勝手に考えればいいじゃないか、
と思ったんじゃないか？

2月11日の信濃毎日新聞・朝刊で、中島がまたしても「日本の平和憲法を擁護する発言をしていたパール」と言っている。結局、議論によって何が正しいか明らかにしようという気などさらさらないのだ。デマはつき通せばいいとしか思ってない。あれは仮装保守のサヨク運動家だな。

わしとて「日本無謬論」ではない。日本が何一つ道徳的に間違ったことをしていないとは考えない。

だが、わしが、中島岳志や、保阪正康ら「薄らサヨク」と決定的に違うのは、わしは「中国・朝鮮無謬論」ではないという点である。

日本に「道義的責任」があるのなら、西欧列強、特にアメリカにはもっと大きな「道義的責任」があり、ソ連にも当然あった。

そして国の近代化の必要に目を啓かなかった朝鮮にも、内乱と条約無視の排外主義に明け暮れていた中国にも、「道義的責任」はあったのだ！

これは中島の言う「日本と欧米は同じ穴の狢」論ではない。それは「戦争＝悪」という現在の価値観で見た論に過ぎないが、パール判決書には、そんな単純なことは書かれていない。

パール判決書の近代史の認識はかなりわしと近いのである。

実は「道義的責任」論では、中島ばかりを責めてはいられない。

何しろこの「日本無罪論はミスリーディングだ。道義的責任はある」という馬鹿馬鹿しいプロパガンダは、今から40年以上前に、日本の一流法学者と言われる者たちが始め、今日まで延々受け継がれてきたものなのだから。

このことも、じっくり解明するつもりなので、楽しみにしていてくれ。

ごーまんかましてよかですか？

わしは「パール判決書」を念入りに全部読んだが、「日本の道義的責任」を指摘しているところなど1か所もない！

「遠山の金さん」じゃあるまいし、裁判官が判決書で道徳を振りかざして一体何になると言うのか？

つくづく知性を疑うよ。

INTERNATIONAL MILITARY TRIBUNAL FOR THE FAR EAST
JUSTICE PAL
東京裁判
東京裁判刊行会
パル判決書（上）

付録　大絶賛！ 中島岳志に騙された人々　（五十音順）

赤井敏夫（神戸学院大学教授）　朝日新聞 2007年10月14日付

パール判決書をそれ自体の文脈から読み直す研究書が書かれるべき時期が来ていたし、それが現代インドのナショナリズム研究を専門とする著者の手で著された意義は大きい。本書の目的は厳密なテキスト分析を通じてパールの主張を明確化することで、上述のような解釈上の誤りを批判するところにあると見られるが、著者が判決書の由来をパール自身の中に培われたガンディー主義的思想にまで掘り下げて規定しようとしていることはとりわけ注目に値する。

井上章一（国際日本文化研究センター教授）　週刊ポスト 2007年9月28日号

パールは考えた。日本は、欧米のひどいやり口をまねただけだと、そうみなしていたのである。

A、B、C（「ダカーポ」書評担当者）　ダカーポ 2007年12月19日・2008年1月2日合併号

B　パール判決書を都合よく利用する風潮にクギをさすのが『パール判事』。

C　大東亜戦争を肯定なんかしてなかったそうだもん。

A　いい迷惑だよ、パールさんにしたら。

長田渚左（ノンフィクション作家）　NHK・BS2 週刊ブックレビュー 2008年1月13日放送

（パールの意見が）日本人にはうまく伝わらないという部分があって、繰り返しこれで読ませていただくと、あ、そういうことだったのかーと、非常に合点のいったことがありまして、ちょっとしたところをつまみあげると全然違う話になってしまうという、危険性もございますねえ。

加藤陽子（東京大学准教授）　文藝春秋 2007年10月号

第9章参照

くすみ書房・久住邦晴（書店スタッフ）　ダカーポ 2007年12月19日・2008年1月2日合併号

パール判決書がさまざまに解釈され、〝日本無罪論〟とか〝大東亜戦争肯定論〟が聞こえてくると、我々にはもう何が何だか。ちょうどよいときにこの本が出て、〝ああ、やっぱりご都合主義的な利用だったんだ〟と納得できた価値ある一冊。

佐高 信（評論家）　NHK・BS2 週刊ブックレビュー 2008年1月6日放送

東京裁判を批判したっていうことで、日本のある筋の人たちにはすごく持ち上げられてますけど、日本の侵略を肯定したわけではないですね。そのことを中島岳志さんが本当に見事に描いている。つまみ食いを許さないっていう感じでね、大事な本だと思います。

鈴木謙介（GLOCOM 研究員）　中央公論 2007年10月号

著者は、彼の意見書が、ガンジーの思想の影響下で書かれていること、極東裁判の正当性に問題があることは、日本の無罪を意味するものではないという彼の考えを明らかにしている。

竹内修司（ジャーナリスト） 毎日新聞2007年9月30日付

パール判決文に関する著書の中で、今日もっとも読まれているのは田中正明のものだろう。だがパールはこの表題のように「日本の無罪」を主張したわけではない。（中略）パールの真意を取り出してくれる案内者が必要だが、その取捨選択にはそれぞれの史観が作用し、解釈は微妙に異なってくる。（中略）この点、中島岳志の紹介はバランスがとれている。

堤 堯（評論家） WiLL 2007年11月号

パール判事の業績は、いまさら言うまでもない。東京裁判で「被告全員無罪」の判決を書いた。とはいえ「日本無罪」の判決ではない。

永江 朗（フリーライター） 週刊朝日2007年9月7日号

中島岳志『パール判事』は、こうした右派による都合のいいパール判決の切り貼りと利用を真っ向から否定する本である。（中略）彼は南京虐殺をはじめ日本軍の残虐行為を事実と認定し、激しく非難していた。（中略）A級戦犯たちがやったこと・やらなかったことを、道義的に許していたわけではない。（中略）パール判事の願いは日本が再軍備せず平和憲法を守り続けることだったという。

長崎暢子（龍谷大学教授） 日本経済新聞2007年8月26日付

第20章参照

西部 邁（秀明大学学頭） 正論2008年1月号

第6章参照

原 武史（明治学院大学教授） 週刊現代2007年9月15日号

「パール判決書」を、パールに言及する論者がいかにきちんと読んでいないか、あるいは読まなくなったかが明らかにされるのだ。（中略）日本の指導者たちは「過ちを犯した」と明言し、道義的責任は免れないとした。（中略）『パール判事』はパールの生涯や判決書をていねいに追いながら、現在の論壇にも一石を投じる著作になっている。

前田年昭（編集者） 週刊読書人2007年10月5日号

「パールのご都合主義的理由が横行する現代日本において、まずはパールの発言を体系化しておく必要があると考えた」とあとがきに記しているが、その目的はこの労作によって十二分に果された。

御厨 貴（東京大学教授） 読売新聞2007年10月14日付

第20章参照

山内昌之（東京大学教授） 北海道新聞2007年9月9日付

第5章参照

ヤスパースの
「戦争の罪」の
分類
第11章
ゴーマニズム宣言
SPECIAL

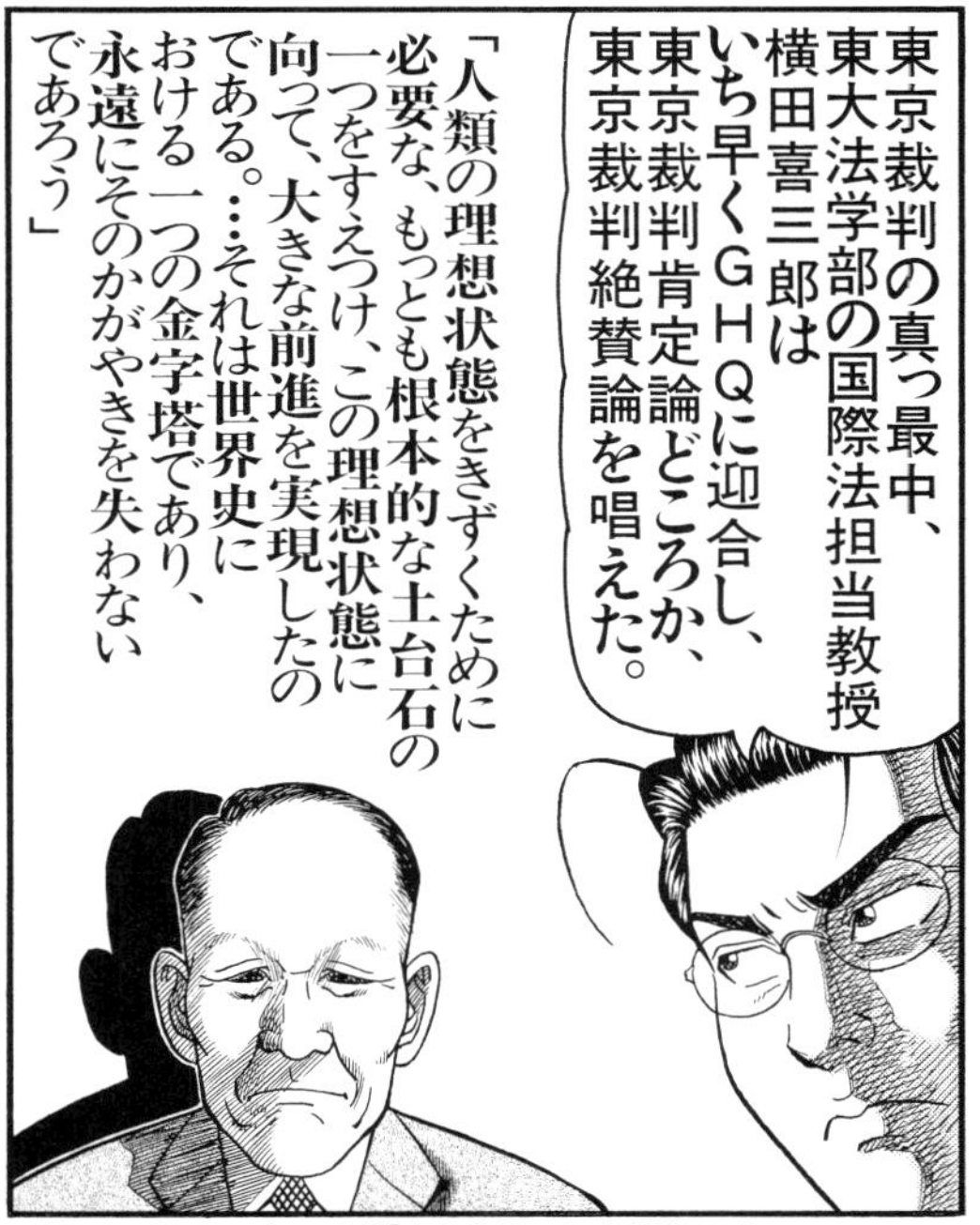
東京裁判の真っ最中、東大法学部の国際法担当教授横田喜三郎はいち早くGHQに迎合し、東京裁判肯定論どころか、東京裁判絶賛論を唱えた。
「人類の理想状態をきずくために必要な、もっとも根本的な土台石の一つをすえつけ、この理想状態に向って、大きな前進を実現したのである。…それは世界史における一つの金字塔であり、永遠にそのかがやきを失わないであろう」

▲『中央公論』1948年９月号「東京裁判による国際的反省」

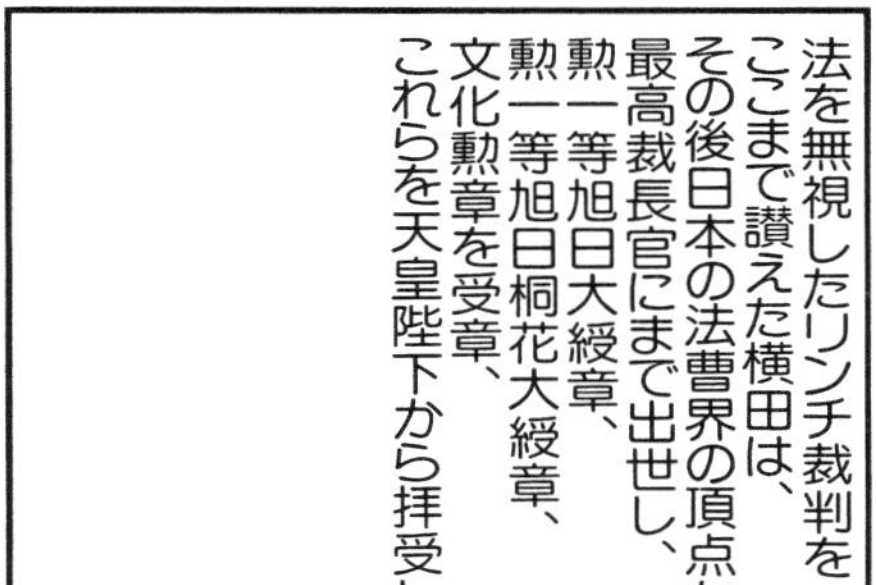
法を無視したリンチ裁判をここまで讃えた横田は、その後日本の法曹界の頂点たる最高裁長官にまで出世し、勲一等旭日大綬章、勲一等旭日桐花大綬章、文化勲章を受章、これらを天皇陛下から拝受した。

もちろん横田喜三郎は、占領下で天皇制を「無知と奴隷的服従が日本の人民の自然な発達を阻止したために生じた奇形状態」とまでなじって天皇制廃止を訴えたことなど、おくびにも出さなかった。

さすがに今や東京裁判を「世界史上の金字塔」とはサヨクでも言わないだろう。

だが横田が唱えた元祖・東京裁判肯定論は、今では東大や法曹界、言論界にまで影を落としていると言われる。

一応は国際法学者だった横田は、東京裁判が法的不備だらけであることなど百も承知だった。

それを正当化した手口はたった一つ、「実質的」というマジック・ワードである。

実質的
横田は1947年の著書『戦争犯罪論』でこう書いている。

もし実質的に十分な理由があるならば、形式上のささいな不備などは、しいてこだわるべきではない。まして形式的な不備を理由として、法律技術的な立場から、実質を無視するようなことがあってはならない。

「実質的」に理由があれば、法的不備にはこだわるなと言うのだ！

戦争責任者を戦争犯罪人として処罰することは、形式的には罪刑法定主義に反するように見えても、実質的にはかならずしもそうでないことになる。（中略）実質的にはそれをおし切って処罰を行うべき強い理由がある。

（傍点・わし）

法に反するように見えても、「実質的」にはかまわないというのだ！

西部邁と中島岳志がわしの批判本を出すらしい。『正論』に書けば忽ち反撃してやるのに、やっぱ二人でしゃべって酒飲んで印税稼いだ方が楽か？どうせパール判決書は読めないし読む気もなかろう。パール判決書そのも馬鹿にするというチンピラ的な不誠実さで来るなら、脱保守宣言したわしの悪魔性を知ることになるだろうよ。

この調子で横田は「実質的において」「実質的に見て」を連発し、東京裁判の全てを正当化した。

一体、「実質的」って何のことだ？

それは、ただただ、「法的には問えなくても実質的には日本は侵略した。暴虐行為を行なった。だから断罪すべきだ」…と言っただけなのである！

「法的根拠なんかいらない、とにかく日本は悪だからリンチOK！」…それだけなのだ。

国際法
そして現在、中島岳志らサヨクが繰り返し言ってるのは、横田の「実質的」を「道義的」という語に変えただけで、ほとんど同じことを主張しているのである。つまり、こうだ…

「法的には問えなくても、道義的には日本は侵略した。残虐行為を行なった。だから断罪すべきだ！」

こう言いさえすれば東大の学者までもが次々絶賛してくれるんだから、確かに横田喜三郎の影響は根深いようだ。

「実質的には」「道義的には」根拠のないこれらの言葉を使って日本の戦争を否定すれば、学者にもマスコミにもチヤホヤされて将来安泰というのが戦後体制なのだ。

今ではこんなことを言う者はまずいないが、当時、東京裁判は「文明の裁き」と言われた。

これはアメリカ人のキーナン首席検事の「この裁判の原告は文明である」という発言によるものだが、ここに当時の…というか今も同じだが、アメリカの世界観が反映されている。

つまり、「文明」のアメリカが「野蛮」の日本を裁くのだ。「正義」のアメリカが「悪」の日本を懲罰するのだ
…という善悪二元論である。

キーナンは、そして間違いなくマッカーサーも、そんな意識で東京裁判を捉えていた。

となると、「道義的」という善悪の価値を含む語を使った中島の方が、「実質的」の横田喜三郎よりも当時のマッカーサーの意向に一層忠実な、GHQの下僕というわけだ。

裁判官席の判事たちも、アメリカの「文明」や「正義」による裁きに与《くみ》した。

ただ一人、パール判事だけがこれに徹底して抵抗したのである！

そもそも人が「文明」「正義」なんて抽象概念で人を裁くほど恐ろしいことはない。

JUSTICE
それがアメリカの言う単純な「文明」や「正義」ならなおのことだ。

「文明」とは何か？「正義」とは何か？それは哲学・思想・宗教の分野で取り組むべき問題であり、法律家の領域ではない。

法律家が裁判という場で裁く場合、従うべきものは法の真理だけである。

人間社会が長い年月、論理を積み重ね、慣習、判例によって実効性を獲得してきた法律という「形式」以外に、法律家が判断基準を求めては決してならない。

パールはその原則を厳格に守ったのだ。

ついでだから「道義的責任」なるものについて、もう少し考察を深めておこう。

パールが最後に来日した際、岸信介や元「A級戦犯」の賀屋興宣《かやおきのり》、荒木貞夫らを前に次のような発言をしたという。

「あの戦争裁判で、私は日本は道徳的には責任はあっても、法律的には責任はないという結論を下しました。法というものは、その適用すべき対象をあれこれと選ぶことができないものです。あれを罰してこれを罰しないということは出来ません」

この発言一つでサヨクは大喜びする。当然、中島もこれを引用して、パールが「道義的責任は存在することを端的に述べている」、しかも元「A級戦犯」の前での発言だから「重い意味を持つ」と書いている。

だが生憎わしは、聖書の中のイエス・キリストの言葉のように、パールのしゃべり言葉を神聖視する気はないし、
そもそも、このパール発言の日本語訳にも、強い疑問を持っている。

これは、「東京裁判研究会」が作ったパールの言行録に載っているが、英語の一次史料がない。

わしはこの研究会が編纂した講談社学術文庫の『共同研究 パル判決書』を読んでみたが、その訳文は実にひどい。

意味不明の箇所を英語の原文にあたると、何でこの単語がそんな訳になってるんだとか、何でこの文節が、こっちにくっついてるんだというような文章があちこちにある。

パールの発言は、「あの戦争裁判で」が、「法律的には責任はない…」に係っているのではないか？

「道徳的には責任はあっても」は、単に「仮に」という仮定の挿入句であるに過ぎない、とわしは見る。

そうでなければパールが自分は「道徳上の罪」まで審判できるのだと、思い上がっていたことになる。

だが安心されよ。

わしが「パール判決書」を精読した結果、その文中に日本の道徳的責任を追及した箇所など、全然ないのである！

西部邁氏は、わしに論破された後も、『時局』という雑誌で、「パール判決書」に触れ、「その九割までが法律的な審判である」と書いている。

未だに中島岳志の論を出してきて判決書の残りの1割で、大東亜戦争を道徳的に正当性なしと、パールが書いていると紹介しているのだ！

詐欺師に引っ掛かった者は、もう目が醒めないのだろうか？

そもそも道徳的責任のない戦争なんて存在しないのだ！

そりゃ日本の戦争にだって、道徳的責任はあっただろう。

日本の戦争が無謬だったなんて誰も言ってない。

それと同様に、日本と戦ったアメリカにもイギリスにも、ソ連は当然、そして中国にも、道徳的責任はあったのである！

いや、日本を上回る道徳的責任があったことが、「パール判決書」に書かれた近代史から読み取れるのだ。

それなのに、他の国の不道徳には目をつぶり、日本にだけ「道義的責任はあった」と、中島らサヨクはしたがる。

すっかりGHQに洗脳されているのである。

「パールは日本の道義的責任を追及した」というのが、中島の「パール判決書」解釈の根幹である。

だが、「道義的責任」とは、裁判官が認定すべきものなのだろうか？

ドイツの哲学者、カール・ヤスパースは敗戦の翌年、『戦争の罪を問う』で、戦争の罪は次の4つに区分されると書いた。

「刑法上の罪」

その審判者は裁判所である。

「政治上の罪」

その審判者は戦勝国であり、後々の結果を顧慮する政治的狡知や自然法、国際法に基づいて行なわれる。

「道徳上の罪」

その審判者は自己の良心であり、身近な愛情ある人間との精神的交流である。

「形而上的な罪」

審判者は神だけである。

「道徳上の罪」を裁けるのは、自らの良心であって、
裁判官が裁けるのは「刑法上の罪」に限られるのである。

パールはヤスパースを読んではいなかっただろうが、この程度の概念は常識と言っていいだろう。

道義的責任とは、あくまでも個々人が自らの言動に対して負うもので、
道徳を背負ったつもりで法を超えて他人の責任を追及すれば、それはリンチにつながる！

そんな簡単なことをパールが理解していないわけがない。

裁判官は「道義的責任」の審判者ではない！

パールが判決書で「刑法上の罪」に留まらず、「道徳上の罪」まで追及していたと言う中島らサヨクの主張は、
裁判官としての矜持《きょうじ》を持ち続けたパールを侮辱するものでしかないのである！

ごーまんかましてよかですか？

実質的にパールを曲解した者は誰か？

道義的に、ここまでの歪曲本を回収しないのは許されないと思うが…

パール判事
実質的に彼は謝罪すらしない！

道義的にはインチキ本を称賛した学者連中も大いに反省すべきなのだが…

実質的にはシラを切って生きている！

実質的にも道義的にもこんな卑怯な連中が、日本を侵略国だと詰《なじ》る資格など、ないはずであろう！

「戦争責任ありき」
の戦後脳でテキスト
は読めない
第12章
SPECIAL ゴーマニズム宣言

わしは年末年始、あらためて「パール判決書」※を読んでいた。

眠気をこらえ、ハーブキャンデーをなめながら、正月なんかくそくらえとばかりに懸命に読みふけった。

マーカーで傍線を引きつつ、付箋を貼りながら、熟読した。

あ〜〜っ、きついっ!

ん゛ん゛ん゛ー
長いっ!

だが面白い!ここまで言ってるのかパールは!

あの時代の国際的な感覚とはこうだったのか!

繰り返しがやけに多い上に訳文がヘタクソすぎるっ!

これじゃ、読破できる者は日本で数人しかおるまい。

だからサヨクのインチキ解説がまかり通ってしまうんだ!

※東京裁判研究会編『共同研究 パル判決書』(講談社学術文庫)

やはり第二次大戦・終結時点での国際社会の常識・慣習条約の実態、日本への評価を知るためには、絶対にこの判決書に戻ってくる必要がある。

パル判決書
そもそも右から左まで誰もこれを読まぬままに、日本の戦争を語っていたということ自体が信じられない。

「テキストを正確に読む」

たったこれだけのことを面倒くさい、難解だと学者までが避けてきて、誰もが勝手な思い込みで議論をしている。

だから、テキストを100％歪曲して解説したペテン師が現れても、誰も見抜けず称賛してしまう。

『東京裁判「パル判決書」の真実』（ＰＨＰ研究所）太平洋戦争研究会著。

なんだ、解説書が出てるじゃないか。

ところが買って読んでみると…

なんだ、こりゃ〜〜っ!?

東京裁判 パル判決書の真実
「パール判決書」の解説本を装って、パールが描いてもいない日本罪悪史観を書き込むというペテンをやっているのは中島岳志だけではなかった！

例えば、1915年の「対華21か条要求」は、今では「武力で強制的に結ばせた」と諸悪の根源のように言われる。

だが「パール判決書」の解釈は全く違う。

「国際法においては、武力や脅迫が不当行為を匡正する手段として許されている」

武力や脅迫の結果生じた協定でも無効とは解釈できず、国際法上は合法だったという判断しかパールは下していない。

それればかりか、中国のボイコット運動の方を「まさに国際的不法行為を構成するものであり、一般に承認された国際法の原則に照らして責任問題が起こりうるものであると主張することができよう」と批判しているのだ。

ところがこの本では、パールの解釈を紹介したすぐその後で、こう書いている。

東京裁判「パル判決書」の真実
「中国にこの日本のべらぼうな要求の内容が知れ渡ると、革命十四年を経た中国国民のナショナリズムに火がついたのだ。各地で日本製品のボイコット運動が起こった。日本に対する中国民衆のボイコットとしては三回目である」

そして、こんな記述で締めくくる。

「中国はこの対華二十一カ条の要求に屈した五月九日を国恥記念日として長く記憶にとどめることになった。以後、今日に至るまで、中国が日本を心から信用することはない」

パールは、こんなこと一切書いてないぞ！

読者が誤解するじゃないか！

東京裁判 パル判決書の真実
この本の執筆者森山康平は1942年生まれ、満州生まれの引揚者らしい。

そのせいかどうか知らないが、過剰な「対中贖罪史観」の持ち主だ。

何しろ「南京大虐殺」の数に関して今や日本では30万人とは左翼学者も言わなくなった「普通は30万人といわれている」という記述や、とっくに虚構と証明された「三光作戦」の記述を平然と残した文庫本『証言・南京事件と三光作戦』を、なんと2007年11月に発行している。まるでシーラカンスだ。

この本は「パール判決書」の解説を騙って、著者の対中贖罪史観に合わせて内容をねじ曲げていく。何しろ、中国人判事の立場に立って、パールを非難する箇所まである有り様だ。

「東京裁判の判事の一人は中国人の梅汝璈だった。パル判事の論法はアメリカやイギリスへのあてつけにはなっても、中国側からすれば、日本への〝同情論〟は決して承服できないものではあったろう」

ぼー…ぜん…

東京裁判「パル判決書」の真実
この著者は「パール判決書」が日本への同情論ではないということすら理解していない。

そもそも、こんなこと言い出したら、フィリピン人判事のジャラニラはもっと承服してないぞ。東京裁判の多数判決にすら満足せず、「全員死刑にしろ」と主張したほどなんだから。

なぜフィリピン人判事は眼中になく、中国人判事の「承服」だけを求めるんだ？

中国人に赦しを乞う視線しか持たない著者に、法の真理を追究したパールの視線が理解できるわけがない。

「パル判決書の真実」じゃなく、「梅汝璈判決書の真実」でも書けばよかったのだ。

この本は、中島と全く同じ手口で曲解に曲解を重ね、しまいにはパールが多数派判事と歴史観を共有して、日本を断罪したなどという全くの嘘を書いている。

とんでもない代物だ!!

東京裁判「パル判決書」の真実

中島にしても、森山にしても、
「日本に戦争責任あり」という
感覚が絶対不可侵の
大前提になっていて、
目にウロコどころか、
頭蓋骨の内側に
コールタールをべったり
はりつけているような
ウルトラ偏見脳の人間である。
これではパールが判決書で
緻密に詳細に論述している
時代の感覚など、分かるはずがない。
際限なく判決書を
誤読していくのも、そのためだ。
当時は戦争が、ごく当たり前に
存在していた時代である。
戦争は悪だと非難したところで、
インドが植民地支配から
脱出できるわけではない。
そんな現実を突きつけられていた
時代である。
ガンジーもチャンドラ・ボースも、
インド独立のためなら
なりふり構わず誰とでも
手を組もうとした。
「絶対平和主義者」のパールにしても、
善悪の価値判断に捕らわれずに
戦争を考察する感覚があったのだ！
このことが戦後脳の薄らサヨクには
絶対に、断固として、到底、
死んでもわからないらしいのだ。
そもそも「戦争責任」という
概念が生まれたのは、
第一次大戦以後のことだ。
「戦争責任」とは英語では
「ｗａｒ ｇｕｉｌｔ」つまり
「戦争有罪」という意味である。
第一次大戦の戦後処理で、
英仏は敗戦国ドイツに
「全額賠償」という天文学的な
賠償を押し付けた。
そして、これは
ドイツが全面的に自らの
「ｗａｒ ｇｕｉｌｔ」を認めた
ことによる賠償であるという
詭弁が加えられ、
以後、敗戦国のみに
「戦争責任」を負わせるという
悪しき習慣が出来上がったのである。

東京裁判当時、60歳過ぎだったパールは、「戦争責任」とは第一次大戦以降の「新しい概念」に過ぎず、決して自明のものではないと、当然認識していた。

中島のような保守オタクも、森山のようなシーラカンスも、保阪正康や半藤一利あたりの連中も、みんな同じ穴の狢である。

日本に「戦争責任」があるという思い込みから決して逃れられないように思考をセットされた、被占領民なのである。

彼らには「パール判決書」の内容など一生わからない。わからないままに死ぬしかない。

そもそも「戦争責任」とは、一体何の「責任」なのか考えたことがあるのか？

誰もがそれすら明らかにせず「戦争責任」を口にしている。

戦争責任とは、大きく分ければ3種類である。
①戦争を始めた責任
②戦争に敗けた責任
③戦争犯罪をした責任
（戦争中に、民間人虐殺や捕虜虐待などをした責任）

このうち、国際法で裁けるのは③の戦争犯罪だけである。

また①と③の責任は、敗戦国だけでなく、戦勝国にも存在する。

これらの責任を、東京裁判ではどのように裁いたか？

①について、東京裁判では、「平和に対する罪」という事後法を作り、日本が一方的に「共同謀議」によって戦争を始めたという嘘で、日本だけを裁いた。「パール判決書」の半分以上は、これを完全否定するために費やされている。
③の戦争犯罪については、東京裁判では冤罪で10名を有罪、うち7名を死刑にした。戦勝国が犯したものは一切裁かれず、日本兵を裁いたBC級戦犯裁判でも杜撰《ずさん》極まりない審理で1061人が処刑された。
②の「敗戦責任」については、東条英機ら戦争指導者に対し、「国民に塗炭《とたん》の苦しみをもたらして責任もとらなかった」といった怨嗟《えんさ》の声が未だにあるが、全く的外れな意見である。
牛村圭氏の『「戦争責任」論の真実』に詳しいが、東条ら多くの指導者は、はっきりと自らの敗戦責任を公言している。それは国際法上の問題とは全く別のことである。

「開戦当初の責任者として敗戦のあとをみると、実に断腸の思いがする。他の人々には関係のないことである。今回の刑死は、個人的には慰められておるが、国内的責任については死をもって贖《あがな》えるものではない。しかし国際的裁判には無罪を主張した。それは今も同感である。たまたま力の前に屈服したものではある。但し、国内的責任について、満足して刑死につく」

それは法で裁けるものではない。東条は道義的に自らの責任を表明し、従容《しょうよう》として死についたのである。

「道義的責任」とは、自らの良心が審判するものである。

他人が責めたてるものではなく、ましてや裁判官が決定するものではない。

▲東条英機遺言、花山信勝教誨師の筆録

それなのに中島は、「パールは法律上の責任とは別に、道義上の責任を追及した」と繰り返した。

なぜこんなヘンテコな思い込みが生じるのだろうか？

それは日本人の多くにも存在する錯覚かもしれないが、要するに、未だ近代法による裁判と、時代劇の「お白州のお裁き」の区別もついていないということだろう。

つまり、おかしなことにサヨクは、案外、日本的な人種でパール判事を「大岡越前」か、「遠山の金さん」だと思っているのだ！

そうでなければ裁判官であるパールが「道義的責任を裁いた」などという、ありえない話をあんなに何度も何度も力説できるわけがない。

それにしても、ここまで幼稚な低レベルのバカ話が、この日本では戦後ずっとまかり通り、学者が見抜けず、それどころかバカ話を絶賛しているのだから…

ごーまんかましてよかですか？

…しかもそれを漫画家に見抜かれているというのは、史上空前の出来事ではないか？

「テキストを正確に読む」

しかし、それすら戦後脳では国語力すら狂い始めて、支離滅裂な解釈になる！「パール判決書」は日本人にとって踏み絵のようなものである！

パル判決書

「パール判決書」は偽善を憎む恐るべき書なり
第13章
ゴーマニズム宣言
SPECIAL
たとえパールの個人的な思想が（その時代において）「ガンジー主義」や「世界連邦主義」であっても、現代の日本の（緊張感なき）「薄らサヨク」とは天地の隔たりがあるということを、わしは言っておく。
「絶対平和主義者」という思い込みだけで、「パール判決書」を読むと絶対に理解できないだろう。
パル判決書
何しろパールは19世紀の末に植民地インドに生まれた人物である。
低いカーストで、どん底の貧乏から学問で身を起こし…
大英帝国の過酷な植民支配の中、青年時代に日露戦争の日本勝利の報に接して民族の誇りを覚醒させ…

二度の世界大戦の時代を生き…
パールに現在の「平和ボケ主義者」のような甘ったれた感覚など、あるわけがないのだ。
特に国際法学者を含む「薄らサヨク」が、都合のいいところだけつまみ食いし、恐るべき箇所はすべて封印してきたからだ！
過ち
悪事
鬼畜
齢《よわい》60にして東京裁判判事の任に就いたのである。
そんなパールが書いた判決書がどれだけ凄じいものだったか、右から左まで誰も正確に読み解いていない。
何度も言うように、「パール判決書」はパール個人の主義主張そのものを書いたものではない。
実を言うとだからこそ、これは恐ろしい書なのだ。
パールの孫、サティアブラタ・パール氏は回想録（『正論』平成18年12月号）でこう述べている。
「祖父は西欧の植民地で公然とまかり通っているダブルスタンダードに悩まされていたので、もし裁判が西側が支持することを主張する法律の基準から逸脱することがあれば、世界に公言しようと決心したのだと思う」
よく「パールは植民地主義への憎悪からあの判決書を書いた」と言われるが、
孫によればそれはあまりにも短絡的な解釈で、
「もし彼の判決の中に何らかの憎悪があるとしたら、それは偽善に対するものである」という。
INTERNATIONAL MILITARY TRIBUNAL FOR THE FAR EAST
DISSENTIENT JUDGMENT OF JUSTICE PAL
さすがパールの孫。膨大な「パール判決書」の執筆動機の核心を衝いている。

パールは西欧の法を学びながら、その法を西欧が自らには課さないという偽善を長年見てきた。

そこで東京裁判では、自分が西欧に学んできた法の真理を、真に公正に適用すればどうなるかを西欧に突きつけてやろうと決心したに違いない。

現在の「平和主義者」といえば、「平和の大切さ」を唱えることが至上唯一の価値と思っているが、当時のパールにしてみれば、「平和の大切さ」などいくら唱えたところで、インドが独立できるわけでも、欧米の偽善を追及できるわけでもない。

だからこそ法の真理追究こそが最大に重要なことだったのだ。

「パールは平和主義者だったから、判決書で日本の戦争の道義的責任を裁いた」などという中島の、低レベルなパール像は、全く虚像である。

しかしそのような単純化されたパール像の方が、現在の価値観でわかりやすい分、俗耳に入りやすい。

しかも学者まで「俗耳」のレベルだから、放っておいたら、間違いなく虚像が定着しただろう。全く始末に負えない。

パール判決書には「平和主義」の思想など書かれていない。

書かれているのは、とにかく当時の国際法に基づく判断である。

東京裁判
DISSENTIENT JUDGMENT OF JUSTICE PAL

例えば1910年の日韓併合について、パールはどう書いたか？

1905年の日英同盟新条約の「極東およびインドにおける両締約国の植民地に関する権利および特殊権益を相互に尊重する」という条項に基づき、

「日本は自由に朝鮮を併合しうる立場を与えられたのである」と書いている。

当時の国際法上合法だったという判断しか書いてないのだ！

これはすごい話である。

「日本は英国のインド植民地支配を尊重する」

「英国は日本の朝鮮植民地支配を尊重する」

…という交換条件で朝鮮併合は合法化されたのだから、インド人のパールが何も思わなかったはずがない。

それでもパールは「国際法上・合法」という判断しか書かなかった！

国際法上の判断と、自分がインド人であることは無関係だったのだ！

「パール判決書」とはこういうものだ。薄らサヨクが有り難がって使えるような代物ではない。

むしろサヨクに都合の悪いことばかり書かれていると言っても過言ではない。

サヨクは「平和主義者のはずだから」という期待で判決書を読むのだが、都合の悪い箇所が出てきてとまどい頭に入らなくなる。

その結果、判決書から文脈無視で片言隻句をつまみ食いして歪曲するという詐術を繰り返してきたのだ。

INTERNATIONAL MILITARY TRIBUNAL FOR THE FAR EAST
DISSENTIENT JUDGMENT OF JUSTICE PAL
KOKUSHO KANKOKAI, Inc. Tokyo
東京裁判
東京裁判刊行会
共同研究 パル判決書（上）

パールが生きた時代は
戦争が当たり前に存在し、
その結果、国が滅んだり、
植民地にされたりすることが
当然のように起こっていた。
そんな時代の法感覚は、
現在の平和ボケ意識からは
到底想像もつかないものである。
法に保護されると考える
「人権」の範囲も、現在とは全く違う。
例えば東京裁判の検察は、
日本は学校教育における
軍事教練の導入や
教科書内容の変更により、
学生を軍国主義化していった
と主張した。
今でもサヨクは
似たようなことを言っている。
しかしパールの判断は全く違う。
パワー・ポリティックスに支配され、
「実力が非常にものを言う」
国際社会において、
軍事教練はあらゆる強国が
不可欠としている。
特に人種問題で
劣等感を持たされた日本では、
国の地位向上のような
「合法的な野心」を示すもの
でしかないと言うのである。
また、文部省発行の図書で
欧州の侵略を非難し、
満州事変を「日本の国家的生命の激発」
と正当化したことも、
「高度に権威のある著者の意見と
相通ずるものがある」と肯定している。

そもそもパールは
満州事変を侵略と思っていない。

たとえ当時「侵略戦争」の定義が確立していたとしても、

「本官は断じて満州事変を、このような侵略戦争であると考えなかったであろう」

と断言しているのだ。

さらに検察側は「検閲」の問題を取り上げ、自由な議会制度が踏み潰されたと主張した。

これも今のサヨクが似たようなことを言っている。

しかしパールに言わせると、そんなものは当たり前の戦時体制にすぎないのだ。

「戦時はどこでも迅速で弾力のある行政上の施策が必要とされ、法治主義放棄の政策をともなうのである」

とあっさり言っている。

プロパガンダで敵の士気や団結力を奪う作戦が常態化した近代戦では、「検閲」によって敵を利する言論を弾圧する対抗手段が必要になる。

この場合、官憲が不当に摘発しているような感じを起こさせるが、
これは近代戦に巻き込まれたほとんど全ての国に起こることだという。

パールは日本の言論すべてに制限があったことを認めるが、それは近代戦なら当然ありうることで、「もっとも悪く言ったところで、それが時折濫用されたことを示すだけ」と切り捨てている。

パル判決書（上）

いくら現代のサヨクが「戦中は言論の自由もない暗黒時代だった」と言ったところで、
当時を生きたパールの実感からすれば、「戦争なんだから、それくらい当たり前！」でオシマイなのである！

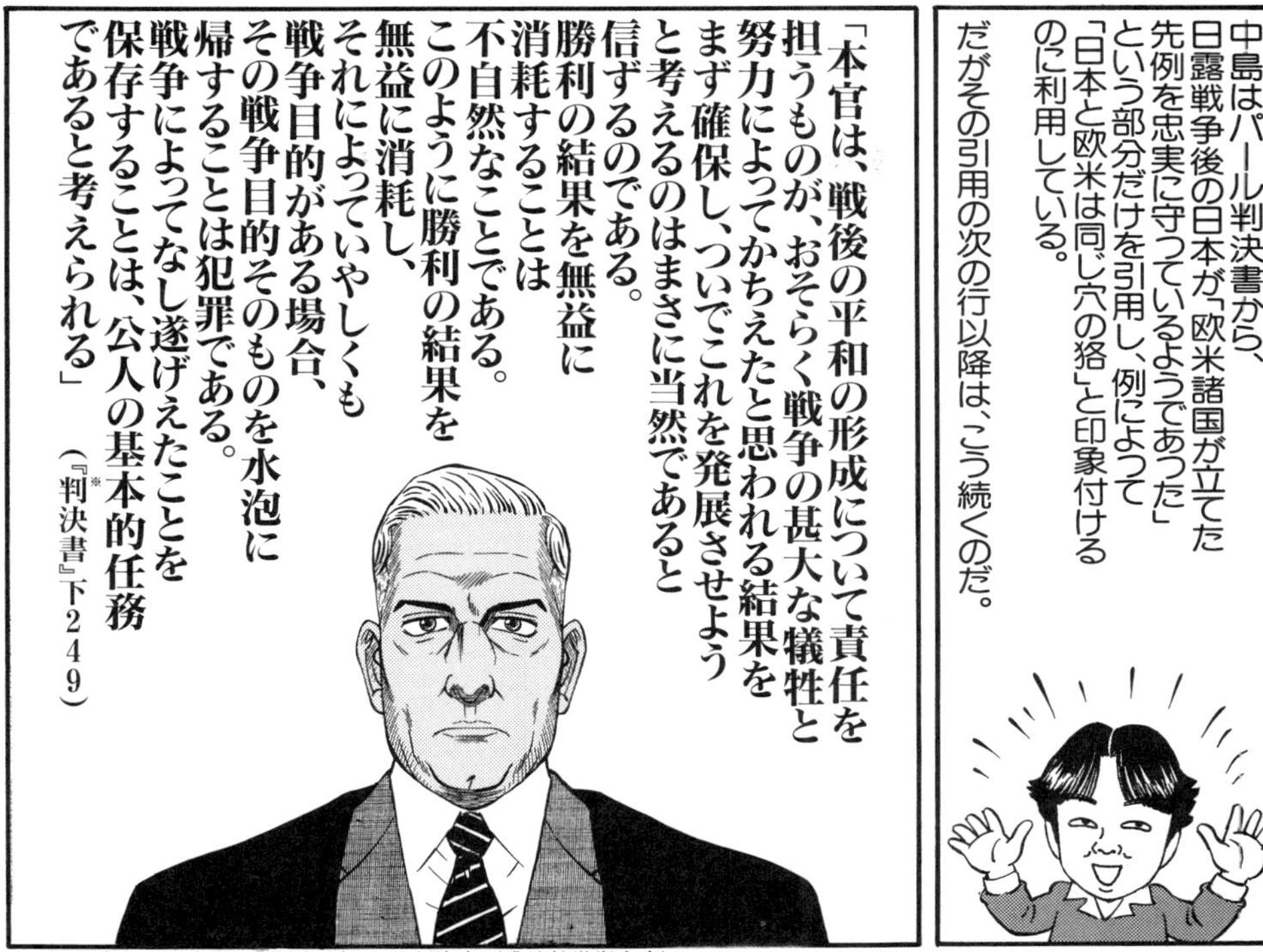
中島はパール判決書から、日露戦争後の日本が「欧米諸国が立てた先例を忠実に守っているようであった」という部分だけを引用し、例によって「日本と欧米は同じ穴の狢」と印象付けるのに利用している。

だがその引用の次の行以降は、こう続くのだ。

「本官は、戦後の平和の形成について責任を担うものが、おそらく戦争の甚大な犠牲と努力によってかちえたと思われる結果をまず確保し、ついでこれを発展させようと考えるのはまさに当然であると信ずるのである。

勝利の結果を無益に消耗することは不自然なことである。

このように勝利の結果を無益に消耗し、それによっていやしくも戦争目的がある場合、その戦争目的そのものを水泡に帰することは犯罪である。

戦争によってなし遂げえたことを保存することは、公人の基本的任務であると考えられる」

（『判決書』※下249）

※…東京裁判研究会編『共同研究 パル判決書』（講談社学術文庫）

日露戦争の目的は、ロシアによる満州・朝鮮占領の阻止だった。
そしてこれに勝った以上、日本が満州・朝鮮を確保し、発展させるのは、「まさに当然」で、「公人の基本的任務」である。
むしろそれを無にすることは「犯罪である」とまでパールは言ったのだ！
それがここで言う「欧米諸国が立てた先例」であり、「悪しき先例」として言ったわけでも、「日本と欧米は同じ穴の狢」と言おうとしたわけでもない。

「パール判決書」は、サヨクの期待に沿えるような単純なものではない。

戦争に勝った者にしか、秩序を保ち、平和を築くことができないという時代だったのだ。

共同研究
パル判決書
（上）

この時、日本が満州・朝鮮を確保・発展させたのは当然、むしろ義務だった、とパールは言ったのだ！

ごーまんかましてよかですか？

「戦争は悪」「戦前の日本は悪」という固定観念によって、脳神経のシナプスにそれ以上の情報が伝達しなくなっている「薄らサヨク」に、
二つの世界大戦の時代を生きた平和主義者の思考がたどれるはずがない！

「パール判決書」は偽善を憎む恐るべき書である。

その解読はわしにしかできないのであろう。

「パール判決書」
の最重点は何か？
第14章
ゴーマニズム宣言
SPECIAL

東京裁判で最も重要な論点は何だったのか？
それは起訴状を見ればわかる。
検察は「A級戦犯」28人を55の訴因で起訴した。
その訴因は3つに分類される。

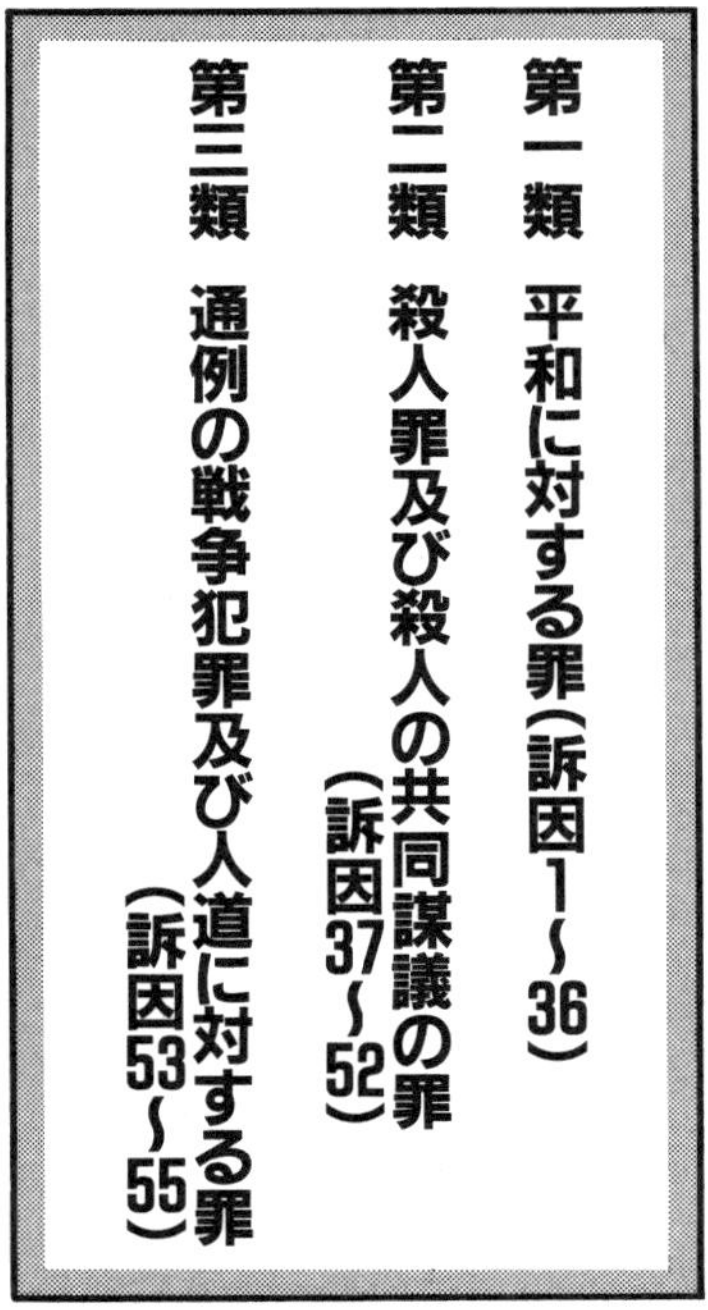
第一類　平和に対する罪（訴因1〜36）
第二類　殺人罪及び殺人の共同謀議の罪（訴因37〜52）
第三類　通例の戦争犯罪及び人道に対する罪（訴因53〜55）

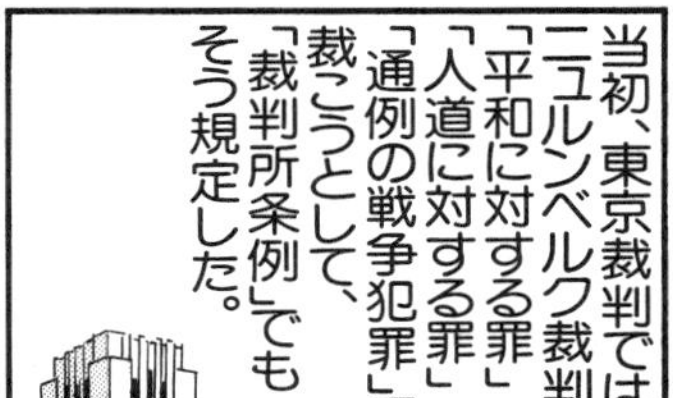
当初、東京裁判ではニュルンベルク裁判と同様「平和に対する罪」「人道に対する罪」「通例の戦争犯罪」で裁こうとして、「裁判所条例」でもそう規定した。

ところがどう見ても日本にはホロコーストに匹敵する「人道に対する罪」がなかったため、起訴状ではこうなったのだ。いかにも泥縄である。

なお第二類の「殺人罪」だが、これは通例の戦争犯罪による殺人だけでなく、戦死者を殺人被害者として、攻撃した側を裁くというもので、これも「事後法」である。

訴因の数からしても、最重要論点は「平和に対する罪」だった。

検察は、1928年から1945年までの間一貫して「A級戦犯」28人が侵略戦争を「共同謀議」した上で計画・実行し、「平和に対する罪」を犯したと主張したのだ。

これがいかに荒唐無稽な話かは言うまでもない。起訴状を読んだ「A級戦犯」の一人、賀屋興宣《かやおきのり》の感想が端的に言い表している。

「なにせ、アンタ、ナチと一緒に、挙国一致、超党派的に侵略計画をたてたというんだろう。そんなことはない。軍部は突っ走るといい、政治家は困るといい、北だ、南だ、と国内はガタガタで、おかげでろくに計画もできずに戦争になってしまった。それを共同謀議などとは、お恥ずかしいくらいのものだ」

28人の「A級戦犯」に1928年から1945年まで一貫して政策に関わっていた者は一人もなく、28人の中には政敵同士だった者もいれば、一度も会ったことのない者までいた。

にもかかわらず、東京裁判では判決を受けた25人（1人病気免訴、2人公判中死去）のうち、「南京暴虐事件」だけを有罪にされた松井石根《いわね》以外、全員が「共同謀議」で有罪とされた。

もともと東京裁判には、「A級戦犯」たちが共謀して侵略戦争を計画・実行したという歴史をでっち上げ、日本を「悪の帝国」にすることで、日本国民に罪悪感を植え付けようという政治宣伝の目的があった。

つまり「共同謀議」の問題こそが東京裁判の中核だったのである！

もっとも、戦争の共同謀議を裁く法律など存在しないのだから、共同謀議があろうとなかろうと、事後法による不当な裁きであることに変わりはない。

もしパールが東京裁判の判決書を書いていたら、共同謀議の有無など検討するまでもなく、裁く法律がないという一点で門前払いにしたかもしれない。

だが前にも説明したとおり、世に言う「パール判決書」とは「東京裁判の判決書」ではない。

「東京裁判の判決書に対する反対意見書」である。

共同研究 パル判決書（上）

東京裁判研究会
東京裁判の判決書が最重要論点として「共同謀議」の成立を認定した以上、
パールの反対意見書の最重要論点も当然「共同謀議」不成立の論証となった。

何しろ文庫版で全1334ページのうち729ページ、半分以上の膨大な分量を「全面的共同謀議」の論証に費やしているのである。

いくらなんでもこんなことは、議論の余地もない明白な話だ！

正真正銘 一目瞭然 単純明快 当然至極！

そんな奇怪なことを言い出すやつは他にはいない。中島岳志だ！

わはははは…

何を偉そうに「私たちは理解しなければならない」だ！

ところが「パール判決書」のうち「共同謀議」の論証を含む全体の8割以上は前書きみたいなもので、大した意味はないなどと言ってる者がいる！

奇妙奇天烈 摩訶不思議 奇想天外 支離滅裂～～

「パール判決書」の第一部から第四部までは、パールが判決を下す際の前提であり、これ以降が本来の「判決書」として意味を持つ部分である。そのことを、私たちは理解しなければならない。（中島『パール判事』167）

私たちは理解不能だよ！

「パール判決書」は
こういう構成になっている。
第一部 予備的法律問題
第二部 侵略戦争とはなにか
第三部 証拠および手続きに関する規則
第四部 全面的共同謀議
第五部 裁判所の管轄権の範囲
第六部 厳密なる意味における戦争犯罪
第七部 勧告
この第四部までで、文庫版で1102ページ、全体の8割以上だ。
中島はこれが「前提」にすぎず、判決書としての意味もなく、意味を持つのは残り232ページだけだと言い出した。
全体の8割にのぼるパールの労力をどーでもいいものだと切り捨てるのだ。
中島がこのデマを正当化する屁理屈は、前に検証した珍説「パール、東京裁判一部肯定説」と同じである。
要するに「平和に対する罪」は事後法なので、パールにとっては「東京裁判にかけられること自体が否定されるべきもの」に過ぎず、
パールが判決対象と見なしたのは、「あくまでも『通例の戦争犯罪』に関してのみである」と言うのだ。
全く驚くのだが、中島は「パール判決書」が「東京裁判の判決書に対する反対意見書」だという基本中の基本も知らずに本一冊書いたらしい。
本来、裁判にかけられないはずの「平和に対する罪」が裁判にかけられ、全員有罪の判決が出た。
それに対する全面的反対意見書が「パール判決書」である。
共同研究
パル判決書
（上）
むしろ「平和に対する罪」は裁判にかけられない、ということを徹底的に論証することこそが重要だったのだ！
「通例の戦争犯罪」だけが対象であるわけがない！
共同研究
パル判決書
（上）

さらに中島は「パール判決書」の第五部が「裁判所の管轄権の範囲」であることを捉えて、「パールがこのような一見奇妙な章構成をとったことには、重要な意味がある」と詭弁を弄《ろう》する。

「管轄権の範囲」とは、いつからいつまでを裁判の対象にするかということだが、
そんな基本的事項がこんな後ろにあるのは、それより前が「前提」にすぎず、これ以降が「本来の判決書」だと示すためだというのだ。

よくそんな曲解を思いつくものだ。

なぜこんな後ろに「管轄権の範囲」を持ってきたのか？

その理由は明確に書いてあるではないか！

もし検察の主張する「共同謀議」が存在すれば、1928年以降の事件は全て一貫した計画の下に行なわれたことになるから、1928年以降、全て裁判の対象になる。

そこでまず、「共同謀議」があったかどうか、を検討し、
それがなかったと明らかになったため、改めて「裁判の範囲とすべき期間」（管轄権の範囲）を検討した。

それだけのことである。「奇妙な章構成」でも何でもない。

奇妙なのはこんなにはっきり書いてあることを読み取れない中島の頭脳だ。

なぜ中島は「パール判決書のうち8割以上は無意味」などという強引な珍説をひり出したのか？

それはこの部分を「無意味」として切り捨てないと都合が悪いからという事情にすぎない。

都合の悪いことはたちまち「関係ないこと」にしてしまうのがサヨクの手口だ。

20万人しかいなかった南京で30万人虐殺はありえない。

でもそんなの関係ねえ！

でもそんなの関係ねえ！

慰安婦の強制連行はなかった。

でもそんなの関係ねえ！

でもそんなの関係ねえ！

「パール判決書」の最重点は『共同謀議』の検証だ。

でもそんなの関係ねえ！

でもそんなの関係ねえ！

こいつら、初めから真実の追求なんかする気はないのだ。

サヨク運動してるだけなのだ。

はい、おっぱっぴ――！

中島の曲解、捏造、改竄の数々は、単に国語力がないという原因ではないのかもしれない。

まず「東京裁判肯定」というサヨク・イデオロギーありきで、全てがこの結論のため、意図的に歪曲・捏造してる可能性もある。

だが、中島がどう歪曲しようと、東京裁判の最大の論点は「共同謀議」である!

そもそも「A級戦犯」とは、「共同謀議」の容疑で起訴された人々のことを言うのだ。

「共同謀議」がなければ、東京裁判もA級戦犯も、根本から成立しないのである。

ところが共同謀議がなかったことを、パールが完璧《かんぺき》に証明している。

⇦やばい!これでは「東京裁判・完全否定」になってしまう。

⇦何としてでも「共同謀議の問題は関係ない」という理屈をひねり出せ!

⇦「通例の戦争犯罪」だけで「東京裁判肯定」という結論にこじつけろ!

⇦それを何とかパールが主張していたように見せかけろ!

…というのが中島岳志のやっていることだ。

これは学者のすることではない。

運動家のすることだ!

さらに言えば、実はパールが論証した「全面的共同謀議」の内容自体が、中島ら「東京裁判肯定」「日本有罪論」を期待するサヨク連中には決定的に都合の悪い内容を含んでいるのだ。
◀東京裁判研究会編『共同研究 パル判決書』（講談社学術文庫）
第四部 全面的共同謀議
(A) 緒言
日本は共同謀議をしなかった。しかし日本は戦争をした。なぜか？
…という歴史認識の問題にパールは明確な答えを出している。
その歴史認識は、わしが『戦争論』シリーズで行なった歴史検証シリーズとかなり共通している。
…というのは当然の話で、わしはあの歴史検証を描く際、「パール判決書」も大いに参考にしたのだ。
わしは真実を知りたかっただけで、パールの名を利用するつもりなどなかったから、殊更に書かなかったが。
小林よしのり
戦争論
ごーまんかましてよかですか？
わしは「パールの取り合いをするつもりはない」と言った。
だが、中島が「パール判決書」の改竄、曲解を繰り返し、
挙句の果てには自分のサヨク運動に都合が悪いからと、「パール判決書の8割以上は無意味」とまで言い出し、
パールの業績を踏みにじっている暴挙を絶対に放置することはできない！

ゴーマニズム宣言SPECIAL
パールは「反共主義者」だったのか？

第15章
ついてきてるか？

本気で戦後サヨクの呪縛を解くことを望んでいるか？

「戦争をした日本は悪」

「日本は侵略戦争をした」

「アメリカに負けて日本は民主主義になった」

「A級戦犯が国家を誤らせた」

「国民は戦争指導者たちの犠牲者だった」

「皇民化教育、軍国主義が悪かった」

「日本は戦争をしなければよかった」

「日本は戦争を避けることができたはず」

このような過去の日本へのネガティブな評価は、すべてサヨク・イデオロギーである！

日本は、学者からマスコミまで、このサヨク・イデオロギーに骨の髄まで侵されている。

その愚かな姿を、サヨク学者・マスコミにまで気づかせる、悟らせるのが、この「パール判決書」解説の狙いでもある。

東大教授までがこの判決書を正確に読めないのはサヨク・イデオロギーのせいだ！

いいか？わしについてくれば東大教授も論破できるんだぞ。

こんなにわかりやすく解説してるんだ。

わかりやすく描けるのはある意味、中島岳志が間違いの総合展示みたいな本を書いてくれたおかげでもある。

おかげさまで。

この機会を逃さずにみんな、しっかりわしについてくるんだぞ！

パール判事に被せられた汚名を雪《そそ》がねばならぬ件がまだある。

パール氏は「反共主義」を判決書に持ち込んだのか？

…これだ。

中島岳志は、パールが強硬な「反共主義者」で、そのイデオロギーのためなら「判決書」の性格を踏み出すことすら厭わなかったかのような書き方をしている。

パール判事
ここを突つくと、右派でもなく左派でもなく、「自分だけまん中」を主張する中島の「偽装」が明確になる。

『SAPIO』連載中、もう中島いじめはいい、小者は相手にするなパールの話はあきた、という反応が読者からあった。

論理を徹底せず、あいまいで済ますいかにも日本人の反応だ。

そんなことだから戦後の言論空間はサヨクのデマに支配されたままなんだ！

中島の、パールが「反共主義」で判決書を私物化したという論はこんな風に何度も繰り返されている。
パールはここで、東京裁判の意見書という枠を超えて、「共産主義の脅威」に対する警告を繰り返した。（中島『パール判事』１３９）
法律家としての中立性を強調したパールであったが、共産主義に対しては、一貫して厳しい立場を堅持した。（同１４０）
パールは、この後も日中関係や日ソ関係の歴史解釈の中で、「反共主義」という立場を明確にしつつ、分析を展開する。（同１４０）
彼は、ここでも共産主義に対する敵意を露にして、次のような議論を展開する。（同１５４）
当時のパールにとって、共産主義勢力は疑うことのできない敵であり、そのイデオロギーの拡大は何としてでも阻止しなければならなかった。彼はこの観点から、日本の中国侵攻に一定の理解を示している。（同１５５）
東京裁判当時は、中国で共産主義が拡大し、冷戦構造ができつつある最中だった。
中島は「このような事態におけるパールの危機感が、ここでは厳しい共産主義批判となって現れたのだろう」と言う。
これまで何度も検証してきたように、パールは法の真理にのみ従って判決書を書いたのである。
自己の思想信条や政治的立場、好悪の感情に左右されることを極力避けようと心がけ、またそのような判決書を書いたことを終生誇りにしていた。
ところが中島の解釈によると、パールは裁判とは直接関係ない「反共主義」という自己のイデオロギーを持ち込み、
当時の世界状況から「共産主義の拡散防止」という政治的目的を優先し、
その目的を達成するため、判断を曲げてでも日本の中国侵攻を大目にみることまでした、ということになる。

パールは本当に
中島の言うように、
判決書の枠も
中立性も無視して
共産主義への敵意を
露《あらわ》にしたのか？
「反共主義」のために
判決書を
私物化したのか？
もちろん中島の解釈こそが
全くのインチキなのであり、
パールは「反共イデオロギー」
など書いていない。
そんなことは、邪念を持たずに
判決書を読めば
すぐにわかることである。
パールは、日本が
満州事変を起こした
原因を検証するにあたって、
その当時、世界中の人々が
感じていた共産主義への
警戒感を指摘しただけなのだ。
通常、あるイデオロギーが
発展したという理由で
他国に内政干渉する
権利はない。
しかし当時の中国では
共産党が独自の法律、
軍隊、政府を持つ
勢力となり、
国民党との
内戦に発展して、
「事実上においては、
まったく外国の侵入に
匹敵するもの」
…となっていた。
そのため、
諸国の中国権益が、
危機に瀕していた。

日本が満州事変を起こした原因の一つには、この危機感があった。

特に反共主義を唱えたわけでもないのだ。

さらにパールは「共産主義自体がたんに異なったイデオロギーの発展とは見られない」と指摘する。

「一口に言えば、共産主義とは『国家の衰亡』を意味し、またそれを企てているものである」というのだ。

その上で、パールはこう書いている。

かような事情において一般に感じられていることは、共産主義の発展は正当な観念によって導かれておらず、したがって共産主義者はそのほかの世界にとって真に信頼のおける安全な隣人ではないということである。

（『判決書』上504）

これは、当時共産主義に世界の人々がどんな感情を持ったかを論証したにすぎず、パール自身のイデオロギーによる記述ではない。

それは続けてこう書いていることでも明白だ。

かような感情が正当なものかどうかは、本官の論ずべきことではない。このような感情は、世界のもっとも賢明な人々がかならずしも一様に抱いていたところではなかった。

（『判決書』上504）

極めて客観的、中立的な記述ではないか。

これのどこが「敵意を露に」しているというのか？

しかも、共産主義が
第二次大戦以上の、
20世紀最大の惨劇を
もたらしたという結果を
見た現在、
パールの分析の正確さや
先見性に感心するのが
普通の感覚であり、
これが「反共イデオロギー」で
判決書の枠まで越えたものだ
などという解釈は、
どう見ても尋常のものとは
思えない。
実を言うと、
この「パール・反共主義者」説は
中島が言い出したものではない。
元祖・自虐史観教科書の
家永三郎の説を丸写しに
したものなのである。
家永の「パール判決」論
については、牛村圭氏の
『「戦争責任」論の真実』（PHP研究所）
に詳しい。
パールが死去した際の
新聞記事を読んだ家永は、
パール判決書が
「大東亜戦争肯定論」を
強化する武器となりつつある
と危惧して、
パール判決書批判を
始めたという。
家永は、パールの
「法律論」は評価する一方で
「事実認識」においては
「強烈な反共意識に貫かれた
政治的イデオロギー」があると主張、
「かような反共イデオロギーが
パール判決において、
日本と中国との戦争を評価する
基軸の一つとなっている」
と批判したのである。

家永自身は特に共産主義者だったわけでもない。

ただ、日本の戦争を「侵略」「悪」と決めつけたいのに、パールが、満州事変は検察の主張する「共同謀議」に基づく侵略計画によってではなく、共産主義への危機感によって起こされた、という理由を認めているのが都合悪い。

だからパールを「反共主義者」に仕立て、パールが個人的イデオロギーで判断をねじ曲げ、不当に満州事変に理解を示したということにしたかったというわけだ。

反共
反共産主義
この家永の解釈には、アメリカ人学者リチャード・マイニアが異議を唱え、パールが「頑迷な反共主義者」というのは誤りで、**「反共が日本の行動の説明として全く信用できると述べているだけ」**と、極めて真っ当な批判をしている。

反共産主義
これに対する家永の反論は、**「パールがことさらに日本の国際的犯罪行為を冤罪化するに日本の役立つ『仮説』の創作に熱意を傾注していたことは、否定できない」**と、パールを誹謗するばかりのものになっていた。

マイニアは議論しても仕方がないと思ったのか再反論を行なわず、そのまま論争は終わっている。

中島が思想的に「まん中」の立場で、パール判決書の解釈をしているというのなら、家永の解釈も批判しなければならない。

ところが中島が批判の俎上《そじょう》に載せるのは「右派」の解釈だけで、家永のような「左派」の解釈は批判しない。これでは、説得力を欠く…と、牛村氏は『諸君！』08年1月号で正当な指摘をしている。

学者の立場ゆえか、本人の人柄のためか、非常に穏当な、諭すような批判の仕方である。

だがわしは、中島を親切に諭してやるような「いい人」ではないのだ。

そもそも中島は、家永を「批判しない」どころか、直接、家永の解釈を肯定しているではないか！

パールのこのような記述は、のちに歴史学者の家永三郎から「極端な偏見にみちみちた見解」と批判され、「反共イデオロギー」という政治的立場からの演繹的解釈として問題視された。

（中島『パール判事』140）

さらに中島は、家永の解釈を丸写しにして、家永と全く同じ手口で、パールを「反共主義者」に仕立て、イデオロギーを優先させて判断をねじ曲げたことにして、
それによってパールが満州事変に「侵略」以外の動機を認めている部分は誤りだという結論に誘導しようとしているのだ。

反共
反共産主義
中島は完全に左翼史観に立っているくせに、それを隠して「まん中」を装い、保守にまで取り入ろうとした。

「偽装保守」である。

ごーまんかましてよかですか？

ついてきてるか？

本気で戦後サヨクの呪縛を解くことを望んでいる者は、わしの解説をしっかり読め！

わかりやすく描けるのは中島がデマだらけの本を描いてくれたからだぞ。

おかげさまで。

パールは「南京事件」をどう見たのか？
第16章
ゴーマニズム宣言
SPECIAL
もし現在、「明らかな冤罪で死刑が執行されていた」というようなことが発覚したら、どうなるだろう？
不当裁判で死刑に！
明らかにな
た暗黒裁判の実態！
検察の主張丸呑み
恐るべき偏向裁判官
おそらくマスコミは大騒ぎになるはずだ。
だがこんな場合でも、中島岳志や、中島を称賛した学者・マスコミはこう言わなければならない。
殺人罪は刑法199条で法律上確立した罪だ！
「有罪か無罪か」という結論は別として、裁判の意味は積極的に認めるべきである！

中島が『パール判決書』に考えうる限りの曲解を加え、都合の悪い重要な論点を全て単なる「前提」として切り捨て、判決書全体の8割以上を「無意味」と論じる暴挙を犯し、
無理に無理を重ねて東京裁判を正当化しても、結局、言ってる理屈は、こんなことでしかないのである。

中島はしつこく「平和に対する罪」は事後法だが、「通例の戦争犯罪」は国際法上確立していると繰り返した上で、こう言う。

前者は裁判にかけること自体を否定しているが、後者は裁判の意味を積極的に認めた上で、証拠が不十分であるという議論を展開している。この違いを理解しなければ、「パール判決書」の構造を決定的に見誤ることになる。

（中島『パール判事』176・傍線わし）

パール判事
何が「『パール判決書』の構造を決定的に見誤る」だ！

「パール判決書」を誤読させるために詭弁を弄してるだけじゃないか！

東京裁判
パール判決書
いくら法的根拠があろうと、「証拠不十分」の被告を死刑にして、パールが「裁判の意味を積極的に認めた」わけがないだろうが！

判決は間違っている！

証拠不十分だ！

冤罪で死刑にしてしまった！

でもこの裁判の意味は積極的に認める！

パールに失礼だからシルエットにしてしまったが…

中島は、パールがホントにこんな馬鹿なことを言っていると断言するのか？

では中島が東京裁判を正当化するために最後にすがった「パール判決書」の第六部「厳密なる意味における戦争犯罪」を見てみよう。
第六部　厳密なる意味における戦争犯罪
▲東京裁判研究会編『共同研究　パル判決書』(講談社学術文庫)
中島は「パールがまず追求するのは、南京虐殺事件である」と平気で書いているが、この杜撰《ずさん》さには呆れるしかない。

第一に、東京裁判における名称は「南京虐殺事件」ではなく、「南京暴行事件」である。

原文では「Nanking rape」または「Nanking atrocities」。

「虐殺」は「slaughter」、または「massacre」だが、その名称は使ってない。

「虐殺」という、悪魔化のための名称は東京裁判から23年も後に、本多勝一が広めたのだ。

本多勝一
中国の旅
第二に「厳密なる意味における戦争犯罪」は文庫版で205ページあるが、「南京暴行事件」について触れるのは40ページ目からである。

「まず追求」したとは言えない。

パールが「まず追求」したのは、検察が主張した、戦死者を殺人被害者とみなす「殺人罪」が法的に成立しないという点である。

そして次に追及したのは、なんと「戦時宣伝」の問題である。

「世界は、憎悪心を喚起するために、事実無根の残虐な話の例を、いままでまったく聞いたことがないわけでもない」と、米国南北戦争で捏造された残虐話の実例を挙げ、「この点に関しての証拠の取捨選択には、ある程度の警戒が必要である」と強調する。

さらに「ときとしては、戦闘の敗北による士気の沮《そ》喪《そう》を回復するために、敵方の野蛮性の例をもって補うことを可とする場合がある」として、こんなことまで指摘するのだ。
日本側の手中にあった捕虜たちの数は圧倒的に多数であって、これは実に、各白人種国家が痛感したように、白人種優越性の伝説を完全に覆した戦闘の結果を示したものであった。この損害を補う一手段として、非白人種である敵にたいするかような宣伝工作を考えついたのかもしれない。
（『判決書』下543）
中島やサヨクも、こういう記述は必ず無視する。
続けてパールは真に扱うべき「厳密なる意味における戦争犯罪」の訴追内容を確認し、ようやく事件の検証に入ろうとするが、その前に「本官はもう一度注意をうながしたい」と、再び「戦時宣伝」の問題を警告するのである！
われわれは戦時において企図された宣伝の役割を見逃してはならない。本官がすでに指摘したように、敵を激怒させ、味方の銃後の者の血を湧かし、中立国民をして憎悪と恐怖を抱かしめる方法として、想像力を発揮するための一種の愚劣な競争が行われるのである。
（『判決書』下558）
TIME
LIFE
こうしてパールは、くどいほど戦時宣伝への警戒を訴え、
「これに関連して申し述べておきたいことは、南京暴行事件に関する発表された記事でさえ、世界は誇張されているものであるという疑念をもたないでは受け取りえないということである」
これに関連して申し述べておきたいことは、南京暴行事件に関
世界は誇張されているものであるという疑念をもたないでは
である。一九三八年十一月十日において、すでにスチュワード大
という書き出しで、ようやく「南京暴行事件」の審理に入るのである！

この慧《けい》眼《がん》には敬服するしかない。

今では「南京虐殺」なるものは、中国国民党の中央宣伝部国際宣伝処が、欧米の記者や宣教師を利用して作り上げたプロパガンダだったことが、証明されてきたが、
パールは情報もごく限られたこの時点で、戦時宣伝の要素を見抜いていたのだ!

パールは判決書で「南京暴行事件」の事実検証を2回論じ、許伝音、マギー、陳福宝という3名の証人の陳述を細かく検討する。

その結果は、「曲説とか、誇張とかを感ずることなく読むことは困難である」

「申し立てたことのすべてのことを容認することは、あまり賢明でない」「この証人は本官の目にはいささか変わった証人に見える」と辛辣《しんらつ》な筆致で、ほぼ全面否定である。

ところがパールは2回とも、その直後に「証拠にたいしていいうるすべてのことを念頭において、宣伝と誇張をできるかぎり斟酌《しんしゃく》しても、なお残虐行為は日本軍がその占領したある地域の一般民衆、はたまた、戦時俘虜にたいし犯したものであるという証拠は、圧倒的である」

「残虐はほとんど三週間にわたって惨烈なものであり、合計六週間にわたって続いて深刻であったことは疑いない」と、あっさり事件を事実と認定する。

この一点で中島岳志は大喜び、「だから東京裁判にも意味はあるんだ!」と勢いづくわけだ。

だが不思議なことに、パールは事件を事実と認定した根拠を、具体的には何も挙げていない。

パールは検察側が提出した37通の証拠のうち、3通を事細かに検証して何《いず》れも信頼できないとしたが、その他については検証を一切書かず、根拠をあいまいにして事件を事実と認定している。

これで中島は「パールも日本の残虐行為を認めていた」と大喜びしているわけだが、馬鹿馬鹿馬鹿しい限りである。

中島は裁判において、この件の何が争われたのかを理解していない。

そもそも中島は裁判というものを知らないんじゃないか？

わしは名誉毀損の問題で、最高裁の弁論までやって、逆転勝利した経験があるから、弁護士と共に戦う中で少しは法の知識も身につけた。

冒頭陳述で清瀬一郎弁護人はこう述べている。

「日本の一部の軍隊に依って中国において行われたという残虐行為は遺憾なことであったが、しかしながら、これは不当に誇張され、ある程度、捏造までもされている」

「我々は、被告の誰もがかかる事を命じたり、授権したり、許可したり、並びにそういう点に関する法律上の義務を故意に、または無謀に無視した事のない事を証するため、あらゆる手段を尽すであろう」

わかるか？

そもそも弁護側も、事実の有無を争ってはいなかったのである！

「A級戦犯」の被告たちは、自らが戦争犯罪をしたとして起訴されたのではない。

戦争犯罪を「命令、授権、許可」したのか？

またはこれを阻止しなかった不作為責任があったかどうか？

これが争点であり、犯罪事実そのものの有無が問題ではなかったのだ！

そのため弁護側も、一応、検察側の証拠には全て反駁《はんばく》し、「全然虚無の事実」と主張した部分もあるが、
あくまでも弁護の重点は被告個人の責任問題に置いていた。

パールの判決は、清瀬の冒頭陳述をほぼ全面的に認めたようなものである。

裁判官が、弁護側の主張を超えてまで弁護側に有利な判断を下すわけがない。

この条件の下では「南京において行われたと主張されている残虐事件」（…という表現もパールは実際使っている）の証拠が、到底鵜呑みにできるものではないと、これだけ指摘しているだけで十分である。

これが戦争犯罪を実行したとされる被告の裁判だったら、犯罪事実の有無自体が最大の争点となるから、弁護側も徹底的に事実を争い、パールは全証拠の検証をしただろう。

その場合、おそらく下した結論は全く違ったはずである。

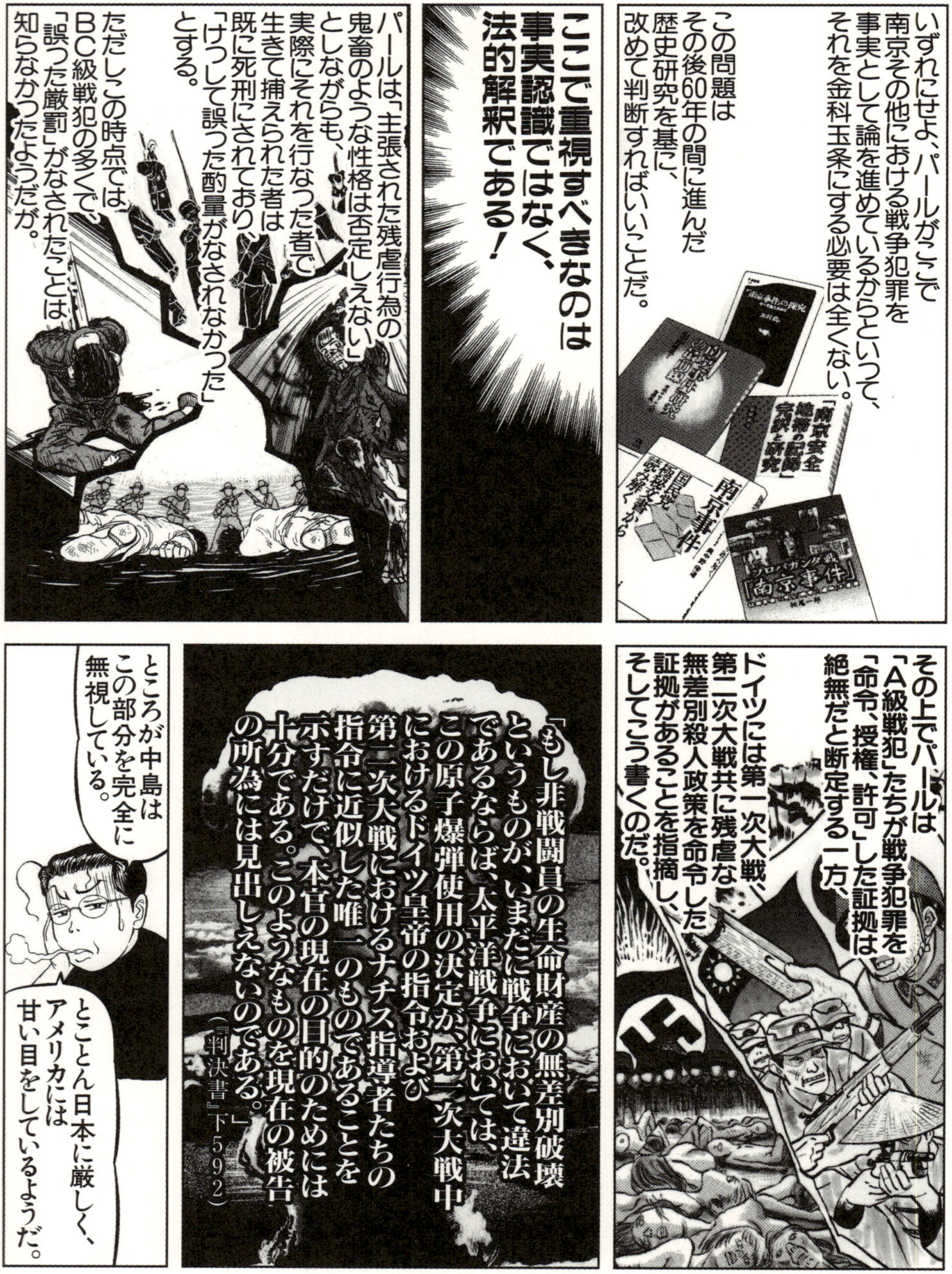

いずれにせよ、パールがここで
南京その他における戦争犯罪を
事実として論を進めているからといって、
それを金科玉条にする必要は全くない。
この問題は
その後60年の間に進んだ
歴史研究を基に、
改めて判断すればいいことだ。
「南京安全地帯の記録」完訳と研究
南京事件 国民党極秘文書から読み解く
プロパガンダ戦「南京事件」
ここで重視すべきなのは
事実認識ではなく、
法的解釈である！
パールは「主張された残虐行為の
鬼畜のような性格は否定しえない」
としながらも、
実際にそれを行なった者で
生きて捕えられた者は
既に死刑にされており、
「けっして誤った酌量がなされなかった」
とする。
ただしこの時点では、
BC級戦犯の多くで、
「誤った厳罰」がなされたことは
知らなかったようだが。
その上でパールは
「A級戦犯」たちが戦争犯罪を
「命令、授権、許可」した証拠は
絶無だと断定する一方、
ドイツには第一次大戦、
第二次大戦共に残虐な
無差別殺人政策を命令した
証拠があることを指摘し、
そしてこう書くのだ。
「もし非戦闘員の生命財産の無差別破壊
というものが、いまだに戦争において違法
であるならば、太平洋戦争においては、
この原子爆弾使用の決定が、第一次大戦中
におけるドイツ皇帝の指令および
第二次大戦におけるナチス指導者たちの
指令に近似した唯一のものであることを
示すだけで、本官の現在の目的のためには
十分である。このようなものを現在の被告
の所為には見出しえないのである。」
（『判決書』下592）
ところが中島は
この部分を完全に
無視している。
とことん日本に厳しく、
アメリカには
甘い目をしているようだ。

東京裁判で焦点とされた「共同謀議」はもともと英法でも最長2年の刑しか処せない軽罪だった。

そのため死刑判決を受けた7人はいずれも「通例の戦争犯罪」についても有罪にして刑を加えていた。

松井石根については「共同謀議」が無罪で、「通例の戦争犯罪」だけで死刑になった。

つまり中島が無理やり「東京裁判にも意義があった」ことにするための根拠とした「通例の戦争犯罪」の裁判とは、冤罪で7人もの被告を絞首刑にした暗黒裁判でしかないのである！

ごーまんかましてよかですか？

中島は、もし痴漢冤罪で有罪判決を受けても、決して「不当な裁判だ！」と言ってはいけない。

こう言わなければならない。

軽犯罪法第1条および迷惑防止条例違反で起訴された以上、この裁判の意義を私は積極的に認める！

パール判決書はこうして歪められた
第17章
ゴーマニズム宣言
SPECIAL
昭和27年4月28日、日本の占領が解除されたその日、一冊の本が出版された。
印度・パール判事述
田中正明編
『日本無罪論―眞理の裁き―』
印度・パール判事述・田中正明編
日本無罪論
―眞理の裁き―
パール判決書の要約に、田中氏の解説を加えた本である。
田中氏は、占領下では出版を禁じられていたパール判決書の出版準備を密かに進め、占領解除の当日に発行したのだった。
だがもう、この時点で、「日本無罪論」という題名に猛反発する者がいた!

出版の1か月後、5月28日の読売新聞には、法学者・戒能通孝《かいのうみちたか》のこのような書評が載っている。

パル判事と法律
不遡及の原則
戒能通孝
「本書のような形態で出版されるにいたったことを、誠に奇怪とし、遺憾とする」

「題名のつけ方が甚だしく不当である」

「本書は今の題名では絶対に通用させたくない書物である」

「パル判事のため、本書のようなインチキな題名をもった出版物が一掃され、忠実な判決全文が、全文として公刊される日のくることを心から切望したい」

新聞の書評とは思えない罵詈雑言《ばりぞうごん》だが、戒能はさらに、東京裁判は「A級戦犯」被告の有罪無罪が争われたにすぎず、「日本」を裁いたとしたらそれは不名誉な越権で、この題名はパールに汚名を着せたものだと非難している。

実は戒能は東京裁判で補佐弁護人も務めた人物である。

ところが東京裁判がまだ続いていた昭和23年5月に「太平洋戦争の勃発は、天皇制の無責任、不真面目さ、国民に対する無配慮と、自己保存の本能の極めて美事な縮図である。人民はそれによって犠牲にせられ、何十万となく死傷しただけでなく、財産は悉《ことごと》く失った」「天皇によって象徴される国家とは、余りにも無責任、背信、血によって汚れているではないか」と論文に書いている。

また、東京裁判終結後の回想では、結審の際の検察官の論告を「少くとも被告らのある者に対しては、寛容すぎるほど寛容だった」と評し、ニュルンベルク裁判の被告たちは悪漢なりに「偉大さ」があり「勇敢」で「名誉」を感じていたが、東京裁判の被告たちは「情けない書記だったようであり」「犯罪人でなかったかのようにすらみえる」と罵倒している。

なんでこんなのが弁護団にいたのか不思議でならないが、ともかく真っ先に「日本無罪論」を目の仇にしたのは、こういう人物だった。

とはいえ「日本無罪論」の題名は
パール本人も認めたもので、
この年、来日したパール自身の
要望で出版された判決書全文も
「全訳日本無罪論」という
題名だった。
そしてパール判決書は「日本無罪論」として、
何の問題もなく一般には浸透した。
その状況が変えられたのは
現在、講談社学術文庫で
出ているパール判決書の
底本『共同研究パール判決書』
(以下『共同研究』)が
昭和41年に出版されて
からである。
共同研究 パール判決書
その本は最初から
『日本無罪論』を敵視していた。
なにしろ序文でいきなり
田中の本を「『日本無罪論』の名が
とかく一般国民に誤解を与えて
パル判事の真意を伝えず」と、
名指しで批判しているのである!
日本無罪論
共同研究 パール判決書
『共同研究』は「東京裁判刊行会」
なる団体が企画、出版した。
「刊行会」は、昭和37年に全3巻
3000ページの大冊『東京裁判』を
刊行している。
これは昭和22年から24年にかけて出版
された「朝日新聞法廷記者団」著の
『東京裁判』全9巻を合本した
保存図書である。
東京裁判
朝日新聞法廷記者団著
東京裁判刊行会
その底本全9巻は
発行年を見れば
明らかな通り、
東京裁判の批判は
GHQにより
一切許されていない。
GHQが検察の主張する
日本罪悪史観を広めるため、
優先的に出版させた
戦時プロパガンダ本である。
それを占領解除の10年後に
「保存版」として出版したのだ。
東京裁判
下巻
朝日新聞法廷記者団著
東京裁判刊行会

この『東京裁判』全3巻の上巻の「はしがき」によると、当然ながら「全面的書き直しも検討した」らしい。
東京裁判
東京裁判刊行会
ところが「それをやるにはあまりにも時間と精力が乏しい。それに、当時書いた気持ちや息吹きをそのままにしたい、という若干の気持ちもあり」という理由で、「部分的補正に留めたという。
GHQ検閲済みのプロパガンダ本を、そのまま保存版にしたのだ！
下巻の巻末にパール判決書全文を収録しているが、それが唯一の良心というべきだろう。
なお、この本は後にダイジェスト版が講談社で出版され、これが朝日文庫になり、GHQお墨付きの東京裁判記録を現在に伝えている。
東京裁判
占領解除後も論調を変えず、今日も占領中の「閉ざされた言語空間」を堅固に守る朝日新聞である。
記者たちも、占領下の本をそのまま保存版にすることに、さほど疚《やま》しさも感じなかったようだ。
朝
朝
朝
昭和37年版の「序説」では、さすがに「勝者の裁き」への憤りも書かれてはいるが、結論は「軍国主義国家の清算という意味で、国内的意義のまことに大きかった反面に全く目をふさぐことはできまい」
「東京裁判は、明治以来の君主制立憲政治への大手術を意味し、それに伴う苦痛は軽からぬものがあったが、日本国の新しい脱皮の道標となったといえよう」としている。
要するに「東京裁判のおかげで日本は民主国家になれた」というのである。
東京裁判
そんな本を出した「刊行会」が「パール判決書」の出版を手がけたのだ。そこには初めからバイアスがかかっていた。
「日本無罪論」の否定ありきで出版が企画されたと言っても過言ではない。
そもそも「刊行会」代表の佐山高雄という人物自身、元・朝日新聞政治部記者だった。
パール判決書

佐山は『共同研究』のあとがきにあたる「刊行のことば」にこう書いている。

パル判
「ほんものに接する機会のまれなまま、ある者はこれを単純に〝日本無罪論〟だとし、勝手な解釈を下し、都合のよい部分だけを援用した」

刊行のことば
「日本無罪論」がミスリーディングだとし、都合のよい部分だけを援用していると、田中正明氏を批判するこの論法…

中島やサヨク学者が飽きもせず繰り返すデマの元祖は、朝日新聞の元記者によるものだったのだ!

パールは佐山から判決書の出版許可と序文執筆を求められ、出版は「判決書」は公共物だということで快諾したが、序文は「あの判決書に加うべきなにものもない」と断った。

このことを佐山は、「裁判官は弁明せず――その喩え通りの、揺ぎないパルの大文章は、われわれ日本人にとって数少い歴史の碑として、後世に残るであろうし、また残さねばならぬ」と絶賛している。

そこまで言うならパールが言うとおり、何ものも加えず出版すべきだったろう。

ところが『共同研究』は、本文の前に文庫版で200ページも余計なものを付け加えている!

その文庫版には、「刊行会」から依頼を受けた「東京裁判研究会」の学者による「解説」が延々載っているのだ。

最初手にした時は、読んでも読んでも判決書が始まらないのであぜんとしたものだ。

共同研究 パル判決書（上）

東京裁判研究会
パール本人が何も付け加えるべきものはないと言ったのに、勝手に200ページも付け加えるとは、何という越権行為だろうか！

やっと、判決書だ～～～～っ…

この「抱き合わせ」は当初からの方針だったようで、佐山は「パル判決書を、国民大衆のものとすること、そのためには、公正にして平易な解説と、すくなくとも関連資料および判決書自体の索引が必要である」と記している。

確かに判決書は長大で難解なので、その必要は認めてもいいだろう。ただし、本当に解説が公正であればだが。

しかし、それは本当に公正だったのか？

『共同研究』の冒頭に付け加えられた解説は、まず「パル判決の意義」と題した文章で始まる。

筆者は国際法の権威、京大名誉教授の田岡良一。

だが、田岡はこんなことを書いてしまっている。

序章 パル判決の意義
ほぼ一、三〇〇ページにおよぶこの意見書を読むとき、惻々として私らの胸を打つのは、この大論文の全体を貫いている烈々たる正義の念と、勝ち誇る戦勝国の前に裁きを受ける被告日本の姿にたいする温かい同情の念である。

なんと「同情ある判決」という、パール本人が最も嫌った言葉を、パール判決書の本の冒頭で平然と書いたのである！

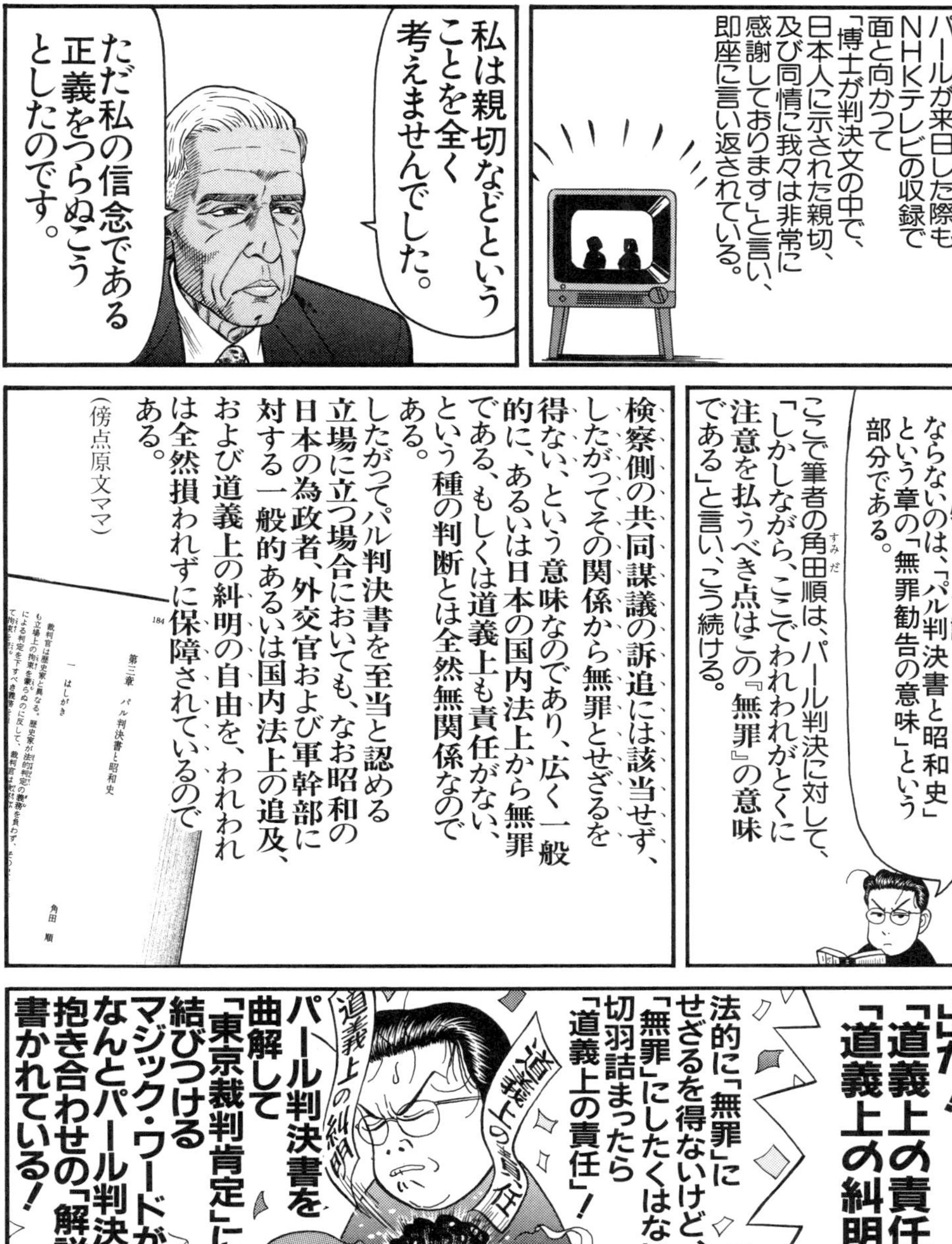

田岡はその後、パールが来日した際もNHKテレビの収録で面と向かって「博士が判決文の中で、日本人に示された親切、及び同情に我々は非常に感謝しております」と言い、即座に言い返されている。

私は親切などということを全く考えませんでした。

ただ私の信念である正義をつらぬこうとしたのです。

そして、特にここで論じなければならないのは、「パル判決書と昭和史」という章の「無罪勧告の意味」という部分である。

ここで筆者の角田《すみだ》順は、パール判決に対して、「しかしながら、ここでわれわれがとくに注意を払うべき点はこの『無罪』の意味である」と言い、こう続ける。

検察側の共同謀議の訴追には該当せず、したがってその関係から無罪とせざるを得ない、という意味なのであり、広く一般的に、あるいは日本の国内法上から無罪である、もしくは道義上も責任がない、という種の判断とは全然無関係なのである。

したがってパル判決書を至当と認める立場に立つ場合においても、なお昭和の日本の為政者、外交官および軍幹部に対する一般的あるいは国内法上の追及、および道義上の糾明の自由を、われわれは全然損われずに保障されているのである。

（傍点原文ママ）

184
第三章　パル判決書と昭和史
一　はしがき
角田　順
出た！「道義上の責任」！「道義上の糾明」！！
法的に「無罪」にせざるを得ないけど、「無罪」にしたくはない。
切羽詰まったら「道義上の責任」！
パール判決書を曲解して「東京裁判肯定」に結びつけるマジック・ワードが、なんとパール判決書と抱き合わせの「解説」に書かれている！
道義上の責任
道義上の糾明

角田は「国内法上の追及」とも言っているが、
憲法に則り国策遂行を付託されたに過ぎない為政者や軍人、外交官を、何の国内法で裁くというのか?

「広く一般的に」に至っては、全く意味不明である。デタラメだ。

これを書いた角田順は、法学博士で軍事外交史の学者である。昭和34年、日本国際政治学会の太平洋戦争原因研究部委員長になり、開戦外交史編纂《へんさん》の事業に着手、昭和37年から『太平洋戦争への道』という題で公刊した。出版元は朝日新聞社だが、朝日の意向で企画されたものではなく、研究の水準は高い。

だが問題は、角田自身の歴史観である。

太平洋戦争への道
角田は『太平洋戦争への道』の編纂方針に、こんなことを挙げている。

「根本の観点は国際政治史よりもむしろ日本を主体とする外交史的なところに置くこと」

（傍点原文ママ）

国際政治史の中で、日本を主体とする外交史を描き出すならわかるが、「日本を主体」が「日本国内が主体」になると、視野狭窄になって、外的要因を一切無視し、開戦の原因を全て国内に求め、「誰が責任者だ!」と国内だけ責めることに終始する「蛸壺史観」に陥ってしまう。

司馬遼太郎が、日清・日露戦争までは良いが、昭和に入ってから魔法にかかったように日本は劣化し、先の大戦に突入してしまったと評する「司馬史観」も、その類だ。

角田の自選集『政治と軍事』を開くと、案の定、日露戦争は「近代の戦争史における傑作」だが、「昭和に入ってからの政戦両略の状況は、この模範の名をはずかしめるものであった」なんて書いている。

「下克上的暴走の果てに陸軍が国家自体をまき添えにしながら自らも壊滅した」という筆致で、とにかく日本が悪いというのが角田の歴史観だ。

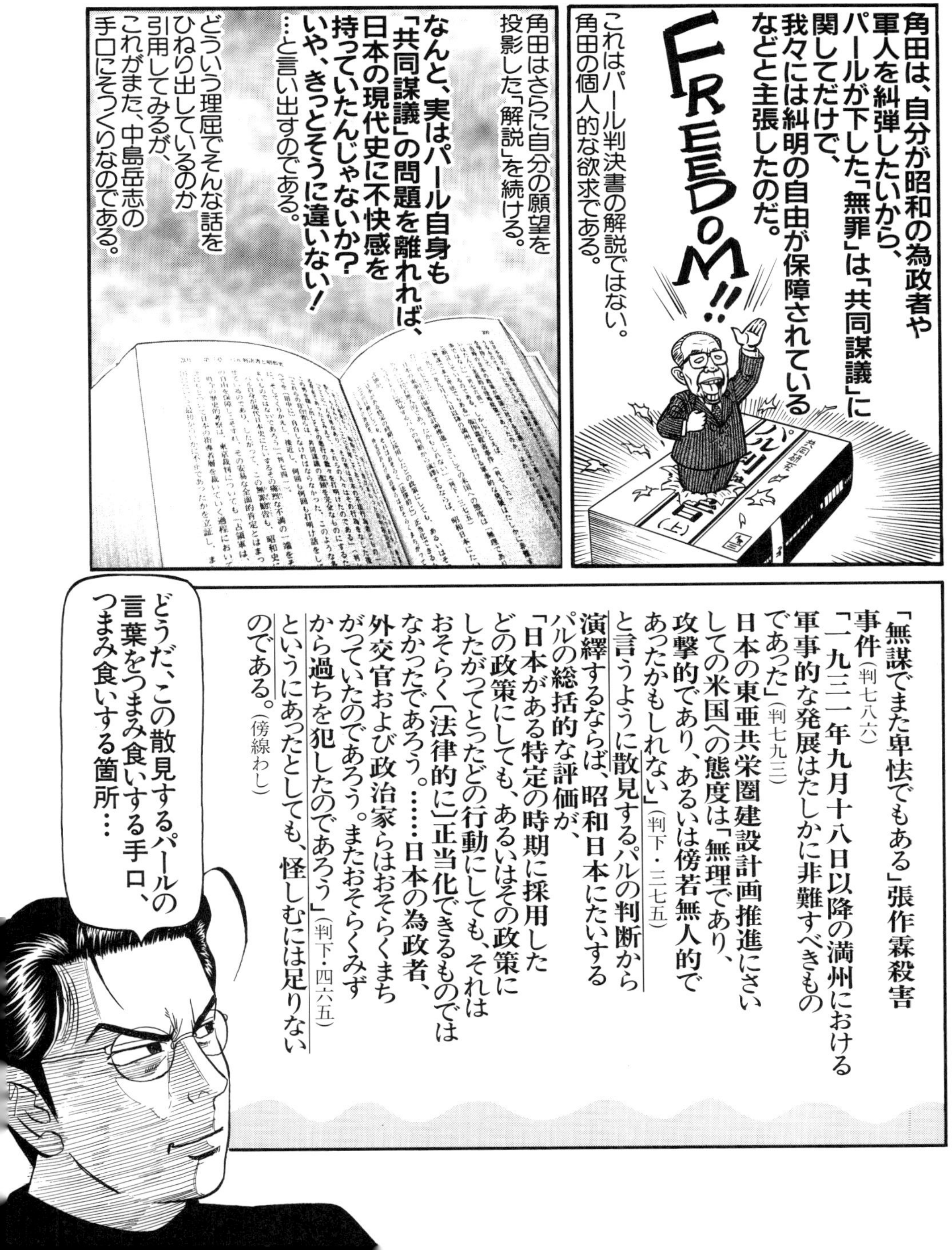

角田は、自分が昭和の為政者や
軍人を糾弾したいから、
パールが下した「無罪」は「共同謀議」に
関してだけで、
我々には糾明の自由が保障されている
などと主張したのだ。
FREEDOM!!
パル判決書（上）
これはパール判決書の解説ではない。
角田の個人的な欲求である。
角田はさらに自分の願望を
投影した「解説」を続ける。
なんと、実はパール自身も
「共同謀議」の問題を離れれば、
日本の現代史に不快感を
持っていたんじゃないか？
いや、きっとそうに違いない！
…と言い出すのである。
どういう理屈でそんな話を
ひねり出しているのか
引用してみるが、
これがまた、中島岳志の
手口にそっくりなのである。
「無謀でまた卑怯でもある」張作霖殺害事件（判七八六）
「一九三一年九月十八日以降の満州における軍事的な発展はたしかに非難すべきものであった」（判七九三）
日本の東亜共栄圏建設計画推進にさいしての米国への態度は「無理であり、攻撃的であり、あるいは傍若無人的であったかもしれない」（判下・三七五）
と言うように散見するパルの判断から演繹するならば、昭和日本にたいするパルの総括的な評価が、
「日本がある特定の時期に採用したどの政策にしても、あるいはその政策にしたがってとったどの行動にしても、それはおそらく〔法律的に〕正当化できるものではなかったであろう。……日本の為政者、外交官および政治家らはおそらくまちがっていたのであろう。またおそらくみずから過ちを犯したのであろう」（判下・四六五）
というにあったとしても、怪しむには足りないのである。（傍線わし）
どうだ、この散見するパールの
言葉をつまみ食いする手口、
つまみ食いする箇所…

「散見する」ことから「演繹するなら」とは、要するに「あちこちから文脈無視で拾い集めて推測すれば」と言ってるのに等しい。

非難すべき
攻撃的
この角田の引用が元の文脈を無視していることは、ここまで読んだ人にはもうおわかりだろう。

しかもそんな無茶をしても、「怪しむには足りない」としか言えないのだ。

それなのに角田は、これを根拠にパールも日本を否定的に見ていたはずだと主張したのである！

中島岳志はこれを学んで全く同じことをやったに過ぎないのだ。

共同研究 パル判決書（上）

「道義上の責任」というマジック・ワードも角田が使っていた。

中島に独自性があるとすれば、角田が「怪しむには足りない」としか言えなかったところを、「これがパールの真意」と断言した面の皮の厚さくらいだろう。

角田順は他にも判決書からパールが検察側証人の田中隆吉を非難した部分を2か書引用した上で、こんな断言をしている。

「パル自身が現代日本史にたいするその痛烈な不満の一端をその判決書の中にかように隠顕させているのであり、したがって、この無罪勧告も、昭和史に対するわれわれの自主的な反省の自由を保障しこそすれ、その安易な全面的肯定とはまったくいれないものなのである」

ところがここで角田が根拠として引用した部分は、パールがあくまでも田中隆吉個人を批判しているだけなのである。

それをパールが現代日本史に痛烈な不満を持っていたかのように、すり替えるのだから、ほとんどペテンである。

反省したいやつは、たっぷり反省するがいい！

角田は「東京裁判が自国の歴史への嫌悪と軽蔑を植えつけ、国民精神に回復しがたい深傷を与えた」という批判があることを踏まえ、こう結論づけた。

「かように規定しうる東京裁判への反発の余勢から、もしわれわれがパルの無罪勧告をもって現代日本への総括的な免罪符と解するにいたるならば、それはパルにたいして根本的な錯誤を犯すこととなるのである」

東京裁判に批判があってもパールの無罪勧告を免罪符にしてはならないそうだ。

いっそ、パールの無罪勧告などうそっぱちだ、信じるなと言えばいいのに。

全く、日本人学者ってのはプライドだけは異様に高い。

角田順だけでなく、前述の田岡良一も、本の巻頭を飾る文章の中で「私は、この長編の論文の中に述べられている国際法上の説に、必ずしも全部賛成するものではない」として、自説を延々と述べている。

そして述べるだけ述べた後で、「しかしこれらの諸点は、いずれにしても比較的小さいことであって、たとえ私の批判が当たっているとしても枝葉末節の誤りに過ぎず、全体としての博士の所説の正しさを覆すに足るものではない」というのだ。

だったらなんで書いたんだ、「枝葉末節」なんかっ！

しょせん「私とて国際法の権威だ！」と主張したかっただけなのだ。

しかもここで田岡の唱えた異議の方がどう見ても間違ってるのだから始末に負えない。

例えば田岡は、パールの「自衛権の行使は国家自らの判断に任されている」という説に異議を唱える。

「自衛権の行使は、完全に国家の自由には任せられてはいないのである」と断言している！

田岡によると、国内における「正当防衛」が社会の判断、法律上は裁判所が判断を下すのと同様、「国際社会においても社会の世論が、またもし国際裁判所があれば、これが判断を下す」から、完全に国家の自由ではないと言うのだ。

まったく何のことやら…

「国際裁判所」の必要はパール自身が最も強く望んだことだ。しかし当時はそんなものはなかった。今だって全然不完全である。

「国際社会の世論」というが、これはプロパガンダ次第で、デマでも動くし、当事国にとって、国際世論が正当と感じられるとは限らない。それをパールが認識していたことは明らかだ。

そうなると「自衛」の判断基準があいまいだという問題はあっても、現状としては、それぞれの国家が判断する以外にない。

田岡の異議は「難癖」に近い。

パールに対してすら、このような態度をとった学者たちである。

まして学者でもない素人の、市井の徒である田中正明氏が書いた『日本無罪論』が、パール判決書の内容を伝える書として世間に浸透していることをどう思ったか？

容易に想像できるというものである。

日本無罪論
ー真理の裁きー
『共同研究』では書いていないが、田岡もパール来日時に「日本国民が一九三一年から一九四五年に行った愚かなことが、博士の判決書で正当化されて完全に無罪だと、判断すべきではないのですね」と発言している。

また、『共同研究』で、「解説」の4分の3を書いた一又正雄も、読売新聞、昭和41年9月30日夕刊で、「わが国民の多くは、伝えられる大まかな内容と、都合のよい部分だけで『日本無罪論』、『全被告無罪の判決』と理解し」ており、「いずれも、パール判決書に対する正しい理解にたったものではない」と書いている。

なんとパールの下した判決である「全被告無罪」まで否定するのだから驚きである。
一又は「パール判決書の本旨とするところは、こうである」と文章を続けるが、その内容は、『共同研究』で角田順が書いた内容とほとんど同じだった。
パール博士を迎える
そんな中、『共同研究』の解説で唯一、東京裁判の弁護人として、法廷の一部始終を見ていた阪埜淳吉だけが、「日本および全被告無罪の判決」と書いていることは注目に値する。
いずれにせよ「日本無罪論ではない」という説は、GHQのプロパガンダ本をそのまま保存した朝日新聞系の「東京裁判刊行会」と、学者の見栄から、素人が付けた名称に反発した「東京裁判研究会」の合作で生まれたものであり、何ら学術的な検証によるものではなかったのである。
朝
GHQの占領中、発禁だった「パール判決書」の出版準備をリスクを冒して進めた人物と、占領が終わって10年も経ってから、占領下のプロパガンダ本を出し直した人物と、一体どちらが正確にパール判決書を理解していただろうか？
来日してその両者に会ったパールが、一体どちらを信頼しただろうか？
答えは明白である。
印度・パール判事述・田中正明編
日本無罪論
―真理の裁き―
共同研究
パール判決書
しかし現在、パール判決書の全文を読むには、この『共同研究』の文庫版しかない。
秀才くんたちは権威を一切疑わずに、抱き合わせの解説から読み始め、
目にびっしりウロコをつけた状態でパール判決書を読むことになる。

そして抱き合わせ解説の曲解そのままにこう言い始めるのだ。
パール判決書は日本無罪論ではない！
日本に道義的責任はある！
パール判決書（下）

そんなことが、かれこれ40年以上、繰り返されていたのだ。

無罪論はミスリーディングだああ…

一旦、権威として定着してしまうと、それが完全なデマであっても覆すことは非常に困難になる。

日本は無罪じゃなああい…

だが、まともな国語力があれば権威が作るデマも見抜けるはずなのだ。

反省しる――う！

「A級戦犯」全員をパールが無罪と言ったのは、すなわち、日本を無罪と言ったのである!!

東京裁判を全否定したのである。

これに異議を唱える学者は『共同研究　パル判決書』の215ページまでの「ふろく」から産まれてくる。

中島のごときサヨクは、「ふろく」で誕生したのだ!

ど～～ぎゃ
てきてき
せきに～～ん
にんにんにん…

中島を産んだのは「ふろく」である!

ごーまんかましてよかですか?

たとえ国際法の権威であろうと、パール判決書をテキストとして正確に読み解いていないということがあるのだ!

序文や解説を読んで忽《たちま》ち影響されて目が曇る秀才など単なる阿呆である!!

第18章 田中正明氏の「改竄問題」とは何だったのか

日本で初めて「パール判決書」を世に広めた田中正明氏とは、生前一度だけお会いしたことがある。

田中氏は「南京大虐殺」の否定論者として知られ、晩年は「占領憲法」の批判など憂国の発言もしておられたが、話してみると、この人はイデオロギーでやっているのではないとすぐに感じた。ただ恩人の松井石根大将に報いるためにのみ生涯をかけておられるのだろうと。

ここで田中氏の「改竄問題」というものを検証するが、わしは決して私情から田中氏の擁護をしようというのではない。サヨクが必ずこれを持ち出し、田中氏のパール判決書解釈までも信用ならないものであるかのように誹謗中傷し、嘘と曲解で固めたサヨク解釈の方を正当なものに見せかけるという詐術を使うため、この問題についての考察が必要になったに過ぎない。なお、以下敬称を略させていただく。

・「改竄問題」が起こるまで

明治44（1911）年、長野県に生まれた田中正明は、旧制飯田中学を卒業して上京、興亜学塾に学ぶ。興亜学塾は満川亀太郎、大川周明、下中彌三郎らアジア主義者が創設した塾である。ここでアジア各国からの亡命者や大川の講義を聞き、アジア主義の思想に共鳴した田中は卒業後、松井石根陸軍大将が会長を務める大亜細亜協会に勤務した。田中は会報編集の職務の他に松井の秘書も務め、子供のない松井は田中をわが子のように可愛がったという。

その松井が東京裁判にかけられ、死刑に処せられた。しかもその罪状は、当時の日本人が誰も聞いたこともなかった「南京暴虐事件」である。審理では検察側の伝聞証言をそのまま採用し、弁護側の反論は一切取り上げず、判決では犠牲者数

が「20万人以上」になっていたり「10万人以上」に半減していたりという杜撰さで、田中は東京裁判とは裁判の名を騙る復讐劇に過ぎず、松井は冤罪であると信じて疑わなかった。

そんな中、田中は松井の密葬の席で「全被告無罪」の少数判決が存在することを弁護団の清瀬一郎と伊藤清から知らされた。これは大きな衝撃だったであろう。以後、田中はパール判決書『日本無罪論』の出版に執念を燃やした。

田中はその後世界連邦運動に没頭するが、これも松井の遺志を継ぎ、発展させたものだった。松井は孫文の大亜細亜主義に共感して大亜細亜協会を起こした。それはアジアを西欧列強の帝国主義から奪い返し、アジアの独立・復興と親善・団結を推進することを目的としていたが、孫文の大亜細亜主義の究極の理想は、西欧の覇道主義に代えて東洋の王道主義で四海にのぞむならば、東洋は回復し、世界の連邦も可能であるというものだったのである。

田中は世界連邦を目指す上では憲法9条を「人類の理想をうたったもの」と評価していた。この憲法をあくまで守り抜こうというならば、当然世界連邦へと向けて努力し、その可能性が信じられなければならないと主張していたのだ。

一方、東京裁判の後「南京暴虐事件」は全く忘れられていた。阿羅健一『【再検証】南京で本当は何が起こったのか』（徳間書店）によると、東京裁判終了後23年間、ただの一度も新聞に載っていない。その頃は当時の南京を取材し、虐殺などなかったと証言する記者がどのマスコミにも数多くいたからである。

ところが１９７０年代になって状況が変わる。中国で文化大革命に批判的なマスコミが次々国外退去処分になる中、日本でただ一社、朝日新聞だけが中国政府に迎合して残留した。そしてこの迎合の一環として昭和46（１９７１）年、中国政府が用意した「証人」が語る「日本軍の残虐行為」を検証なしで載せる「中国の旅」の大キャンペーンが行なわれた。担当記者は本多勝一。ここで南京事件は「南京大虐殺」という新たな名で大宣伝された。しかも阿羅によると、中国共産党ですら南京大虐殺など全く記憶もしていなかったところに日本人が訪れ、執拗に要求して「証人」を用意させたというのである。

昭和47（１９７２）年、「中国の旅」は単行本化される。そして同じ年、田中は著書『日本無罪論』を発行する。

少々紛らわしい話だが、田中は生涯に3回『日本無罪論』という題がついたパール判決書に関する本を出している。１度目は初めてパール判決書を世に出した昭和27（１９５２）年の『日本無罪論　真理の裁き』、2度目は昭和38（１９６３）年の『パール博士の日本無罪論』、そして3度目が昭和47年の『日本無罪論』である。

中でも最も世に出ているのは昭和38年版で、増補改定を経てなんと平成９（１９９７）年まで版を重ね、平成13

（２００１）年には改題して小学館文庫に版を移し、この文庫版『パール判事の日本無罪論』だけでも現在10万部を超える、驚異のロングセラーとなっている。

当然、昭和47年当時にも昭和38年版は世に出ていた。にもかかわらず、なぜ内容もタイトルもほとんど同じ『日本無罪論』を、この年に新たに出版したのか。それはやはり、日本人が自ら東京裁判史観を再強化しようとする「中国の旅」のキャンペーンを黙視するに忍びなかったからに違いない。そしてこの昭和47年版には、前著にはなかった「南京事件と原爆」という一章が設けられていた。

田中はここで「最近、日中国交回復のきざしを前にして、いわゆる『南京虐殺事件』が、進歩的文化人や一部のマスコミによりことさらに誇大宣伝されている。日本と中国が、平等の立場で国交を回復しようという矢先に、なぜ毛を吹いて古い傷を求めようとするのか」と批判している。しかしこの時点では田中はまだ南京虐殺について研究しておらず、東京裁判の弁護側主張とパール判決から、伝えられている事件が著しく誇張されていることと、原爆投下こそが真の「人道に対する罪」であることを主張するに留まっていた。

一方「中国の旅」の騒動もその後間もなく終息した。当時を知るＯＢの眼が届いていた毎日、読売などマスコミ他社が追随せず、中国迎合という特殊な社是を持つ朝日新聞一社のキャンペーンだけでこの時は終わったのである。

10年後の昭和57（１９８２）年、「教科書誤報事件」が起きる。高校歴史教科書の文部省検定で「侵略」が「進出」に書き換えられたとマスコミ各社が事実無根の報道をして、中国・韓国の抗議を呼び込んだのである。その際サンケイ新聞以外は誤報を訂正せず、問題を「歴史認識」にすり替えてごまかした。そのあおりで教科書検定に「近隣諸国条項」が設けられ、教科書にありとあらゆる「日本罪悪史観」がフリーパスとなる道を開いたのだった。

昭和58（１９８３）年、ドキュメンタリー映画『東京裁判』が公開される。しかし、全編記録映像で構成された中にただ1か所「南京大虐殺」のシーンだけ、中国が作成したヤラセ映像が挿入され、「これは、日本軍隊の組織の中に根深く育まれている非人間性の現れであり、日本人が永遠に背負わなければならない十字架なのである」というナレーションがつけられていた。しかも小林正樹監督は、この映像が記録でも実写でもないヤラセ映像であることを承知の上で、あえて挿入したと認めていた。

東京裁判の「記録映画」で松井大将の冤罪が雪《すす》がれるどころか、むしろ既成事実化するような操作が行なわれ、教科書には「南京大虐殺」が載るようになる。これは田中には、もはや看過できない事態であったに違いない。これ以降、田中は南京虐殺否定論者としての活動を始めるのである。

田中は新聞を通じて南京攻略戦の体験者の証言を募り、

100名近い証言を集めた。また、始末されたと思われていた松井の日記や、陣中日誌を見つけ出した。さらに当時のあらゆる史料を収集し、陣中日誌と他の証言・史料を照合して研究を進めた結果、虐殺は全くの虚構であると確信するに至ったのだった。

昭和59(1984)年、その研究をまとめた著書『〝南京虐殺〟の虚構 松井大将の日記をめぐって』が出版された。この年から採用された歴史教科書には「南京大虐殺」が事実として記され、「朝日ジャーナル」には「中国の旅」再びとばかりに、本多勝一の「南京への道」が連載されていた。この頃には全マスコミから南京戦当時を知るOBの影響力は完全に消えており、他のマスコミも追随して次々と「南京大虐殺」の記事を掲載した。

田中は『〝南京虐殺〟の虚構』の冒頭を、「『朝日新聞』と本多勝一氏に問う」という項から始めた。田中は最初に、中国人の証言を一切検証せず載せ、日本人の生き証人や当時の一級史料を全て無視する朝日と本多の姿勢を厳しく批判したのだった。

この本には、松井を守りたいという田中の思いが特に強く表れていた。清和源氏の流れをくむ武家の出という松井の出自、軍歴、大亜細亜主義の思想と行動、そして人柄が細かく記され、南京戦に関しては松井の日記や陣中日誌に従って記述を進め、それ以外の史料による検証を加える構成になっている。

さらに田中は、松井の陣中日誌の全文を出版すれば、南京虐殺がなかったことを証明する決定的な史料になると考えたのだろう。昭和60(1985)年、『松井石根大将の陣中日誌』を出版する。しかし皮肉なことに、この本において「改竄」を指摘されるのである。

●「改竄問題」と朝日新聞のミスリード

改竄を指摘したのは南京事件研究家の板倉由明だった。板倉は町工場経営を本業とする在野の研究者だが、その史料収集と分析の能力は高く評価され、「南京戦史」の編集委員も務めた。なお、「教科書誤報事件」で「侵略」を「進出」に書き換えた教科書が存在しない事実を最初につきとめたのも板倉である。

田中の「改竄」を指摘する論文は「歴史と人物」昭和60年冬号に掲載された。併せて掲載されている松井の直筆のコピーを見ると、古文書のような走り書きの漢文調、独特の文体で、素人にはとても読めたものではない(次ページ写真参照)。田中は松井に対する思い入れからか、これを専門家に任せず自ら読解したのだが、板倉の指摘を見ると、「両師団の戦況」↓「各師団の戦況」、「上流屎曲点」↓「上流屈曲点」、「第六師団」↓「第三師団」、「蘇州又は」↓「蔣介石ハ」……という

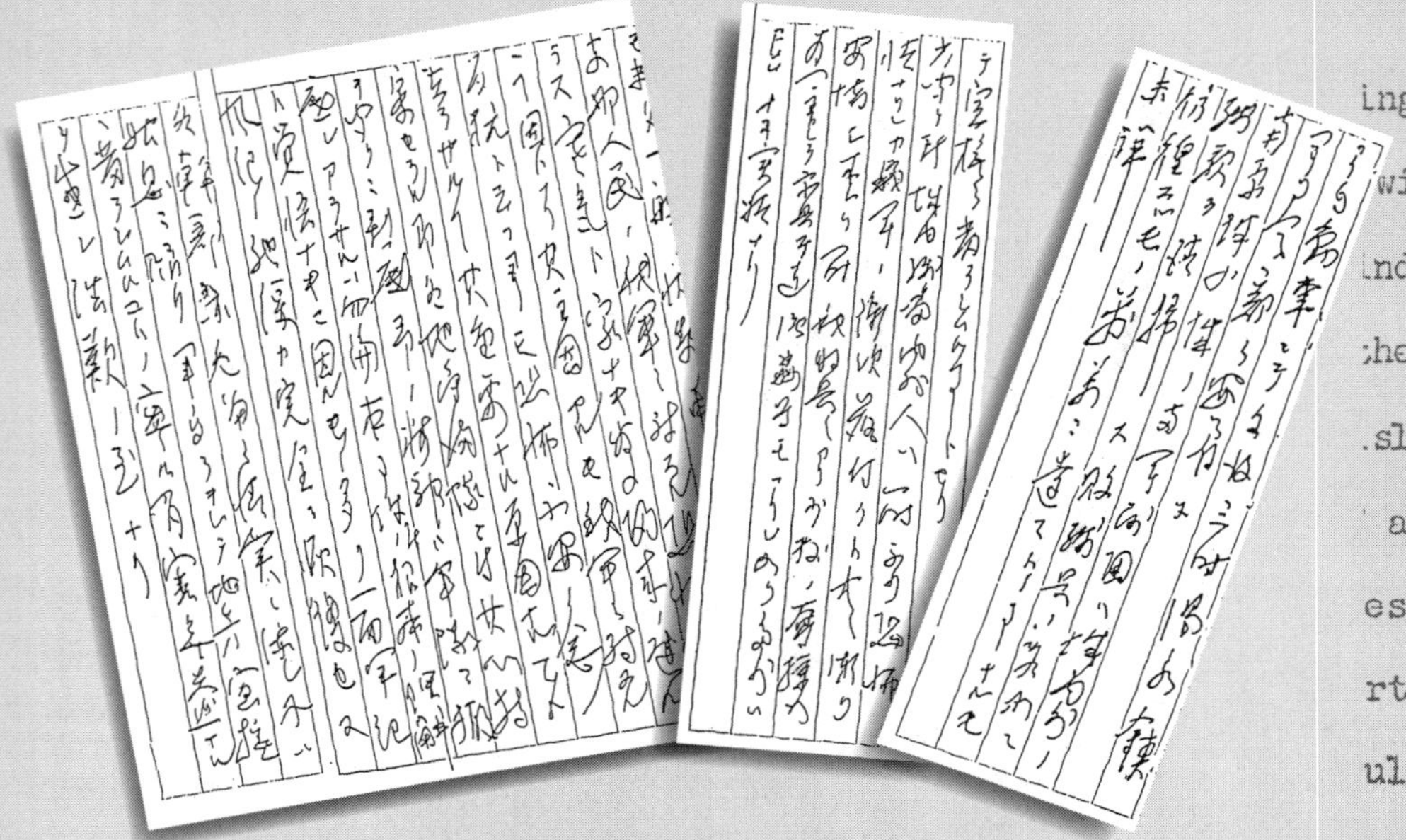

松井の直筆。板倉由明「松井石根大将『陣中日誌』改竄の怪」（「歴史と人物」昭和60年冬号）より。

具合に、改竄というより誤読によるミスと思われるものも多い。とはいえこれだけでも、史料編纂として問題があることは間違いない。

その上、確かに「意図的改竄」としか思えない部分もある。

例えば、将兵による少数の略奪、強姦などがあると聞いたことに関して日記原文で「多少ハ已ムナキ実情ナリ」と記している部分が、「多少は已むなき実情なれど洵《まこと》に遺憾なり」となっていた。いくら原本が読みにくいといっても、誤読でこの字句が加わるとは考えられない。

他にも松井が、自分の精神が軍隊に徹底せず、支那事変に対して根本の理解と覚悟のないものが多く、軍紀・風紀の乱れが回復せず、各幹部は情実に流れまたは姑息に陥り、軍自らの宣撫工作はむしろ有害無益の感があると嘆いている部分が丸々1ページ分欠落している。これも重大である。

このような「意図的改竄」は、確かに松井に対する心証をよくする方向に向けて行なわれている。ただ、板倉はこれを「改竄の方向がすべて南京事件の否定に向かって揃っている」と評しているのだが、これも言い過ぎではないだろうか。松井の日記にはもともと虐殺が行なわれていたという記述などなく、「虐殺があった」という日記を「なかった」と改竄したわけではないのである。

そうはいっても、改竄との批判を免れないことには違いなく、この点で田中を弁護しようとはわしも思わない。ただ、田中がこの改変に及んだ心境については推測してみたい。

　田中は板倉がそれ以前の論文で表明した疑念に対して「私が改竄するような小細工をする人間だとお考えでしょうか」と強く抗議したことがあり、板倉もそうまで言うなら改竄はあるまいと信じていたという。また、板倉が改竄を指摘した後、田中は原文の文字の難解さによる誤記、脱落や、日記に挟まれていた東京裁判対策のメモを日記の一部と勘違いして記入したミスは認めたが、「意図的改竄」については終生否定し続けた。あるいは本人は、本当に改竄したという意識がなかったのかもしれない。

　牛村圭は、「松井の無念を晴らさんとする積年の思い」や、東京裁判の国際シンポジウムで発言した際に「松井を擁護する機会を得られなかった悔しさ」のために「松井日記を校訂しているうちに松井と自分の境目がつかなくなっていったのではないか。それが、原史料の改変という結果になったのではないか」と推測している。確かに、教科書やマスコミで「南京大虐殺」が既成事実化されていく真っ最中だった当時の状況を考えれば、松井大将に対する思いが強すぎたあまりに筆が走ってしまったのかもしれない。

　板倉は田中の『〝南京虐殺〟の虚構』に資料提供などの協力をしており、もともと田中に対して悪意も敵意もなかった。

　板倉は南京戦における捕虜処断などを「虐殺」と認識し、1万〜2万の虐殺があったという説を採っており、捕虜処断も虐殺には当たらないとする田中とは立場を異にしていた。

　しかしその相違はどちらかといえば虐殺の定義の問題であり、むしろ「大虐殺」を掲げる朝日新聞・本多勝一を徹底批判し、東京裁判史観の克服を唱える点など、板倉と田中は認識を共有する部分の方が多かったのである。板倉にしてみれば、あくまでも学術的誠実さから指摘を行なっただけであろう。しかしこれが、思いもかけぬ悪用をされることになる。

　板倉論文を掲載した雑誌「歴史と人物」が発売される前日の昭和60（１９８５）年11月24日、朝日新聞の3面に「『南京虐殺』史料に改ざん」という見出しで8段抜きの大々的な記事が載った。さらに翌11月25日には、「『南京虐殺』ひたすら隠す」という題で7段の大きな記事が載った。朝日新聞が2日連続でこれだけ多くのスペースを割いて、たった一冊の本を批判した例など前代未聞である。しかも後者の記事を書いたのは、本多勝一であった。

　朝日新聞ならびに本多勝一は、南京虐殺に関する田中の批判に対して一切正面から答えることはできなかった。その代わりに、板倉論文を利用して田中個人の信頼性をなくそうという意趣返しをやったのである。田中が松井日記を改竄したからといって、朝日と本多の主張が正しかったことにも何にもならない。実に卑劣なすり替え戦術であるが、これが朝日新聞と本多勝一の手口である。そしてこの手口は大いに効果を上げ、今日に至っているのである。

11月24日付の記事には「900ヵ所、原文とズレ」との見出しが付けられ、本文中でも「九百ヵ所以上もの改ざん、誤記」と書いていた。記事を読んだ人の大半は900か所もの改竄を行なったと読み取っただろうし、現に今日でも「900箇所も改竄した田中正明」というような記述をよく見かける。

「南京虐殺」史料に改ざん
今春出版の『松井大将の陣中日誌』
900ヵ所、原文
雑誌編集
「事件」虚構 主張の編著 一部は加筆個所も
真相 深層
「南京虐殺」ひたすら隠す
田中氏の松井大将日誌改ざん
戦後の資料にも"創作" 上海と南京をすりかえ

上／朝日新聞・昭和60年11月24日付。
右／同 11月25日付。

しかし板倉の指摘は「送り仮名、漢文表記まで含めれば、その異同はおよそ九百ヵ所以上」というものだった。田中は現在の読者の便宜を考え、不少・可也・可然などの漢文表記を、少からず・成るべく・然るべくといった表記にしていた。また、送り仮名なども現代仮名遣いに直していた。普通はこういう場合、冒頭に「凡例」として断り書きをするのだが、史料編纂には素人だった田中はそれを怠ってしまったため、厳密な意味では間違いになるというものだった。朝日新聞はそういうものまで含めた900か所全てを「改竄」とミスリードする記事を書いたのである。

記事は田中と板倉のコメントも載せていたが、田中のコメントの最後には本人が言ってもいない「申し訳ない」という一言を加えていた。また、板倉のコメントには「加筆まで…許せない」というタイトルが付けられていたが、板倉は「どうしようもない」「全く残念だ」とは言っているが「許せない」とは言っていない。呆れたことに、改竄を告発する記事が、改竄をしていた。

11月25日付の本多勝一の記事では、「ひたすら虐殺の事実を隠すための工作につとめている」と決め付けていた。原文の日誌に「虐殺の事実」などどこにも書いていないことなどお構いなし。まさに本多の真骨頂というような記事だった。

結局のところ、その後田中に終生まとわりついた誹謗中傷は、板倉論文に起因するものではなく、朝日新聞・本多勝一の意趣返し記事に起因するものだった。中島岳志は、田中の史料は全て信用できないように誹謗し、自分に都合のいいように田中の史料をつまみ食いしたが、これは朝日新聞・本多勝一の情報操作に乗っかった詐術だったのである。本多勝一の尻馬に乗る「保守」なんてありうるのだろうか。

板倉にとっては、朝日新聞が自分の論文を悪用して田中を攻撃したことは痛恨事であっただろう。板倉は「本多氏よ！汝こそ南京事件の〝改ざんの常習犯〟」と批判したが、載ったのは保守系のミニコミ誌で、朝日新聞の影響力には全くかなわなかった。

昭和62（1987）年、田中は『南京事件の総括』を出版する。現在小学館文庫に収録されている本の原書である。この本では前著と異なり、松井大将個人よりも南京事件全体の検証に重点を置き、当時論議されていた全ての論点を網羅した決定版といえる本だった。そしてこの本にも板倉は協力している。

その後も両者の親交は、板倉が亡くなるまで続いた。うちのスタッフの時浦も、板倉が亡くなる前年の平成10（1998）年、「南京プラトーン裁判」という南京大虐殺のウソ証言をめぐる名誉毀損裁判の傍聴席で、談笑している田中と板倉の姿を目撃している。

●板倉の集大成から消えた「改竄問題」

平成8（1996）年、中学歴史教科書に「従軍慰安婦」が掲載され、東京裁判史観は払拭されるどころか、ますます強化の一途をたどった。このような状況では、もはや松井大将の汚名を晴らすには南京虐殺の虚構性を訴えるだけでは足りず、戦後体制全てを変えなければならないと感じたのであろう。そして、かつて世界連邦に向かう理想と考えた憲法9条も、日本を戦えない国にしておく役割しか持たないと認識したのであろう。田中の発言に憲法批判など幅広い憂国論が見られるようになったのはこの頃からである。

一方、C型肝炎の持病と闘いながら研究を続けていた板倉は、余命わずかと知らされていた家族の勧めで、自身の研究をまとめた本の製作に着手。病院のベッドにも原稿を持ち込み、本の構成など詳細に打ち合わせをしていたというが、その完成を見ることなく平成11（1999）年に66歳で亡くなる。そしてその年12月、遺作となった『本当はこうだった南京事件』（日本図書刊行会）が出版された。

この本はまさに板倉の集大成であった。中には、4万人虐殺説を唱える秦郁彦が依拠した曾根一夫という元兵士の証言や日記が全くの虚構であることを証明し、秦を厳しく批判した論文も収録している。

なお板倉は秦とも親交があり、秦はこの本に追悼文を寄せて板倉を「無二の知友」と呼び、「田中正明氏による松井大将日記の改ざんを取り上げた大論文」に「目を見張った」と記している。しかし秦は著書『現代史の争点』で朝日新聞のミスリードを鵜呑みにして「松井大将日記を九百カ所改竄した経歴を持つ田中正明氏」と書いているので、本当にその「大論文」を読んだのかどうかは定かではない。もっとも秦は論敵に対して平気でデマを流す癖があるらしく、わしも同じ論文の中で「自由主義史観研究会の広告塔」と、全くのデマを書かれている。秦は後述する「松井大将の涙の訓示」をめぐって田中と論争になっていた。

秦のように、松井日記改竄の指摘を板倉の最大の業績と評価する向きもある。ところが板倉はなぜか自身の集大成となる著書に、その「大論文」を収録していない。そればかりか、巻末に載せた「主な著作・評論」のリストにすら入れていないのである。それは、何を意味するのだろうか。ここで故人の意思を忖度《そんたく》することは避けるが、少なくとも板倉が田中の改竄問題を自身の主要な業績に入れなかったことは事実である。

その『本当はこうだった南京事件』で、唯一板倉が田中の改竄問題に触れた箇所がある。それは「松井大将の涙の訓示」論争に関わる註釈である。

南京攻略戦直後に行なわれた慰霊祭で、松井大将が軍紀の乱れを嘆き、涙ながらに訓示したというエピソードが長らく伝えられていた。秦はこれをもとに、南京陥落直後という早い時点で、涙の訓示をしなければならないほどの虐殺が起こっていたと主張、さらに松井の古い考えが虐殺を誘発したように暗示し、虐殺を知っていながら責任逃れしたと誹謗した。

田中がこれを見逃すはずがなく、論争となった。田中は、松井の日記に記された慰霊祭後の訓示は「今後いっそう、軍紀風紀の振粛に努めるよう、罪なき支那人は極力愛撫して、皇軍になつくよう慈悲の心をもって臨め、外国権益の擁護には、いっそうの注意を怠るな」というもので、この内容を見ても、松井は泣いていないと反論した。

ところが板倉が検証したところ、そもそもこの慰霊祭の後に訓示はなかったのである。

実は慰霊祭はもう1回あった。五十日祭（仏式でいう四十九日）にあたる慰霊祭である。南京陥落から50日を経たこの時、心底から中国を愛していた松井は軍紀・風紀の乱れと中国人蔑視に失望し、日中友好を訴えて「涙の訓示」をしたのである。しかし出席者の誰も「大虐殺」を叱責されたと思った者はいない。「涙の訓示」のエピソードは、二つの慰霊祭を混同した上に尾ひれがついたものだった。

松井日記には、最初の慰霊祭の後に訓示をしたという記述はなく、欄外に別の場所で行なった訓示の内容が書き込んであった。田中はこれを慰霊祭後の訓示のように書き換えていたのだ。

板倉はこの件に関して、註釈でこう書いている。

「田中氏は松井日記の各所を改ざんして発表しているが、この『訓示』もその一つである。これは、田中氏自身にとっても惜しいことであった、というのは、この時田中氏が日記を忠実に読んでいれば、慰霊祭後の『訓示』の存在そのものに疑念が湧くはずで、そもそも慰霊祭後に訓示が無かったことになれば、当然『歴史』は書き換えられ、秦氏との論争は田中氏の勝ちであった」

これが、板倉が最後に遺した「改竄問題」の見解である。そしてこれにわしも同感である。ただ史料に忠実であればよかったのに、手を加えてしまったことは、当人のためにも残念なことだった。

いずれにせよ、改竄の事実を指摘した板倉由明でさえ、田中正明の全ての言説を信用できないと言っていたわけではない。そもそも田中が改竄をしたのは、南京虐殺が既成事実化されていく状況下、松井大将の冤罪を晴らそうという思いが先走っている真っ最中に、自ら発見した松井日記の校訂をやったというかなり特殊な事情に起因するもので、少なくともパールに関する記述で田中が改竄を行なうような事情は存在しないのである。

田中正明は松井大将を思うあまりに日記の改竄をしてしまった。しかし同時に、そこまで松井を思う気持ちがあったからこそ、占領解除の当日にパール判決書『日本無罪論』を世に出すという離れ業ができたことも間違いないだろう。

牛村圭が指摘しているように、占領解除の当時は「軍国日本を糾弾する論文を書けば、論壇の寵児になれる可能性はあった」という時代であり、学界で孤立する恐れを冒してパール判決書を紹介しようという法学者は一人もいなかった。田中がいなければ、パール判決書はさらに長期間にわたり埋もれたままだったかもしれない。牛村は、その困難な世相の中でパール判決書を世に出した田中の意義は認めるべきであるし、それは勇気ある先人への礼儀であろうと言う。わしもこれに全く同意する。

田中正明は平成18（2006）年、94歳で亡くなった。板倉も田中も鬼籍に入った今、「改竄問題」は論争史の一ページに位置づけるべきであろう。しかしながら田中が没した翌年、まるでその死を待っていたかのように「改竄問題」を利用し、田中を誹謗中傷して都合よくその業績をつまみ食いし、未だに「軍国日本を糾弾する論文を書けば、論壇の寵児になれる」という体制が続く学界・マスコミに受けるように、パール判決書をねじ曲げたペテン本が出るという事態に至ってしまった。

このようなことは田中にとっても板倉にとっても不本意なことであったろう。後世の人間は、先人の行ないを評価する際には謙虚でなければならない。たとえそこに瑕疵があったとしても、それはその時代、その人の事情を考えて冷静に見るべきであり、居丈高に非難すべきではないし、ましてやそこにつけこんで、誤った自説を正しく見せかけるなどという詐術を行なうことは許されない。たかが数十年後の世に生まれただけで、そこまで先人を侮る特権が与えられることは決してないとわしは思う。

パールに申し訳ない被占領日本人の体たらく
第19章
ゴーマニズム宣言 SPECIAL
「東京裁判史観」という言葉がある。
東京裁判判決によって流布された歴史観という意味だ。
しかし、パール判決書を読んでいくと、「東京裁判史観」という名称では立派すぎて、真っ当な歴史観の一説かと、ミスリーディングしかねないと思うに至った。
実は「東京裁判史観」とは、単なる「日本陰謀史観」にすぎないのである！
1928年1月1日から1945年9月2日までの出来事が全て「A級戦犯」として起訴された28人によるアジア・太平洋地域支配のための陰謀で起こされた…
…それが東京裁判判決に書かれた歴史観だ。

張作霖殺害事件、満州事変は
満州支配のための陰謀！
満州国の経済政策も、
経済支配のための陰謀！
学校教育の変化も
国内支配のための陰謀！
5・15事件や2・26事件は
政権獲得のための陰謀！
三国同盟も侵略拡張のための陰謀！
この間に日本の内外で起こったことは、
何でもかんでも「A級戦犯」たちの陰謀！
言ってることは、とにかくひたすらそればっかりだ。
パールはこれに対して、
一つ一つ丹念に反論し、
それらの出来事は全て
「陰謀」以外の理由で説明できる
ことを証明していく。
よく途中でバカバカしくなって
キレなかったなと思うくらいだが、
時折見せる「本官の意見としては、
全面的共同謀議という話全体は、
途方もない非常識なものであると思う」
といった記述の行間に、
呆れている感情がにじんでいるようにも思える。
今では「世界支配の陰謀」なんて、
007の映画にも出てこない。
サブカルチャーの
ライターの間では
世にはびこる「陰謀論」を
笑いのネタにするのが
流行ったりもした。
007
最も有名な「ユダヤ陰謀論」から
最近は下火のUFO・宇宙人に
関する陰謀説、あるいは
「アポロは月に行ってなかった」
のようなアメリカ陰謀説など、
あらゆる陰謀論を揶揄《やゆ》していたが、
こういう連中は、どういうわけだか、
戦勝国がでっち上げた
「日本陰謀論」だけは批判しない。
それどころか
「日本陰謀史観」の払拭を唱える
わしの『戦争論』の方を
トンデモ本扱いする有り様だ。

知的ぶりたい奴ほど「私はそんな陰謀論なんかの影響は受けていない」と言うだろう。

しかし、先の大戦を「大東亜戦争」と呼ぶことさえ抵抗を感じ、それが侵略戦争であったということが絶対的無条件の前提になっており、その原因が全て日本国内のみにあり、対戦国側の悪意には一切思考が及ばず、日本だけが悪かったと無意識のうちに思っている。

こんなおかしな思考は「日本陰謀史観」に洗脳されていない限りは起こりえない！

洗脳されている者にその自覚はないのだ。

日本だけが「悪」だったと信じ、捏造してでも「日本の戦争犯罪」を告発することに血道を上げる朝日新聞。

日本にだけ戦争の原因があったと信じ、ありもしない「真犯人探し」に血まなこになる読売新聞や、半藤一利、保阪正康ら文春御用達の作家。

みんな「日本陰謀史観」の信奉者である！

讀賣新聞
朝日新聞
「日本陰謀史観」に異議を唱えれば「右翼」と呼ばれる。

歴史教科書なんかはとうの昔に「日本陰謀史観」の偽書に成り果てている。

今や、日本人の9割以上がカルト偽史に汚染されていると言っても過言ではない。

学者でさえパール判決書に何が書いてあるのか理解できないのもそのためなのだ。

こんな偽史に未来永劫
囚われ続けていいはずがない。
だからこそパールは東京裁判を
根本的に否定し、こう言ったのである。
「日本人はこの裁判の正体を正しく
批判し、彼らの戦時謀略に
ごまかされてはならぬ。
日本人が過去の戦争
において、国際法上の
罪を犯したという
錯覚におちいることは、
民族自尊の精神を
失うものである。
自尊心を失った民族は、強大国に迎合する
卑屈なる植民地民族に転落する。
日本は、連合国によって与えられた
〝戦犯〟の観念を頭から一掃せよ」
（『パール博士「平和の宣言」』36）
ところがこういう意見を聞くと、
「偏った、感情的な意見」だと批判し、
「東京裁判を全肯定も全否定もしない」と、
毎度おなじみの
「おりこうさんは、まんまんなか～」を装う
学者が必ず出てくる。
鹿児島大学教授・日暮《ひぐらし》吉延の
『東京裁判』（講談社現代新書）がその典型だ。
この本は、膨大な資料を駆使して
東京裁判がどのように行なわれた
のかを描いており、
少なくとも事実検証の面では
中島岳志ほどは悪質な本ではない。
しかし、著者・日暮の思想そのものが、
卑屈なる植民地民族に転落しているのだ。
東京裁判
日暮は、東京裁判を
「文明の裁き」とする肯定論も、
「勝者の裁き」とする否定論も
とらないという。
そして「勝者の裁き」だからといって
全否定してはいけない理由をこう言うのだ。
国際政治にも「規範」や「道義」は存在
するのに、日本人の「勝者の裁き」論は、
敗者のルサンチマン（弱者の怨恨）の
せいで「勝者の正義」も「日本の過誤」も
認めない。これは問題である。（日暮『東京裁判』31）
なんだ
こりゃ!?

国際政治に「規範」や
「道義」があるのなら、
「敗者・日本の正義」も
「連合国の過誤」も
あるだろう。
それが完全に見過ごされて
いるから、「勝者の裁き」は
否定しなければならないのだ！
そもそも日暮は、
ルサンチマンの意味も知らない。
ルサンチマンとは、
奴隷が奴隷であることを
肯定する理屈づけを見つける
心理状態のことだ。
やはり日暮も「日本陰謀史観」に洗脳され、
「正義は勝者に、過誤は敗者にしかない」
と思い込んでいる口なのだ。
そして、その卑屈な植民地民族の根性で、
パールの歴史観が偏っていると批判し出す。
「パルの事実認定には、思想的基盤
としての反西洋帝国主義が強く
反映していた」
結局、日暮もパールが自身の
イデオロギーで、判決書の内容を
ねじ曲げたと誹謗中傷している。
「ガンジー主義で判決書を書いた」
と言った中島岳志、
「反共主義で判決書を書いた」
と言った家永三郎と全く同じ穴の狢《むじな》だ。
パールはあくまでも
証拠に基づく事実認定しか
していない。
それをイデオロギーで曲げたと
言うのなら、具体的にどの事実認定が
どう曲げられているのか指摘しなければ、
学者としての見識が疑われても
仕方ないだろう。
しかし、日暮はそれを一切しない。
ただ、当時のインド人は、ごく一般的に
反帝国主義の感情を持っていた、
パールもそうだった、
だからパールは日本の行動を相対化した、
偏っていた「『反帝国主義』に立脚する
パル判決書の事実認定も著しく
政治性をおびていた」と決めつけて
いるだけだ。

連合国側の歴史観が絶対的前提になっており、そうでなければ偏っていると思うように思考をセットされ、他の情報が一切脳に伝わらなくなっている。
だから日暮は、いかに日本がアメリカの禁輸政策で切迫していたか、ハル・ノートがどういうものだったか、あれだけ詳細にパール判決書に書いてあるのを読んでも一切理解できず、平然とこう書く。
一九四一年の真珠湾攻撃、二〇〇三年のイラク攻撃のどちらも、切迫していない脅威にたいして先制攻撃を加える「予防戦争」だった。（日暮『東京裁判』273）
なんだこれは？追い込まれて先制攻撃した日本と、追い込んで先制攻撃したアメリカを同列に並べるデタラメさは異常だぞ！
そして、ハル・ノートについてのあの有名な「モナコ王国やルクセンブルク大公国でさえも合衆国にたいして戈《ほこ》をとって起ちあがったであろう」という言葉までも、「他人の無意味な比喩をさえ引用し」と揶揄している始末だ！
この「モナコやルクセンブルクでも」の言葉は、アメリカ人歴史家アルバート・ジェイ・ノックの言葉をパールが判決書に引用したものだが、
それでは日暮は、ノックも「反帝国主義」だったと言うのだろうか？
INTERNATIONAL MILITARY TRIBUNAL FOR THE FAR EAST
DISSENTIENT JUDGMENT OF JUSTICE PAL
KOKUSHO KANKOKAI, INC.
そればかりではない。パール判決書の事実認定のほとんどは、英国国際問題研究所など、数多くの権威ある欧米の学者からの引用に依拠しており、パール独自の判断として書かれてはいないのである。
日暮はそれら欧米の学者全てが「反西洋帝国主義」だったと言うのだろうか？馬鹿丸出しである。
ただ、こういう馬鹿史観で新書を書けば、ちゃんと保阪正康が帯に推薦文を書いてくれるわけだが。
東京裁判から60年 ようやく〈事実〉に基づく、冷静かつ実証的な研究がなされる時代がきたとの感に打たれた。〈歴史〉が待ち望んでいた書だ。

さらに馬鹿馬鹿しいことに、日暮はパールの国際法感覚については高く評価する。

ところがその一方で、連合国が言った「文明の裁き」も、たとえ不完全だったにせよ、国際社会の「法の支配」を見据え、正義や規範を追求しようとしていたものであり、完全否定すべきではないというのである。

どういう頭脳？

パールの国際法感覚は、東京裁判を「文明の裁き」どころか、「文明を抹殺するもの」と判断し、全面否定したのだ。

それを高く評価しておいて、なぜ同時に連合国の「文明の裁き」を部分的にでも認められるのか？

よくここまで支離滅裂なことを言えるもんだ。

要するに「全否定も全肯定も極端だ。足して2で割りゃ真ん中だ」としか思っていないのだろう。

日暮は、東京裁判とは「国際政治における安全保障政策」だったという。

日独を「戦争の罪悪」のシンボルとして「無害化」することが戦後国際秩序の安定化に有効と思われたというのだ。

そりゃ連合国の理屈としてはそうだろう。

しかしそれがいかに身勝手で有害無益な考えであるかも、パールが十分に指摘しているではないか！

そして今でも日本は国連の敵国条項に入ったまま、連合国に封鎖されている。

それでも日暮は
「裁判を全面否定するのは
正しくない」という。
中でも、戦後の国際社会において
特に対米協調は不可欠であり、
東京裁判を受容することによって
「戦後日本外交の対米協調への
転換を容易にした」のだから
「裁判の意義を認めている」と言う。
そして「国際関係の観点、日本の
国益の観点から認めるべきは
認めなければならない」と言うのだ。
何のことはない。イラク戦争の時、
「対米協調は不可欠だ！
それが日本の国益だ！」と叫び、
大義も正義もない攻撃を支持した
親米保守（ポチ保守）と、
言ってることが全く同じだ。
属国民のルサンチマンは
属国民であり続けるための
屁理屈をひねり出す。
日本には道義はいらない。
対米協調のみが至上価値。
自尊自立の精神を
捨てることが国益というわけだ。
つまり日暮は
こう言っているのだ。
「徹底的にリンチを
受けたから
アメリカの子分に
なれました！
リンチの意義を
認めましょう！」

パールは「リンチはいけない」と言ったのだ。
ところが日暮はそれに「反西洋帝国主義」のレッテルを貼って批判したのである。
反西洋帝国主義
ごーまんかましてよかですか？
60年経って、日本人はここまで劣化してしまった。
本当にパールに申し訳ない。

「日本無罪論」は
ミスリーディングか？
第20章
ゴーマニズム宣言
SPECIAL

日本の学者たちは「パール判決書」について論じると、「日本無罪論ではない」と決まり文句のように繰り返し、
そう言うことが良心的であるかのように装ってきた。
残念ながら牛村圭氏ですら、田中正明氏が「日本無罪論」という題名をつけたことを、「昭和二十七年という世相を考慮すれば、一種の必要悪を覚悟の上での普及のための賢明な選択だったのではないか」と評した上で、こう書いている。
敗戦から六十年経つ現在、「パル判決」は「日本無罪論」である、という形でまとめて紹介するならば、肯定否定どちらの立場に立とうと、それは為にする浅薄な解釈であるのは論を俟たない。
印度 パール判事述 田中正明編
日本無罪論
―真理の裁き―
はあああああああああああ

『「戦争責任」論の真実』(PHP研究所) 155

もちろん中島岳志に至っては、「日本無罪論」の名は完全否定である。

「日本無罪論」というミスリーディングな表現によって勝手な拡大解釈がなされ、ご都合主義的に流用され続けているのが現状である。

（中島『パール判事』14）

これにはもう笑うしかない。「ミスリーディングな表現」「勝手な拡大解釈」「ご都合主義的に流用」とは誰のことか、もう明らかであろう。

ったくよ!!

それでも「日本無罪論ではない」と言いさえすれば、学者がみ―――んな「いい子、いい子」とほめてくれるのだ。

御厨　貴（東大教授）

そもそもあの戦争について、パールは俗耳に入りやすい〝日本無罪論〟を唱えたのではない。

長崎暢子（龍谷大教授）

著者の力点は、小林よしのりなどによる、意見書の「一部分を都合よく切り取り、『大東亜戦争肯定論』の主張につなげること」を批判する所にあり、「日本無罪論にあらず」とする論理は説得的である。

山内昌之（東大教授）

パール反対意見書は、「A級戦犯無罪論」であっても、「日本無罪論」ではありえない。

この山内の言い方もよく耳にするが、
本当に「A級戦犯無罪」と「日本無罪」は別なのか？

実を言うと、そんな簡単なことは、本当に「パール判決書」を読んでいればすぐわかることである。

文庫版の最初のたった9ページを読んだ時点で、たちまち結論が出てしまうのだ。

ふろく

パールは判決書の冒頭、あの「同僚判事の判決と決定に同意しえないことは、本官のきわめて遺憾とするところである」の書き出しに続いて、検察側の起訴状を引用し、これから審理する被告たちの行為を確認する。

その上で、最初にこう断言する。

本官の見解によれば、ここに述べられた行為はすべて国家の行為である。

どうだ？

「A級戦犯」被告が起訴された行為は、全て国家の行為なのである！

ということは、パールの見解では「A級戦犯」の行為が無罪であれば、日本国家の行為が無罪ということなのである！

パールはさらに「そして、これらの被告がなしたとされている行為は、すべて政府の機構の運用にあたってなしたものであって、政府機構の運用の義務と責任は、時局の推移にともなってかれらの負うところとなったのである」と続けている。

被告たちは、途中で免訴になった大川周明以外は全員、国策遂行の立場にあった政治家と軍人である。

彼らは「時局の推移」に伴って正当にその立場に就いたのであり、不正な手段で権力を奪ったのではない。

つまりこの裁判で
裁こうとしていることは、
「A級戦犯」被告が個人の意志で
勝手にやったことではない。
この裁判で裁かれるのは、
単に被告個人ではなく
国家の行為、
日本国そのものである。
それをパールは「判決書」を
書くにあたって真っ先に、
明確に定義したのだ。
そしてこれは、
「パール判決書」全体の
前提なのである！
共同研究
パル判決書（上）
東京裁判研究会
「全被告無罪でも日本無罪ではない」
と言っている学者どもは、
「パール判決書」の最初の9ページ目に、
普通なら読み落とすはずがないほど
はっきり書かれている前提を
読み落として、後の1300ページ以上を
全部誤読しているか、そうでなければ
1ページも読んでいないかのどちらかである。
日暮吉延は、こんなことを書いている。
たしかにパル判決は「日本無罪論」として
独り歩きした。この場合、「無罪」という
言葉自体がミスリーディングだろう。
パルは「被告には刑法上の責任が認定
されない」と法的議論を展開したのに、
それが「日本には何の落ち度もない」と
いった広範な道義的議論であるかの
ように拡大解釈されているわけである。
まただ！
「道義的議論」！
薄らサヨクな学者は
法的判断としての「無罪」が
よっぽど嫌いらしい。
本当にそんなに反省したいのか？
『東京裁判』273〜274

田中正明氏は
『パール判事の日本無罪論』(小学館文庫)で、
はっきりこう書いている。

われわれは道義と法律を混同してはならない。極東国際軍事裁判は、文字どおり「裁判」なのである。裁判は法にもとづいて裁くのであって、感情や道義で裁くのではない。(20)

あくまでも法律論としての「日本無罪論」であることなど百も承知で言っているのに、道義的問題と混同しているなどと、やってもいないことを批判して中傷するのだ。

田中正明氏も、わしも、「パールは日本の戦争を全肯定した」なんて言ったことはない。当たり前だ。

「日本無罪論」は、「日本無謬論」ではないのである。

そもそも無謬の戦争なんてあるわけがないのだから。

それくらい誰でも理解しているものと思って議論を進めていたのだが、法律上の「無罪」と道徳的・倫理的な「無謬」の区別もつかず、「日本無罪」と言った途端に「日本無謬」、つまり日本は何一つ間違いを犯さなかったと判断されるものと思い込み、「パール判決書は日本無罪論ではない」と馬鹿の一つ覚えで繰り返してくる学者があまりにも多いので、わしはうんざりした。

無罪じゃない!

無罪じゃない!

無罪じゃない!

そこには「日本無罪論」という言葉に対する無条件の反発もあるのだろう。

「無条件の反発」とはすなわち「洗脳」である。

とにかく「日本有罪」でないと気が済まない、恐ろしいと感じてしまう東京裁判のスリコミが目を曇らせる。

そして「パール判決書」にはっきり書いてあるパールの言葉すら、目に入らない。見たくないからである!

そもそも『日本無罪論』というタイトルを、
パール自身も認めていたことは、
田中の証言や、パールが「日本無罪論」に
異を唱えた形跡が一切ないという
状況証拠から間違いないと、
わしは確信してきた。
印度・パール判事述・田中正明編
日本無罪論
―眞理の裁き―
そしてさらに、決定的な
一次史料が存在していたことが
わかった。
この史料は、わしも知らなかった。
ある高校生が見つけて、
携帯電話で「2ちゃんねる」に
書き込んだのである。
昭和27年4月に発行された
田中正明編『日本無罪論―眞理の裁き―』は
たちまち増刷を重ね、
6月には重版が発行された。
その巻頭には田中による
「重版に際して」という
ページが付け加えられ、
出版の経緯などが書かれている。
「この本は、決して『きわもの』的性格の
ものではない」という記述もあり、
当初からそういう批判があったことを
うかがわせる。
当時の学者が誰も
パール判決書を出版しようと
しなかった所以《ゆえん》である。
そしてこの「重版に際して」には、
パールが田中に宛てた
2通の手紙が掲載されている。
1通は、田中からの出版承認願いへの
返事である。
パールは、「法廷の判決は公の所有物でありまして
一般民衆の好むままに出版されて
よいのであります」と快諾している。
印度・パール判事述・田中正明編
日本無罪論
―眞理の裁き―
田中は「この博士のハッキリ割り切った
御手紙によって、初版のときに
問題となった版権に関する一切のことがらは、
すっかり解消したものと思う」と
記している。
版権についての難癖、非難の類も
かなり浴びたらしい。

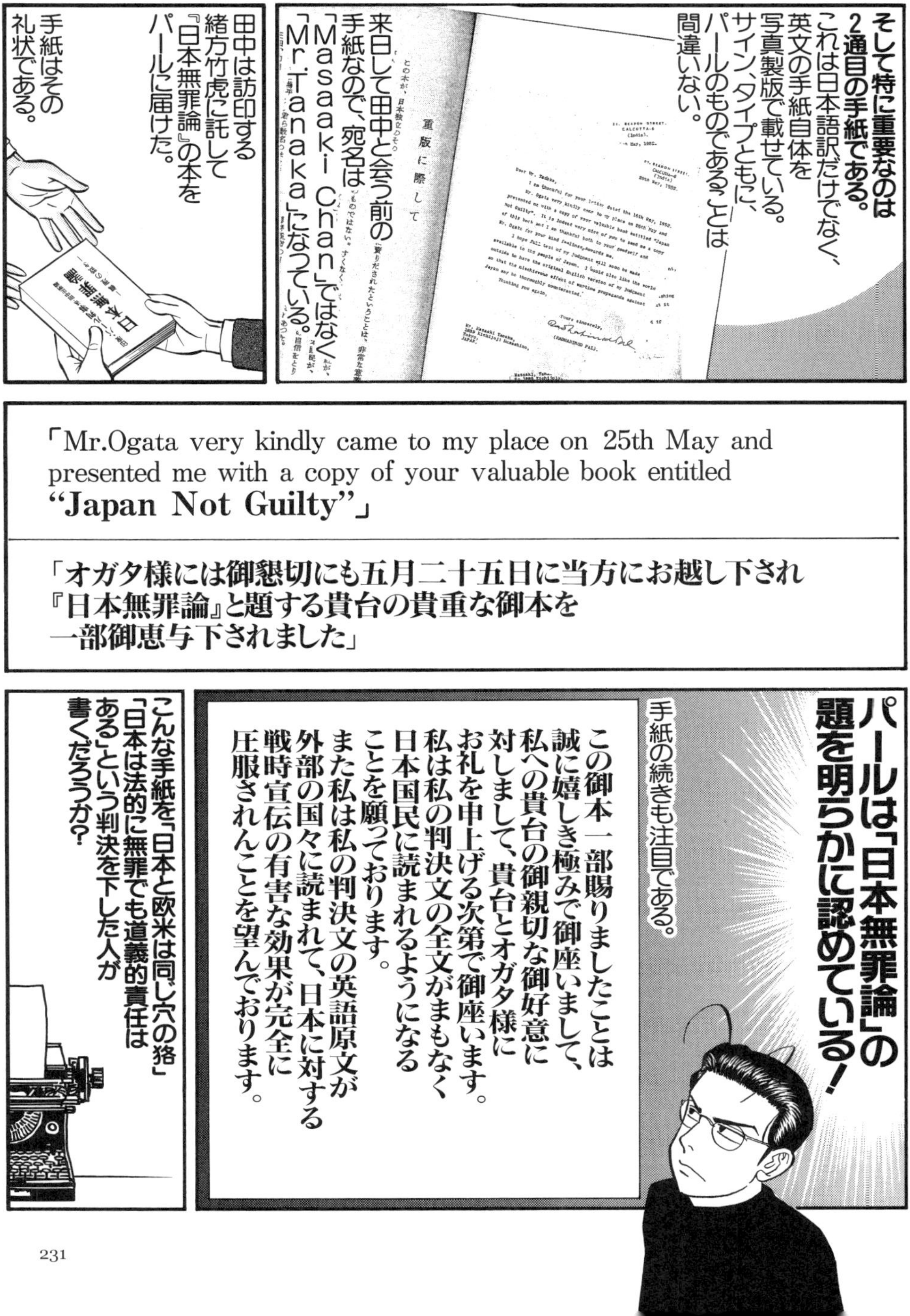

そして特に重要なのは2通目の手紙である。これは日本語訳だけでなく、英文の手紙自体を写真製版で載せている。サイン、タイプともに、パールのものであることは間違いない。

重版に際して
来日して田中と会う前の手紙なので、宛名は「Masaaki Chan」ではなく「Mr.Tanaka」になっている。

田中は訪印する緒方竹虎に託して『日本無罪論』の本をパールに届けた。

手紙はその礼状である。

「Mr.Ogata very kindly came to my place on 25th May and presented me with a copy of your valuable book entitled “Japan Not Guilty”」

「オガタ様には御懇切にも五月二十五日に当方にお越し下され『日本無罪論』と題する貴台の貴重な御本を一部御恵与下されました」

パールは「日本無罪論」の題を明らかに認めている！

手紙の続きも注目である。

この御本一部賜りましたことは誠に嬉しき極みで御座いまして、私への貴台の御親切な御好意に対しまして、貴台とオガタ様にお礼を申上げる次第で御座います。私は私の判決文の全文がまもなく日本国民に読まれるようになることを願っております。また私は私の判決文の英語原文が外部の国々に読まれて、日本に対する戦時宣伝の有害な効果が完全に圧服されんことを望んでおります。

こんな手紙を「日本と欧米は同じ穴の狢」「日本は法的に無罪でも道義的責任はある」という判決を下した人が書くだろうか？

今後は『日本無罪論』の
タイトルはパールの真意を
ねじ曲げるものだ」という
批判は一切通用しない。
パールは「判決書」の結論である
「第七部　勧告」で、
再び「A級戦犯」たちと
日本国家の関係について論じている。
ナポレオンはフランスの
統治権を国家から
簒奪《さんだつ》していたため、
連合国はフランス国家
そのものを敵とせず、
ナポレオンとその一派を
敵として戦争した。
ヒットラーもナポレオンの場合と
同一視できるかもしれない。
それにしても、
高校生よりも
資料収集能力が
なく、間違いばかり
を平気で流布して
いたのが日本の学者
というものだった。
だが日本はそうではなかったと
パールは断言する。
「日本の憲法は完全に
機能を発揮していた」
「これらの被告は憲法に従い、
また憲法によって規定された
機構を運営するためにだけ、
権力ある位置についたのであった。
かれらは終始輿論に服し、
戦時中においてさえも
輿論は真実にかつ活発に
役割を果したのである」
そしてパールはこう断定する。
「今次行われた
戦争はまさに
日本という国の
戦いであった」

「A級戦犯」といえど、憲法に従い、輿論に服し、日本国の機構を運営するために行動していたに過ぎない。

彼らの行為は単に東条英機とか、広田弘毅とかいった個人の意志に基づくものではない。

戦争を遂行した「A級戦犯」の行為は、日本国の行為である。

「A級戦犯」が全員無罪ということは、すなわち日本国が無罪ということなのだ！

「A級戦犯は無罪でも、日本国家は無罪ではない」と言った論者は、「国家」とはどういうものと認識していたのか？

憲法があり、国民の輿論があり、政府がある。

それとは別に、どうかに「国家」なるものが存在し、
その「国家」なるものを有罪だ、無罪だと裁けると思っていたのだろうか？

それはおそらく、国民と国家を切り離し、どこかに「国家」なる怪物がいると思っている左翼の思考であろう。

何のことはない。

「A級戦犯無罪は日本無罪ではない」と言っていた学者は、どんなに保守を偽装しようが、

「私は左翼です」と宣言していたに等しかったのだ。

英文で25万語という膨大な「パール判決書」の内容を、最も短く要約した人は「パールの義兄弟」平凡社創業者・下中彌三郎だろう。『平和の宣言』の序文でこう書いている。
平和の宣言
「東京裁判」を全否定した パール判事の真の思想とは
一口に言えば、「日本が戦争をはじめざるを得なかったのは、インドからシナへとなだれこんだ西半球の侵略が、日本八千万の生存をあやうくするまでにのしかかってきて、日本が生きるためにはそうせざるを得なかった。それは、日本人のこらずの意志であった。軍人や政治家は、この国民意志を行動にうつしたまでであった。日本に、日本人に罪はない」というのである。
まさにこれが正しい。「A級戦犯」は日本国民の意志を付託され、実行する立場にあっただけであり、彼らの無罪は日本の無罪なのだ。
パール判決書の「勧告」は文庫本で11ページという短いものである。日本とナポレオンの対比の後、ハーグ条約や国際連合憲章まで、いずれにも個人を罰する規定がないことを実証しており、「勧告」を読んだだけで「日本無罪論」であることははっきりわかる。
パールは「勧告」でこう言う。
たんに、執念深い報復の追跡を長引かせるために、正義の名に訴えることは、許さるべきではない。世界は真に、寛大な雅量と理解ある慈悲心とを必要としている。
第七部 勧告
東京裁判の批判と、真の平和構築のための提言が、パール判決書の「勧告」の趣旨である。

ところが中島は、パールが書いてもいない「日本の道義的責任までも『無罪』としたわけではない」「当然、その道義的罪は重い」という文句が、「勧告」にあるかのような、完全なデマを記している。

そして、日本の学者は誰一人としてたった11ページの「勧告」と読み比べてみることすらせず、嘘八百を垂れ流しにしたのである。

ごーまんかましてよかですか？

「時が、熱狂と、偏見をやわらげた暁には、また理性が、虚偽からその仮面を剥ぎとった暁には、そのときこそ、正義の女神はその秤を平衡に保ちながら過去の賞罰の多くに、その所を変えることを要求するであろう」

パールが「判決書」の最後に書いたこの予言が、実現する日は来るのだろうか？

第21章 解題パール判決書

本章は東京裁判研究会編『共同研究 パル判決書（上・下）』（講談社学術文庫）の翻訳と『Dissentient judgment of Justice Pal : International Military Tribunal for the Far East』（国書刊行会より復刊）の英文を参考にして、パール判決書の全体を要約・解題したものである。

第一部　予備的法律問題

「同僚判事の判決と決定に同意しえないことは、本官のきわめて遺憾とするところである」（＊）

この書き出しで始まる『パール判決書』は、東京裁判で11人中7人の判事によって作られた判決書に対する反対意見書である。

まずパールは検察側の主張する起訴状の内容を確認する。起訴事実は3類55訴因で、次のようになっている。

第1類　平和に対する罪（訴因1～36）

第2類　殺人（訴因37～52）

第3類　通例の戦争犯罪および人道に対する罪（訴因53～55）

検察側は、被告（A級戦犯）たちが「**全面的共同謀議**」によって、日本による大東亜地域の支配を目論んでいたと立証しようとしており、もしこの「全面的共同謀議」が立証された場合、特定の被告がある行為に実際に携わったかどうかには関係なく、直ちに有罪とされると主張している。パールはこの主張について次のように述べる。

「本官の見解によれば、ここに述べられた行為はすべて国家の行為である。そして、これらの被告がなしたとされている行為は、すべて政府の機構の運用にあたってなしたものであって、政府機構の運用の義務と責任は、時局の推移にともなってかれらの負うところとなったのである」

パールは冒頭から、A級戦犯とされる者たちの行為は個人としての行為ではなく、国民から選ばれた政府機構の一員として行なったものであるから、国家の行為であって、この裁判が国家を裁くことになることを示唆している。日本国が有罪か無罪かという判決が下されるも同然なのだ。

そして、この裁判には国際法上いくつか重大な問題が生じており、先にそれを解決しなければ、事実の審理には入れないと言う。

その重要問題とは、第一に、一国が他国を軍事的、政治的、経済的に支配することは国際生活において犯罪であるかどうか？

＊…『共同研究　パル判決書』より。以下、引用部分に関しては同様。

第二に、そのような戦争が国際法上犯罪となっていたかどうか。犯罪ではなかったとすれば、それを犯罪とする「事後法」は制定し得るかどうか、また、実際に制定されたかどうか？

第三に、政府を構成する各個人が、国際法上において刑事責任を負うとすることができるか？

これらの主要な問題は、それぞれ必要な場所で論じていくことになるが、それよりさらに前段階として、解決しておかなければならない問題がまだある。そういうわけで「パール判決書」は裁判に入る前の予備段階、「予備的法律問題」から始まる。

（A）裁判所の構成

全ての問題に先立って処理しなければならない問題は、これである。

「他ならぬ、東京裁判の判事に、その資格があるのか？」

弁護側は、判事は全て戦勝国から選ばれているため、公正な裁判はできないと主張した。

パールはその主張に十分理解を示すが、各判事は戦勝国から来てはいるが、個人として裁判にあたっていると述べる。ただし、各判事には「普通の誠実と正直より以上の」「道義的節操」が不可欠であり、不当な干渉が加えられたのではないかという一点の疑いさえ抱かせてはならないと諭す。

さらにパールは、「平和に対する罪」「人道に対する罪」は国家の行為であり、いかなる国家も他の国家の行為を裁く権利を有しないという原則があるのに対し、「厳密なる意味の戦争犯罪」は個人の行為であり、国際法上の根拠があるから追及できると判断した。

ただし、パールが言ったことは、あくまでもこの裁判で個人責任の追及が可能だということであり、実際に被告たちがこの件で有罪になるかどうかは別問題であるから今から審議しなければならない。個人責任の追及が可能としただけで、「パールが東京裁判の意義を積極的に認めた」などと主張する学者がいるが、間違いである。

パールは最後には「厳密なる意味の戦争犯罪」においても被告を無罪と判決した。しかるに多数派判事は有罪とした。パールはこの判決と決定に同意できず、反対意見書を書いたのである。

（B）裁判所の管轄権外の事項

次は、「東京裁判の裁判所は、いつからいつまでの戦争に関する犯罪を裁くのか？」という管轄権の問題である。

普通「終戦の日」は１９４５年８月15日と思われているが、国際法上の正式な終戦の日は降伏文書の調印が行なわれた１９４５年９月２日である。この裁判で裁かれるのは、１９４５年９月２日に終わった戦争に関する事件に限られなければならない。戦争に負けたからといって、国の存在する全期間にさかのぼって裁いていいわけがない。

カイロ宣言で連合国は、第一次大戦以降日本が得た太平洋諸島や満州、台湾、澎湖島等の剝奪、返還を求めており、ポツダム宣言でも同様の要求をした。検察側はこれを根拠に、第一次大戦以降の全ての事件が管轄権に入ると主張したが、パールは「**これらの両宣言はたんに連合諸国の意向を表明しただけのことである。法律上の価値のあるものではない**」と一蹴する。

パールはカイロ宣言、ポツダム宣言ともに、第一次大戦までさかのぼって「戦争犯罪人を処罰する」という意図を表明したものと読み取れるものはないと述べる。たとえ読み取れるとしても、連合国の単なる宣言にすぎず、法律的な権限までは取得できないと却下する。

したがって、満州事変、ノモンハン事件などは１９４５年９月２日のはるか以前に終結しており、東京裁判の管轄外だとパールは認定する。

ただし検察側は、１９２８年１月１日以降、被告28人が「共同謀議」して侵略戦争を計画・実行したと主張しているため、もしこれが正しければ、満州事変などもすべて管轄圏内に含まれる。そのためパールはこの問題の結論を「全面的共同謀議」の検証が終わるまで留保する。

（C）本件に適用されるべき法

ここで、最も大きな法的問題がある。「国際法以外に、この裁判所が適用すべき義務を持つ法はあるか？」という問題である。

東京裁判の裁判所は、１９４６年１月19日にマッカーサーが公布した「**極東国際軍事裁判所条例**」（「裁判所憲章」「チャーター」ともいう）に基づいて設置された。

この「裁判所条例」は、先に公布されたニュルンベルク裁判所条例の焼き直しだが、裁判長も主席検察官も任命できるなど、最高司令官・マッカーサーの権限が格段に強くなっていた。これが「平和に対する罪」「人道に対する罪」「通例の戦争犯罪」を重大な戦争犯罪と規定し、裁判の構成や権限などを定めている。

ではこの「裁判所条例」と「既存の国際法」、そして「東京裁判の裁判所」は、どういう関係性にあると見るべきなのか？

検察は、「裁判所条例」が裁判所の構成、管轄権、証拠手続き一切に関して決定的なものであり、何を犯罪とするかはこれに定義されていると主張した。だが、パールはこれを真っ向から否定する。被告の行為に犯罪性があるかないかは、当時存在した国際法に照らして決定すべきもので、終戦後に公布された「裁判所条例」に犯罪を定義する権限はなく、裁判所の機能と管轄を一切制限していないと断言するのである。

これは恐るべきことである。絶対的権力者として日本に君臨していたマッカーサーが公布した条例による拘束を完全否定したのである。しかもこれは、ほぼ同じ条例で裁いていたニュルンベルク裁判の否定にもつながるのである。

東京裁判の判決書を書いた判事たちは、マッカーサーの傀儡《かいらい》に等しく、裁判所条例には絶対服従だった。パールはそれらの判事たちと、ほとんど喧嘩腰の大激論を裁判の期間中約2年間、延々と続けたという。

続けてパールは非常に重要な指摘をしている。ポツダム宣言に書かれた「無条件降伏」という言葉の意味である。

サヨクはよく「日本は無条件降伏したのだから、何をされても仕方なかった」という言い方をする。一方保守は、ポツダム宣言の条文はあくまでも「全日本国軍隊ノ無条件降伏」に過ぎず、日本国は無条件降伏ではなく、条件付降伏をしたのだと主張している。

確かにポツダム宣言でも降伏文書でも、条文には「日本国軍隊」の無条件降伏しか書いていない。ところがパールは「無条件降伏」をしたのは国家か軍隊か、という問題には全くこだわっておらず、日本国政府が無条件降伏を受諾したものとして論を進めている。それならばサヨクの主張と同じになるのかというと、これが全く異なるのである。

一般論としては、無条件降伏とは、完全な敗北ならびに完全な敗北の容認を意味する。勝者の武力に完全に屈服し、その運命を勝者の掌中に委ねることを意味する。

しかしパールによれば、国際法においては、敗者は勝者のなすがまま、なんらの保護も与えられていないというわけではない。国際法および慣例は、こういう場合に勝者の権利義務を定めることになっているのだ。国際法においては、「**すくなくとも勝者に、生殺与奪の権を委ねる立場に敗者を、法律上立たせることはないのである**」。

しかも日本の敗戦の場合は、ポツダム宣言にも、降伏文書にも、日本の絶対的主権を戦勝国に付与するような条件は全くなく、まして日本のために法律を制定したり、戦争犯罪に関して立法したりすることを、許可するというような条文は何もない。

戦勝国に立法の権限はなかったと断言したパールが、戦勝国が作った日本国憲法を法律上どう捉えていたか、明白ではないか。

また、戦勝諸国は敗戦国・日本から権能を継承したとは主張していない。その戦勝諸国から権能を付与された最高司令官・マッカーサーは、日本の全権を握ったかのように君臨・統治していたのだが、それには何一つ法的根拠がなかったのである。

たとえ国家が無条件降伏した場合でも、戦勝国が全権を掌握したごとくに敗戦国に君臨することは国際法違反であるというのがパールの判断であり、そのために無条件降伏したのが国家か軍隊か、という問題については重きを置かなかったのだ。

（D）裁判所条例――これは戦争犯罪を定義しているか

さらに「裁判所条例」の問題が続く。

弁護側は、「裁判所条例」が犯罪を定義していれば「事後法」になり、無効であると主張した。

しかしパールは、連合国が好き勝手に過去を解釈して裁く権限を持つなどとは、ポツダム宣言にも降伏文書にも一切書かれていないと指摘。その前提で「裁判所条例」を解釈すれば、単にA級戦犯の行為を裁判にかけろと指定しているに過ぎず、それが犯罪に当たるか否かは裁判所が独自に「国際法」に照らして決定すべき、という見解以外は採りようがないと断言する。

ここでパールは実に含みを持たせた面白い言い方をするのだ。

「本官は、連合諸国が右の文書（ポツダム宣言や降伏文書）**においてなした厳粛な宣言に違反し、かつ、おそらくは、国際法および慣例までも無視して、かように重大な権力をあえて自己の掌中に握るであろうとは、瞬時も考えることができないのである」**

さらにパールは、なにゆえ自分が、連合国やマッカーサーが事後法で勝手に裁こうとしているなどというような「**無情な推定を下さなければならないか、理解に苦しむ**」とまで書いているのだ。

実際には「裁判所条例」は、ポツダム宣言も降伏文書も無視した事後法以外の何物でもなかった。つまりパールのこの記述は「壮絶な皮肉」といえる。

（E）定義――これは裁判所を拘束するか

パールは、たとえ裁判所条例やポツダム宣言がある行為を犯罪として掲げていても、それは制定者の政治上の決定に過ぎず、法的効力は持たないと強調する。裁判は国際法の下に行なわれなければならず、もし条例や宣言に裁判所が拘束されれば、この裁判所は「司法裁判所」ではなく、「たんなる権力の表示のための道具となるであろう」と強く警告する。

そして、パール判決書全体の中でも特に重要な意見が示される。

「勝者によって今日与えられた犯罪の定義に従っていわゆる裁判を行うことは敗戦者を即時殺戮した昔とわれわれの時代との間に横たわるところの数世紀にわたる文明を抹殺するものである。かようにして定められた法律に照らして行われる裁判は、復讐の欲望を満たすために、法律的手続を踏んでいるようなふりをするものにほかならない。それはいやしくも正義の観念とは全然合致しないものである。かような裁判を行うとすれば、本件において見るような裁判所の設立は、法律的事項というよりも、むしろ政治的事項、すなわち本質的には政治的な目的にたいして、右のようにして司法的外貌を冠《かぶ》せたものである、という感じを与えるかもしれないし、またそう解釈されても、それはきわめて当然である。儀式化された復讐のもたらすところ

のものは、たんに瞬時の満足に過ぎないばかりでなく、窮極的には後悔をともなうことはほとんど必至である。しかし国際関係においては秩序と節度の再確立に実質的に寄与するものは、真の法律的手続による法の擁護以外にありえないのである」

パールはさらに、いかなる条約からも、最高司令官マッカーサーには国際法を定める権限はないことを論証。また、国際条約を結んだ上でなら「事後法」を制定できると唱える学者もいるが、東京裁判ではそのような国際条約も存在しておらず、国際法上も条約上も、連合国に「A級戦犯」を戦争犯罪人として取り扱う権利はないと断言する。

そして、戦勝国が戦敗国に対し無制限の権力を持つと主張する者は、20世紀の今日には一人もいないはずで、もし戦勝国が勝手に犯罪を定義して処罰できるならば、**「その昔戦勝国がその占領下の国を火と剣をもって蹂躙し、その国内の財産は公私を問わずすべてこれを押収し、かつ住民を殺害し、あるいは捕虜として連れ去ることを許されていた時代に逆戻りするにほかならない」**と警告。重ねて、もし国際法が戦勝国に事後法を許したならば、**「数世紀前に、確か前に進むつもりで旅路についた国際法が、いつの間にか出発点に逆戻りしていることに気がついて、唖然とするであろう」**と記している。

連合国の言った「文明の裁き」は、パールにとっては明らかに文明を数世紀逆行させるものであった。

(F)戦勝国――法律を制定しうるか

パールはここで、交戦国には捕えた戦争犯罪人を処罰する権利があるが、戦勝国が自己の見解を強行して、法律まで制定して裁く権利はない、ということを数人の国際法学者の説を引用しつつ主張する。

戦勝国がどういう見解を示しても、それがそのまま法律上も正当であると見なされるわけではない。征服者は国際法以上の権利を何も持たないというのがパールの見解である。

よって、国際裁判所は誰によって設置され、誰によって構成されていても、征服者によってなんら拘束されるものではなく、東京裁判の裁判所はマッカーサーの「裁判所条例」には拘束されないとする。

（G）戦勝国の主権に関する理論

続けて検証するのは、この問題である。

「裁判所条例の制定者には、A級戦犯を裁判するために、何が戦争犯罪に当たるかを定義する立法をする権利があったのか？」

これは「主権」の問題である。ニュルンベルク裁判の場合は、ドイツの降伏により、ドイツの立法権が戦勝国に移ったという説や、戦勝国は犯罪を定義する立法権を有していたとする説が唱えられた。しかしこれは国際法上誤った考えで、特に後者は「**すべて戦敗者を即時殺戮した昔の時代と今日の時代との間に横たわる、数世紀の文明を抹殺するものである**」とパールは断じる。

戦勝国には、国際法が定義した戦争犯罪について捕虜を裁判にかける権利はあっても、その裁判のための立法をする権利はない。

つまり、一国が捕虜に対して持つ権利は、その国の主権によるものではなく、国際法によって付与された権利である。戦勝国といえども、あくまでも国際法の下に置かれる存在である。裁判所条例も、あくまで国際法の権威の下にのみ公布されるのであって、主権の行使として新たな立法をしたものではない。戦勝国は戦敗国民や占領地に対する関係においてさえ、主権者ではないとパールは述べる。

戦勝国がドイツの立法権を継受したかはあまり明確ではなかったが、日本は主権を戦勝国に付与しておらず、日本政府は引き続きその機能を果たすことを許されている。それにドイツの場合でさえ、無条件降伏すると主権的立法権が戦勝国に移るという考えは、国際法上全然支持されていない。

ここでパールは「占領」と「征服」の違いに注意を向ける。

占領とは武力で敵の全領土を占拠することで、征服とはさらにその領土を併合して、敵国を滅亡させることである。戦勝国は、占領しても征服までするとは限らない。敗戦国の政府を再建させ、占領した領土を返還することもある。

パールは、「征服」の場合は、戦敗国の主権を戦勝国が継受するのではなく、征服された側は国も主権も消滅したと解釈する。主権は国家から切り離せるものではないのである。

それはともかく、ここで扱っているのは征服の事例ではない。単なる占領である。戦敗国の主権が戦勝国に付与されることはなく、軍事占領国は被占領地の主権者ではないのは明らかである。

　次にパールは、ニュルンベルク裁判のジャクソン米国代表首席検察官が、「われわれは、審理なしにかれらを処刑もしくは処罰しようと思えばできる」と言い切ったことを強く難詰する。

　審理なしに処刑・処罰しようと思えばできるなどという権利は、現行国際法に認められていない。戦争が合法か違法はともかく、勝者は無制限の権力を与えられるものではなく、国際法によって権利と義務が確定、規律されている。現存する国際法を超越して犯罪に関して新定義を下し、その新定義による犯罪のかどによって捕虜を処罰することは、どんな戦勝国にも認められない。これは単に法の不遡及の原則の問題ではなく、むしろそれ以上に本質的な問題で、もしこのようなことを許せば、それは国際法が認めていない、戦勝国による権力の簒奪を許すことになるのである。

　以上、裁判所は「裁判所条例」に拘束されないと結論付けた上で、パールはこの見解に対する「ある方面」の異論を反駁《はんばく》する。明記してはいないが、これは明らかに英国のパトリック判事をはじめとする、東京裁判の他の判事たちを指している。

　その異論とは、裁判所条例によって裁判所が設置され、判事が任命された以上、裁判所条例の権限に疑義を挟んではいけないというものである。彼らは裁判所条例こそが裁判所に対する唯一の権力であり、各判事は裁判所条例に従い、服務することが絶対条件で、最高司令官・マッカーサーが越権行為をしているかどうかを審理する権限もないという見解を示している。

　しかしパールの見解では、東京裁判の裁判所はあくまでも既に存在する国際法に基づいたものであり、裁判所条例でさえ国際法の下にある。よって裁判所は国際法に基づき、裁判所条例が国際法上有効かどうか、越権ではないかを審査する権限を当然有していると断言する。

　これは、裁判所条例を唯一絶対の権威として判決を下した多数派判決を根底から否定すると同時に、ニュルンベルク裁判をも否定するものであった。

　パールは連合国がその正義を誇示すべく日本とドイ

ツで大々的に行なった裁判の意味を、たった一人で覆したのだった。

（H）侵略戦争――犯罪であるか

東京裁判で検察側は、世界中の全ての戦争が国際法上の犯罪だとは主張せず、あくまで訴追した日本の戦争が非合法だと主張した。

そのため二つの問題が現れる。第一に、検察の主張する戦争が、国際法上の犯罪だったか否か。第二に、犯罪だったとすれば、被告個人たちに、国際法に基づき刑事上の責任があるか。これがこの先の検討課題になる。

パリ条約以前

まずは、検察側が主張するような戦争は国際法上の犯罪であったか否かを、時代別に検討する。

第一次世界大戦以前は、どんな戦争も国際生活上の犯罪とはならなかった。「正当な」戦争と「不当な」戦争には画然たる区別があると主張する人は時には存在したかもしれないが、国際社会に影響することはなかった。その上でパールは次のように記している。

「いずれにせよ、『不当な』戦争は国際法上の『犯罪』であるとはされなかったのである。実際において、西洋諸国が今日東半球の諸領土において所有している権益は、すべて右の期間中に主として武力をもってする、暴力行為によって獲得されたものであり、これらの諸戦争のうち、『正当な戦争』とみなされるべき判断の標準に合致するものはおそらく一つもないであろう」

第一次大戦以降も、戦争を「疾病の症状」と論述したり、戦争の非合法化を訴える人はいたが、依然としてすべての戦争は国際法上合法とされていた。

パリ条約以後

問題は、１９２８年に調印された「パリ条約」（ケロッグ・ブリアン条約、不戦条約ともいう）によって、戦争が犯罪と見なされるようになったか否かである。

国際法の権威の間でも意見が分かれているが、パールは、パリ条約は現存の国際法には何の影響ももたらさなかったという意見である。

パリ条約は「国家の政策の手段としての戦争を放棄することをその各自の人民の名において厳粛に宣言

す」と唱えている。これは憲法9条の原型になったともいわれている条約である。

第一次世界大戦後、侵略戦争を違法化し、各国の軍備を必要最小限にとどめる国際協定を結ぼうという動きが起こるが、その最初の試みである１９２４年のジュネーブ議定書は各国が批准せず、不成功に終わった。

１９２７年、フランスがアメリカの第一次大戦参戦10周年を祝賀する際、フランス外相ブリアンが、米仏両国間で戦争を不法行為化する相互協定を結んで記念日を祝賀しようと提案。以後、米国務長官ケロッグとブリアンの間で条約案が検討され、ケロッグの提案で、米仏二国間だけでなく、ソ連を除く当時の全ての強国、独・英・伊、そして日本と共同提出することとなった。これがパリ条約である。

英国は受諾に際し、英国にとって重要な地域を攻撃から防護することは自衛措置であり、パリ条約の制約を受けないという「必要条件」を主張した。

米国でもケロッグが、自衛権は各国領土の防衛のみには限られず、自衛権がどんな行為を含むかは、各国が自ら判断する特権を有していると言明した。

結局、パリ条約は各当事国それぞれの利益のための留保条件で穴だらけだった。法律とは各人の意思にかかわらず義務が発生するものでなければならないのに、パリ条約が課する義務は、それぞれの国家の意思で決められる。これでは「法律」とはいえないというのがパールの見解だった。

また、「自衛権」は国家の基本的権利である。ヘーゲルは「国家の保存のために行われることはなにひとつ非合法ではない」とまで断言している。他国からの脅威には予防的先制攻撃が認められ、その場合、表面上は侵略的に見えても、本質的には防御的行動であると唱える説もある。

結局、侵略と自衛の概念が確立しておらず、当事国自体の「良心的判断」にのみ任されていたため、パリ条約では交戦国が自ら「侵略の意図をもって始めた」と公式に声明した戦争しか非合法とはならなかった。

パリ条約は、違反すれば不利な世界的輿論が起こるというだけのものだった。各国は世界の輿論を非常に重要と考え、プロパガンダの重要性も増したが、法的問題には何の変化ももたらさなかったのである。

パリ条約以外

それでは、パリ条約以外の理由で、何らかの戦争が犯罪または非合法とされていたのであろうか。

(i)慣習法の発達によって

侵略戦争を犯罪とする国際慣習法は既に発生しており、その証拠として平和に関する国際的宣言がいくつもなされているとする学説がある。

しかしパールはこの説を否定する。各国が自衛権の行使を自ら判断する権利を手放さず、この大問題が国際法の範囲外に置かれているという状況のままで、慣習法が発達するわけがなく、国際的宣言はせいぜいそれを発した人々の所信表明にとどまり、何ら実行が伴っていない。

またパリ条約締結後、ソ連による中国に対する敵対行為、日本による満州事変、ペルーによるコロンビア侵入など数々の武力行使が行なわれたが、どれも不法とはされておらず、何の慣習法も成立していなかったのである。

(ii)国際法は進歩する制度であるから

国際法は慣習や古く確立された原則を、法律家が新しい事態に適用することで進歩する制度である。よって東京裁判で裁く戦争を、新たに違法としてもよいと検察側は主張した。

何人かの国際法学者も、人道の観念の拡大によって、今や国際慣習は侵略戦争を国際的犯罪とするまで発展したと唱えている。

しかしパールは、国際社会はまだそこまでは達していないと述べる。第二次大戦前には「人道の観念の拡大」について、列強は何の兆しも示さなかった。日本が提出した人種平等案は否決され、植民地支配も問題にされなかった。今日では他国家を征服支配することは最悪の犯罪だが、第二次大戦前にそのような汚点を持たない強国はなかった。列強国全てが犯罪的だったと言いたいのではなく、これを犯罪とするほど国際社会は発展していなかったのである。

また、広島・長崎の原爆の被害に対して寄せられた人道的な言葉は、原爆投下以前には存在していなかった。原爆を使用した人間がそれを正当化しようとして使った言葉には人道など感じられず、それは第一次大戦中にドイツ皇帝が指令した残忍な方法を正当化した言葉と差異があるとは考えられないとパールは強く主張する。

パールは、現存の法を曲げてまで国家の行為を裁き、その責任を個人に負わせなくとも、未来の展望には何も影響はないと言う。戦後秩序の構築のためには東京裁判が必要だったと言う学者が、今の日本には現れるが、このような説はパールはとっくに否定していたのである。

法とはジグソーパズルのように、あてはまる場所と場合に自由に適用するだけのものではなく、安定性と一貫性が必要であり、「先例」が前提条件で、先例がない場合は新しい先例を作らなければならないと言われている。

ただしパールは、これが国際法に関する場合には注意すべき点があるという。国際法は国内法とは違い、関係当事国が全員一致で合意した規則だけが法の地位を占める。新しく作られた「先例」は、単に将来の戦勝国には有利に、戦敗国には不利なものになりうるのである。

国際社会は未だ国際法の支配下にあるとは言えない。イギリスのジンメルン教授は、国際法とは「しばしば、法の名をかたるもの『偽者ノ』法」とまで言っている。国際法は社会の必要に適応できず、一つの体系として出来上がることもできない。なぜなら国際法とは、単に多数の自己中心主義の国家が互いに接触してできたものに他ならないからである。

パールは「これが国際法のいまなお占めている地位」と認め、今後も各国が主権を放棄して一つの社会を形成しない限り、国際法はこのような地位にあるだろうという。そして、このような提言は裁判官の任務ではないことは承知していると前置きした上で、「戦敗国民から戦犯を選んで裁判するという方法とは全く異なった方法」による国際法秩序の必要を主張する。

(ⅲ)裁判所の創造的裁量によって

現行法に戦争を非合法とする根拠が不足しているならば、裁判官が法に「創造的裁量」を加えるべきであるという勧告がなされたが、パールは同意しない。たとえ「平和に対する罪」を新たに加えることで、国際法の発展に貢献できる絶好の機会であるなどという魅力があろうとも、無理に法を、本来の法と違ったものにしてはいけないというのである。

各国を法の支配下に置く世界共同社会が実現するまでは、このような処罰は何の役にも立たないとパールは言う。その処罰は法によるものではなく、単に敗戦によるものにすぎない。法を犯しても、その後に武力で制圧されない限り法は機能しないというのなら、法の存在すべき必要がない。また、もしも今適用されようとしているものが真に法であるならば、戦勝国も同様の裁判にかけられるべきである。戦勝国の違法行為の追及を誰も考えつかないほど、世界が堕落しているとは思いたくないとパールは皮肉を込めて主張する。

(ⅳ)自然法によって

成文法にはなくとも、普遍的な人間の良心という「自然法」によって裁けるという主張もあった。しかし自然法の原理とは法と正義の根本的原則を述べたものに過ぎない。自然法の原理の実現こそ立法の目的であるべきだとは言えても、自然法の原理をそのまま実定法として認めるべきとはいえない。

各国家は独立の存在である。絶対的に正しい理論を世界中が認めたとしても、一国家が従う義務はそのような理論ではなく、国家間において実定法として承認された規則から生じるものである。

国際社会はまだ「世界連邦」にまでは発展していない。各国家が法の支配下にある団体として組織されていない。自然法の原理をそのまま機能させるには、まず諸国家の団体生活について合意が成立しなければならない。

以上、東京裁判の対象である第二次世界大戦の開始時までには、どのような戦争も犯罪ではなかった、というのがパールの判断である。その上で、「事後法」の助けを借りてまで、被告の過去の行為を処罰できるような「正義の原則」など自分は知らない、と非難している。

(Ｉ)個人責任

いかなる戦争も犯罪ではなかったという答えを出した以上、戦争を遂行した被告個人に国際法上の刑事責任があるか否かを論じるのは不要になる。しかしパールは、この件が法学者や政治家の議論の的になっているため、戦争が犯罪であると仮定して、個人の責任についても論じる。

まずパールは、日本国家の指導者などの被告の行為は「通常国家の行為」であり、国家の行為に関する個人の責任の検討であることを確認する。

この場合、問題は「国民に不幸をもたらした彼らの行動がどんなに誤っていたか」ではなく、「彼らが国際社会に対して責任を負うべきか否か」である。

混同している人が多いが、個人責任といっても、国内的問題と国際的問題とははっきり別々の問題であり、東京裁判で問われたのはあくまでも後者だけだったのである。

第一次世界大戦の際も、戦争を起こした者の個人責任は検討されたが、その際に困難となったのは、国際法上、戦争を起こすことは絶対的に不法としていないことだった。また仮に不法と認めたとしても、特定個人を国家の行為に対して責任ありとできるかには疑問がある。しかも現代の国家機構は複雑で、宣戦布告の責任者を特定することは困難であり、民主主義の時代には、その国民全部を起訴することになってしまう。この困難さと、国家独立の理論から、国家の行為を行なう個人は国際裁判から免除されるようになっていた。

一方、海賊行為は「国際法にたいする犯罪」とされ、どんな国でも処罰できるというのが通説とされ、この概念が奴隷売買の取り締まりなどにも適用されてきた。

しかしこの場合でも国際法を直接個人に適用しているのではない。国際条約で個人の不法行為を取り締まることに合意した場合は、各国が条約義務を履行するため、国内法などに条約の条項を取り入れて行なうことになっている。この見解はハーグ条約で明確に表明されており、こうして国家主権の侵害が起こることを避けてきたのである。

ここでパールは、国際生活に「刑事責任」を導入するのは得策なのかという、根本的な疑念を呈する。

犯罪に刑罰を科すべき理由としては、改善刑罰論（犯罪者を矯正するため）、威嚇刑罰論（同様の犯罪を再び起こさせないため）、応報刑罰論（私的復讐よりも公平に行なわれることを保証する）、ならびに予防刑罰論が言われてきた。

しかし敗戦者だけが裁かれるのでは、敗れさえしなければ侵略戦争もできるということで、制止的効果も予防的効果も期待できない。

また、戦勝者が後で勝手に決める規範によって処罰されるという恐怖から、規範意識が矯正されるなどということはありえない。

応報目的で刑事責任を導入することもできない。応報とは倫理的見地からもたらされる報いのことである。そのためには当然、犯人の道徳的責任を決定しなければならないが、そんな仕事は「どんな司法裁判所でさえも、できることではない」とパールは断言している。道徳的責任の判断は司法裁判所の仕事ではないと、はっきり明言しているのである。

そうなると、考えられる理由は「復讐」しかないが、この理由は東京裁判の遂行を要求している全ての人々が否認している。

パールは、不法行為に憤慨することは「道徳的義務」とさえ言えるかもしれないが、これと復讐の感情とは全く別個の感情だと言う。

不法行為に対する憤慨は、犯罪に対して向けられる。一方、復讐という感情は、犯罪人に対して向けられる。復讐という感情は、それを望むことによって何らかの福利を生む可能性がない限り正しいことではなく、既に行なわれた悪にもう一つの悪を加えることに他ならない。しかもこれを権利として容認することは、事実上社会的秩序を全て否定することである。

憤慨の念を表示する、妥当かつ可能な方法は何か。敗戦という偶発事項に依存し、敗者に対してだけ適用できるような方法は、いかなる倫理的根拠でも正当化できない。国際社会の現段階においては、世界の輿論を表明するだけで満足すべきであるとパールは主張する。

もう一つ、少数の責任者に刑事責任を科すことによって、多くの戦敗国民もこの責任者たちの被害者だったのだと世界に知らせ、戦勝国民が戦敗国民全体に対して抱いた憎悪の念を一掃して同情と好感を持たせ、将来の平和に対して、真の、実質的な、貢献ができるという理由も挙げられた。

パールは、その説が仮に正しいとしても、司法裁判所で個人を処罰することを正当化することにはならないと言う。そういうことは戦争責任の所在を調査する査問委員会を作れば容易に、しかも何ら不必要に法を曲げることもなしに同様の成果を上げられたはずである。

海賊行為、奴隷使役は一般的には国際犯罪と言われているが、正しい意味での「国際犯罪」ではないという意見もある。まず諸国家によって平和的基礎の上に「国際生活」というものが確立され、その平和に対して侵害または違反が起こった時、これを国際犯罪と呼ぶのであって、「平和な国際生活」自体が存在しない段階では、国際犯罪の概念は導入できないというのである。パールはこの見解に全面的に同意する。

諸国が国際法の支配下に入るような国際団体は実現していない。だからといって国際法が無意味ということではないが、そのような国際団体では「平和」は消極的意味しか持たない。

依然として国際関係の基底を成すものは列国による闘争である。平和的手段以外による紛争解決を禁じた条約や規約はあっても、実際に紛争解決を「平和的手段」で解決する義務は、その規定に含まれていない。ここには根本的なギャップがある。そして、このギャップを埋める手段は戦争しかない。

つまり「平和な国際生活」は未だ存在せず、「国際犯罪」の概念もまだ導入できないのが現状なのである。

以上の考察から、パールは次のように結論付ける。

第一に、国際生活では、いかなる戦争も犯罪もしくは違法ではなかった。第二に、国家の行為を遂行した個人は、国際法上何らの刑事責任も負うことはない。第三に、国際団体は、国家や個人を裁く司法手続きを持つべき段階には到達していない。

日本が採った行動の手段はさておき、目的そのものはまだ国際生活上、違法もしくは犯罪とはされていなかった。そうでなければ、全ての国が犯罪性を持っていることになる。ある国は実際に犯罪行為をなし、全ての強国はその犯罪国家との間に緊密な関係を継続して「事後共犯」となっている。しかし今日までどのような国家も、このような行為を犯罪としたことはない。

少なくとも第二次大戦前においては、国際法はこれらの行為を犯罪もしくは違法とするには至っていなかったというのがパールの見解である。

第二部 「侵略戦争」とはなにか

証拠調べに入る前に、まだもう一つ決定すべきことがある。「侵略戦争」とは何を意味するのかという定義の問題である。

シュワルゼンバーガー博士は、パワー・ポリティックスの下では侵略戦争と防衛戦争の区別は「たんに宣伝担当者だけの関与する事柄」だが、戦争が許される場合を限定するか、戦争を全く廃止しようと真剣に試みるには、この区別はなくてはならないと述べている。

国際法協会ではこの問題の検討は何度も先送りされ、「例年かならず起こる厄介事」になっている「難問中の難問」だった。

中には「侵略」の語の定義は必要でもないと言う人もいる。裁判所にとっては、ケース・バイ・ケースで決定することは困難ではないとも言われている。しかしパールは、言葉を定義せずにカメレオンのように変わりうるようにしておくという意見には同意しない。

どの戦争が侵略的かを決定するには、その戦争の原因や似たような戦争・事件と比較検討し、その戦争の本質的要素を正しく評価することが必要である。さらに、国際社会で「人道」が公言されてはいるが、未だに他国の支配下にある国家が存在するという事実から、この問題にはさらに難点が伴う。

要するに、他国によって主権を奪われている国で戦争が行なわれた場合、支配国にとっては「侵略」でも、被支配国にとっては「解放」となる場合もありうるのだ。この場合の「侵略」の判断には、支配国と被支配国との「現状」を変更する戦争であっても「侵略」と見なされるのか。しかし「人道」に基づくならば、被支配国民の利益を顧慮してはならない理由はないとパールは言う。

ここで、パールは本質的な法律観を語る。

「法による正義の優れている点は、裁判官がいかに善良であり、いかに賢明であっても、かれらの個人的な好みやかれら特有の気質にのみもとづいて判決を下す自由を持たないという事実にある。戦争の侵略的性格の決定を、人類の『通念』とか『一般的道徳意識』とかにゆだねることは、法からその判断力を奪うに等しい」

「どのような法の規則にせよ、それは流砂のように変転きわまりのない意見や、考慮の足りない思想といった薄弱な基礎のうえに立つものにしてしまってはならない」

困難であっても「侵略」の定義はしなければならないと言う所以である。また、パールが日本の道義的責任について裁くことはありえないということは、この記述からも窺える。

１９３３年、ソ連は他の数か国と「侵略を定義するための諸条約」を結んだ。

この条約では、他国に対して先に宣戦を布告した国、もしくは最初に戦争行為に及んだ国を侵略国とみなすとしていた。

しかし、日本を侵略国として訴追している国のうちソ連とオランダは、両国の方が先に日本に宣戦布告している。

特にソ連に関しては、防衛上必要だったと正当化できる事態とは言えない。既に敗北し、最初の原子爆弾攻撃を受けた日本に宣戦したのである。実際ソ連は、ただちに宣戦しなければならない危機が存在したとは主張しなかった。ただし、ソ連はパリ条約違反ではないという議論もあり得る。

いずれにせよここで注目すべきことは、ソ連・オランダの行為が侵略かどうかではなく、両国を含む訴追国が、侵略の定義を従来の説以外に求めなければならないと主張していることである。

従来の侵略の判定基準によれば、ソ連は日本に対して侵略戦争を開始した罪を犯したことになる。罪を犯した国々が、自国民中の犯罪者を放置しておいて、敗戦国の同様の犯罪者だけを一丸となって訴追しようとは、かりそめにも信じられないので、そのような結果を招くような「侵略」の判定基準は、一切採用できないと、パールはかなり皮肉っぽい結論を下す。

パール自身はどのような戦争も犯罪とされていないという見解である。だが、犯罪となる戦争とならない戦争があると仮定した場合、戦争を「正当化」し得る唯一の理由は、自衛のための必要であると言う。ある民族が自分の意に反して他民族の支配下に置かれるということは最悪の侵略であり、このような被支配民族を解放するために援助する行為は正当化しうるとパールは断言する。

問題は戦争を正当化しうる「自衛」の範囲だが、米国は開戦直前でさえ「合法的自衛行為」とは当事国自身が決定するもので、自衛とは近代戦の速度に即応するため、海外の戦略地点への軍隊配備にまで及ぶとしていた。

また、東京裁判でローガン弁護人が、自衛権は経済封鎖にまで及ぶと主張し、「一国からその国民の生存に必要な物資を剝奪することは、たしかに爆薬や武力を用い強行手段に訴えて人命を奪うのと変るところのない戦争行為であります」「この方法は、緩慢なる餓死という手段で、おもむろに国民の士気と福祉を消耗することを目的とするものでありますから、物理的な力によって人命を爆破しさる方法よりも、いっそう激烈な性質のものであるということさえできるのであります」と訴えたことに、パールは深い考慮を促す。

パリ条約を推進したケロッグ米国務長官も、自衛権は経済封鎖にまで及ぶと説明し、米国はパリ条約批准の際、条約は自衛権を少しも制限するものではなく、自衛権の内容と必要と範囲は各国が判定できると解釈していた。

検察側は、各国が「自衛」を独自に判断するには、本来の意味における自衛にあたる事態が存在すると本心から信じ、また、そう信じなければならない合理的理由があることが条件であると主張したが、パールは、ソ連の日本に対する戦争は、この条件をどれ一つ満たしていないと指摘する。

そして「侵略」の定義について、結論的にこう述べる。

「おそらく現在のような国際社会においては、『侵略者』という言葉は本質的に『カメレオン的』なものであり、たんに『敗北した側の指導者たち』を意味するだけのものかもしれないのである」

パールは、その戦争が正当化されるか否かを決定するには、他の道理をわきまえた政治家でも、同様の行為を正当と判断するか否かを確かめるべきだと示唆する。

パールは、自衛に関する法律は実質的にパリ条約以前のままであるが、国際情勢の何らかの変化によって修正されることがありえるとして、その上で考慮を要すると思われる事項を挙げていく。

中国における共産主義

１９１７年のロシア革命以降、共産主義は世界の悪夢となった。

通常、あるイデオロギーが発展したという理由だけで他国が内政干渉する権利はない。しかし中国における共産主義は、自己の法律、軍隊、政府、そして領土まで持ち、国民政府に対抗する勢力になっていた。これは事実上外国の侵入に匹敵するものである。

中国に限らず共産主義自体が、単に異なったイデオロギーの発展とは見られないことにも注意がいる。共産主義とは「国家の衰亡」を企てているものである。一般には共産主義とは正当な観念によるものとは思われず、共産主義者はその他の世界にとって真に信頼のおける安全な隣人ではなかった。

ただしパールは「かような感情が正当なものかどうかは、本官の論ずべきことではない」と続け、インドのネルーがソ連を賞賛した発言なども紹介している。あくまでも当時の共産主義をめぐる状況を説明しているに過ぎず、極めて客観的な記述である。

ここで問題となることは、共産主義の発展に脅かされる中国に対し、他国は援助を与える権利を有するか。また、他国は中国に持つ権益を守る権利を有するか。そして権利があるとすれば、それはどの程度まで及ぶかである。

戦勝国のある者は、共産主義国家と接触していては、自国の繁栄も安心な生活もできないと常に感じていたという。それでは、戦敗国・日本も同様に感じて政策を立て、行動する権利を有していたか否か。普遍的な基準による判断が求められるのである。

中国のボイコット

日本が中国で採った行動が侵略行為であったか否かを決定する際、中国のボイコットを全く無視することは不可能である。これは後に考察する。

これに関連して考慮すべき困難な問題がもう一つある。パワー・ポリティックスがあまねく普及した国際生活において、国の地位を維持するという目的は自衛に含まれるか否かという問題である。東京裁判において被告たちは、太平洋における行動もそのような防御的性格を有したものだと主張している。

パールは、パリ条約が自衛の判断を当事国各自に任せた以上、彼らがそう判断しても当然だったかを立証する必要があることだけを主張する。その際、他の列強がどう考えていたかが重要となる。列強は当時、その領土内における外国人の生命・財産の安全を長期間保証できないような国は、その被害にあった外国が占領または保護監督下においてもよいと考えていた。

パール自身はこの列強の考えを支持してはいないが、これは単なる理論ではなく、少なくとも西半球以外の地域において列強の行動の原則であったということを指摘する。

中立問題

もう一つ考察しなければならないのは、戦時中立の問題である。戦争が発生した場合、それに加わらず、交戦国双方に公平な態度をとる立場にある「中立国」に、どの程度の権利と義務があったのか。日本が中国と戦争を開始した後、他の「中立国」諸国が日本に対してどのような態度をとったかは、重要な論点となる。

中立法は、中立国を仮装しながら戦争行為をすることを禁止している。もしある国が、戦争中の一方の国への武器・軍需品の発送を禁止し、その敵国への発送は許可した場合、その国はもう中立国ではない。紛争に軍事的干渉をしたことになり、宣戦の有無にかかわらず、戦争の当事国になるのである。

日中の交戦中、米国はあらゆる手段を尽くして中国を援助した。検察側は、米国が中国に対して、経済的にも軍事資材の上でもかつてない規模の援助を行ない、しかも若干の米国民が戦闘に加わっていたことまで認めている。これは、その後の日本の対米行動の性格を検証する上で、重要な事実である。

経済制裁

次に考慮すべきことは、ある一国を懲罰するために、複数の国家が提携して一切の通商を断つ場合である。

複数国が合同で一国に制裁を行なうことには威力があり、成功した事例もあるが、だからといって、その行為に特別の合法的権利があるわけではない。制裁する側は、単に諸国の力を結集させて目的を果たしたという事実から、その行動に正当性があったかのように思いがちだが、その措置に合理性や正当性があったか否かは、制裁を受けた側の国に、本当に制裁を受けて然るべき理由があったか否かという、全く異なった考慮によって判断されるものである。

パールは、ある国による非合法行為を諸国が切実に憂慮した際には制裁発動もやむをえないが、効果が強力である分、気ままに用いられたり、復讐の手段にされたりしないよう特に留意が必要であると警告する。その場合、制裁の対象となる行為が明瞭、単純で誤解の恐れのないものであること、制裁される側に公平な審理の機会を与えること、あらかじめ協定で行使する事件を決め、それに合意していた国に限定して使用すること、といった条件がある。

経済制裁を行なう国は、自らは平和を維持しながらある国を処罰しようとするが、国際法上は、もしその国が交戦国のうち一方を援助すれば、それは純然たる交戦国の行為であり、中立国ではないという判断となる。

ある国が条約に違反して戦争を開始しても、その条約で中立国の条件が変更されていない限り、他の国には中立国の義務が生じている。経済制裁によって戦争行為に歯止めがかけられたとしても、国際法の中立義務違反になるのである。

戦争を遂行している一国に対し経済制裁を行なうことは、その紛争に直接介入することと同じである。したがって、米国が日本に対して行なった経済的措置やＡＢＣＤ包囲陣の事実は、その後日本がそれらの諸国に対して採った行動の性質を決定する問題に重大な意義を持つ。

日本の行動が侵略的であったか否かを決定するには、それ以前に関係国が日本に対して行なった有害なプロパガンダ活動、経済制裁等を考慮に入れなければならないとパールは強調している。

条約その他に違反せる戦争

検察側は、条約、協定、誓約、および国際法に違反する戦争は犯罪であると主張し、日本が違反したものとして、19の条約、協定を列挙した。

パールは、条約、協定、誓約違反は、違法行為を犯していない限りは、単に契約違反を意味するに過ぎないかもしれないという。そして検察側が列挙した19の条約・協定のうち、ハーグ条約第1号、第2号、第3号とパリ条約以外は、戦争の法的判断とは関係のないものだった。

ハーグ条約第1、第2号（交戦法規）は、その効力について個人責任の項で検討した。パリ条約についても既に検討を終えているため、ここではハーグ条約第3号を検討する。これは開戦に関する法律である。

開戦に先立って宣戦を布告することが慣習となったのは19世紀後期のことで、それまではむしろ開戦を事前通告する方が例外的だった。その後も宣戦布告のない戦争は多く、事前通告の必要に関しては国際法学者の間でも意見は一致していない。宣戦布告は法律上の義務というよりは、むしろ儀礼の問題に過ぎなかった。ハーグ条約第3号でも単に契約上の義務を設定するにとどまり、宣戦布告のない戦争を非合法とするものでは全くなかったのである。

背信的戦争

検察側は、日本の戦争は単に条約協定等に違反しただけではなく、その計画自体が「背信的」だったと主張している。具体的には真珠湾攻撃がその「背信的攻撃」の代表で、「詐欺と欺瞞と不誠実にみちみちた全計画の象徴」だという。

パールは真珠湾攻撃については後で検証するとして、ここでは「背信的な戦争」とは何なのかを検討する。背信的な戦争とは、宣戦布告のない戦争ということとは全く異なる。完全に相手を欺いて、攻撃する意思が全くないように思わせておいて騙し討ちしたという意味である。

弁護側は、攻撃は事前に予期されており、背信とはならないと主張、それに対して検察側は、背信とは心の中の問題で、見破られたからといって背信がなかったことにはならないと反論。さらに、殺人、暴行、殴打、四肢の毀損、強姦、強盗、夜盗の被害者が、事前に犯罪が行なわれると知っていたとしても、犯罪の弁護にはならないと主張した。

パールは、裁判では「行動」があったかどうかが問題で、「心理」があったというのは犯罪ではないと判定。さらに日本が訴追されているのは殺人、暴行、殴打、四肢の毀損、強姦、強盗、夜盗のいずれでもないと検察の主張を退けた。

結局のところ、起訴状に主張されているような戦争を不正と判断するには、パリ条約違反を根拠にするしかないのだが、パールは既にそれには否定的な結論を下している。そしてこう述べるのである。

「ただもう一度つぎの点を述べておきたい。すなわち東半球内におけるいわゆる西洋諸国の権益は、おおむねこれらの西洋人たちが、過去において軍事的暴力を変じて商業的利潤となすことに成功したことのうえに築かれたものであると。もちろんかような不公正はかれらの責任ではなく、この目的のために剣に訴えたかれらの父祖たちのしたことである。しかし『暴力を用

いる者が、その暴力を真心から後悔しつつ、しかもそれと同時に、この暴力によって利益をうるということは永久にできない』と述べることは、おそらく正しいものと思う」

痛烈なる西洋諸国への批判である。

第三部
証拠および手続きに関する規則

パールは「厳格なる意味における戦争犯罪」以外は認めないという立場なので、それ以外の証拠について述べるのは不必要であるとしながらも、全部の審理を聴取した結果、東京裁判法廷における証拠に「明白な不確実さ」があるため一言するという。

裁判所条例では、従来の証拠手続き規定を採用せず、裁判官が自由に判断できるようになっていたため、法廷は通例ならば却下される伝聞証拠をも受理した。

伝聞証拠を除外するのは、反対尋問ができず、証明ができないからである。しかし提出された証拠の大部分は伝聞によるもので、しかも証人台から証言しない者は、証拠として受理されないという規則も守られなかった。

また、証人を出廷させる代わりに、法廷外で取った陳述書を提出することを認めたことで、事実上誘導尋問を禁止する規則も守られなかった。

被告の言明を取り扱う規則も、ほとんど絶望的な混乱をきたしている。「共同謀議」が存在したと十分に立証されてもいないのに、「共同謀議者」とされる者の言動が証拠として受理されるような状況だった。

パールは、検察側が証拠として重視した木戸幸一被告の日記の扱いにも注意を促す。単に日常を記録しただけの日記ならともかく、その筆者がある事件の細部まで全部を記録しようとする場合には、無意識のうちに筆者自身の主観が入り込み、記録全体を歪めることもありうる。筆者が第三者ではなく、全事件の主な当事者であればなおのことである。もっとも、場合によっては信憑性が保証されている日記もありうるので、日記は全然信用できないと言い切ることもできない。

一方、弁護側立証が終了した後になって、検察が本来の手続きならば認められないような手法で大量に提出し、法廷が基準を曲げて受理した「西園寺・原田回顧録」という文書については、パールは一切証拠価値を認めない。

これは元老・西園寺《さいおんじ》公望《きんもち》の秘書を務めた原田熊雄の膨大な回想録だが、原田が口述したものを速記、清書し、原田が訂正、西園寺も時々訂正を加え、さらに清書、校正と、いくつもの工程を経ており、しかも最初の口述の段階で、いつの話なのか、誰が何を言ったのかなどが混乱しており、速記者が手を加えていた。

その内容はほとんどが伝聞と憶測で、作成の動機にも問題があった。政治上の諸事件について従来知られている話に異議を唱え、原田が気に入っている人々の行動が正しかったと訴えることが目的だったのである。原田は被告となっている者の大部分を嫌悪しており、しかも関係者が全て死に絶えた後世まで、これを公表しない計画だった。つまり一切反駁される恐れもなく、事実を曲げて誤った記述をしたとしても、見破られる心配もなく語った代物だった。

一般に、第三者の「意見や信念」は全く証拠とならず、受理されない。証人が陳述すべきことは自身が見聞した「事実」のみであり、そこから結論や意見に達するのは判事や陪審員の職務である。ところが、検察側証拠に関しては単なる証人の意見・信念まで証拠として受理された。

ただ、証人の「意見」は、法廷では判断が下せない専門的な研究、訓練、経験等を必要とする事項に限っては証拠価値を持つ。

ところが法廷は、意見・主張は証拠にならないという原則を弁護側証拠に対しては厳しく適用し、数多くの証拠を却下した。その中には、米英の元駐日大使の証言や、当時の日本の政治家の意見、事件の評論や当時の事情などが含まれていた。パールはこれらの証拠を却下したのは不当だったと断じる。日本の行動が侵略的であったか否かを判断するには、当時の日本の指導者らがどう考え行動したかを検証する必要があり、そのためには各国の政治家、外交官、記者等のその当時における見解、意見、信念の持つ証明力は大きく、この裁判に極めて価値があり、肝心な証拠的事実であったという。

裁判所条例によって証拠採用の基準が極端に甘くなっていたとはいえ、実際には完全無制限ではなく、ある程度の証拠制限規則が存在した。しかしこれにも問題があった。

反対尋問で、反対側の証人から有利な証言を引き出そうとする場合、主尋問の内容から離れた、広範囲の事実に関する証言を求めることがある。これは英国の規則では認められているが、米国では主尋問の内容以外は尋問できない。東京裁判では、米国の規則が採用され、弁護側は検察側証人から有利な証言を引き出せる可能性があったにもかかわらず、それが認められなかった。

さらに、伝聞証拠でも採用でき、文書の場合は原本がなければ写しや内容を記した二次的証拠でもいいという甘い基準だったにもかかわらず、ある文書については細心な厳密さで原本を提出するよう求めたダブルスタンダードがあった。検察側が何通でも伝聞証拠を提出するのを受理する一方で、弁護側だけには最良の証拠を提出するよう求めたのである。

また、日本政府の新聞発表は「プロパガンダ以外の何物でもない」として却下しながら、検察が提出した連合国側の新聞発表は証拠として採用した。

パールはこの矛盾を指摘し、プロパガンダはしばしば悪用されるとはいえ、必ずしも偽りであるとは言えず、また、新聞発表が一面的だとしても、検察側の言い分もまた別の一面であり、どちらにもある程度の不確実性はあると述べる。そして、検察側が提出した疑わしい資料で法廷記録を埋め尽くしておいて、今さら弁護側に証拠に対する健全な規則を適用するのは、既に手遅れではないかと痛烈に皮肉っている。

たとえ「証明力がない」と却下された証拠でも、部分的には証拠価値が存在する場合がある。証拠を一つ一つ別々に見て却下するような扱い方は危険である。証拠価値を判断し、そこから推論するための基準は何もない。それぞれの事件にそれぞれの特質があり、常識と鋭敏な心の動きでこれに向かわねばならないのであり、証拠の効力については各判事の自由裁量に委ねるべきだとパールは主張する。

その上でパールは却下された証拠に関する意見を述べる。例えば、満州は日本の生命線であるという日本国民の輿論が、審理に関係ないと却下されたのは疑問だという。外交政策は国益の維持が主要課題である。もちろん国益の存在が国民輿論だけで証明されるわけではないが、別の証拠で国益が存在したと立証されれば、国民輿論の存在は、その国益に対する国民の関心の高さを証明し、外交政策決定を左右した証拠となるのである。

また、国際条約の条文解釈よりも、実際に条約締約諸国の行動によってもたらされた意味の方が重要であり、ソ連と東欧諸国の関係などに関する証拠を却下したことにも疑問を呈する。

さらに、１９２０年代に欧米諸国が中国に対して行なった非難声明や紛争から、日本が起こしたような行動は、他のあらゆる国が起こして然るべきと思っていたという状況を証明し、満州事変は必要、正当であったと立証しようとした弁護側証拠が却下されたことについても、パールは同意できないと述べる。

続けてパールは、証拠受理を却下された、中国における共産主義の発展や、ボイコットに関して詳細に論述する。

リットン報告書では、中国の共産主義の脅威を論評していた。満州事変以前に、福建・江西両省と広東省の一部は完全に共産化され、共産党の勢力範囲はさらに広大で揚子江以南の大部分と以北の一部にまたがり、上海は共産主義の宣伝拠点となった。中国の共産主義は単に政治上の主義や政党組織を意味するだけではなく、国民政府の事実上の競争相手となり、別個の法律、軍隊、政府および領土まで持っていた。

中国の混沌たる無秩序状態は、地理的に最も近接し、最大の顧客である日本を他のいずれの国よりもいっそう苦しめた。中国における居留外国人の三分の二以上は日本人だった。

リットン報告書の内容を見れば、弁護側が提出した共産主義の脅威に関する証拠は争点になったかもしれず、もしこの問題を考慮すれば、必ず弁護側の主張と同じように解釈するだろうとパールは言う。それが日本の行動を正当化したか否かは別として、検察側の主張を覆すか弱体化したというのである。

たとえ共産主義が単なるイデオロギーに過ぎなかったとしても、日本が中国に権益を持っている以上、無関心ではいられなかったし、しかも中国の共産主義の背後にソ連がいると日本が思ったことは当然であるかも知れず、また抗日運動とも結びつけて考えられたといった事情にも、パールは考慮を促す。

中国のボイコット運動の問題は、リットン報告書そのものが十分な証拠だという。

ボイコットは何世紀もの間中国人が慣用してきた手段だが、その後熾烈なる国民主義と結合、国民党は創設以来ボイコット運動を支持し、ボイコットが起こるごとに支配を増加して、その真の組織的推進者となった。

リットン委員会は、この運動は民衆運動であるとともに、主に国民党に支配された組織運動でもあると分析、官憲や法廷が十分に抑制しない不法行為が常に行なわれ、中国政府が一層直接的な役割を果たしていると結論付けた。

ボイコットに関する国家的責任を考えるには、その原因、方法ならびに影響を注意深く検討する必要があるとパールはいう。

単にある国の国民が、特定の国との取引を中止するよう申し合わせただけでは国際法違反ではないが、問題はそう単純ではない。

通商断交のために行なわれる行為が暴力を伴っているか否か。問題の行為が政府に指導された、政府の手段であるか否か。政府によって正式な政策として採られた行動であるか否か。外国人の生命、自由、財産を保護しなければならないとする国際法に、どの程度まで違反しているか。さらに、損害を受けた側の国は、被害の救済や予防のために、自衛手段に訴えることができるか、といった問題が発生する。

日本は中国において、条約によって特殊な権利を獲得し、その権利に基づいて多数の日本人が居住していた。その権益を保護する日本の権利はどの程度であったか、また問題のボイコットは、日本にその自衛権を発動させるに足るものだったのかなどを検討しなければならない。

国家が在外国民を保護する権利を持つことは、いまや十分確定されているとパールは言う。その権利がどの程度まで及ぶかは、具体的な事件の程度にかかってくる。中国における日本の場合は正当化しうるかという問題は別として、満州事変等は訴追されている「共同謀議」の産物ではなく、別個の立場から納得できる説明をすることが、証拠によってできるという。

もう一点、協定や条約の解釈、あるいは当事者がその協定・条約で何を意図していたかが問題になっている場合は、外的証拠を受理しても差し支えないとパールはいう。

国際法のどのような規定であっても、「交渉に携わった者の意図に照らして条約を解釈せよ」という規則ほど確立されたものはないという。それは条文そのものにも示されてはいるが、他にも調印や批准の際に添付された留保条件や、交渉中に提示された注釈、説明、了解、制限、または実際条件がある。

したがってパリ条約の解釈に意見の相違が生じた場合は、交渉に関する公式通信文だけではなく、関係したブリアン、ケロッグ、チェンバレンなど政府代表者の公式声明や、米国が批准の際に了解事項を提示した上院外交委員会の報告書等も当然考慮しなければならないという。

最後にパールは、証拠受理に関する矛盾について述べる。弁護側には、文書を24時間前に作成して検察側に配布しなければ使用を認めないとしておきながら、検察側には事前配布の必要を適用しなかったことなどがあった。

これに対してウェッブ裁判長は、証拠に関する規定がないに等しく、11人の判事の見解がまちまちであり、出席する判事の構成がその日によって異なる以上、裁判所の決定はその日その日で異なるのはやむを得ないと弁明した。

パールは証拠採用に矛盾が生じる事情にも一定の理解を示して、この部を終える。

第四部　全面的共同謀議

以上、第三部までは裁判の審理に入る前の準備が延々と続いた。これだけ準備が必要だということ自体が、東京裁判の異常性を如実に表しているとも言えよう。

そしてやっと裁判の本論に入るが、中でもこの第四部「全面的共同謀議」はパール判決書全体の半分以上を占める、まさに核心部分である。

（A）緒言

起訴状の訴因55項目のうち36項目を占める、東京裁判の主要部分が「平和に関する罪」である。検察側はこう主張する。

「被告25人が1928年1月1日から1945年9月2日までの間、侵略戦争で大東亜圏を日本の支配下に置くべく、包括的・継続的な全面的共同謀議を行った」

弁護側は日米開戦までの「十四年間にわたる相互に孤立した関係のない諸事件が寄せ集められ、ならべられているに過ぎない」と述べ、こんなことをすれば世界のあらゆる主要国は「侵略戦」を準備・挑発したことにできると批判した。

パールはこれを「適切な見解」と評し、さらに重要な指摘をする。検察側は共同謀議の直接証拠を何一つ提出できなかった。数々の事件や出来事を並べ、それが共同謀議の結果起こったと推論せよと言っただけだったのである。

そこでパールはその「推論」が成立するかを検証するが、その前にこの場合の前提事項を挙げる。

まず、問題の事件や出来事が検察の推論以外で十分説明できれば、これは「共同謀議」の証拠事実とはならない。

そして、ここでの目的は「共同謀議」以外で説明できるかどうかの検証だけで、日本の行動を正当化する必要はない。たとえそれが犯罪であったとしても、「看過しても差しつかえない」とまでパールは断言する。ここでは日本の行為が正当であったか否かは問題ではなく、まして「道義的責任の追及」などという論点は全く対象外であることを、あらかじめ宣言したのである。

（B）第一段階――満州の支配の確立

まずは1928年の張作霖殺害事件から1931年の満州事変まで。ここでは検察・弁護双方が「リットン委員会報告書」に依拠していた。

問題は事件の舞台となった「満州」という土地である。リットン報告書は、その地域には世界に類例のない「幾多の特殊事態」があると評していた。

パールはリットン報告書から、満州に関連して特に重要な事実を摘記するが、それはアヘン戦争にまでさかのぼっていた。

1842年アヘン戦争が終結、その結果中国（当時は清）の各地に外国人居留地が作られ、以後軋轢が続いた。清国は主権を次第に奪われ、領土を失い、国家の存続すら脅かされた。

日清戦争、義和団事件の惨憺たる結果から清は国政改革運動を始めるが既に遅く、中国を２５０年統治した清王朝は倒潰。各地は清の皇帝の権威に基づいていた役人に代わって強大な武力を持つ軍閥が支配し、軍閥同士の戦争によって荒廃、常時存在した匪賊は軍隊化するに至った。

満州の地は、広大で肥沃であるが19世紀末までほとんど開発されず、人口希薄で、中国や日本の過剰人口問題解決のため、次第に重要視されてきた。

特に日本の人口問題は深刻で、既に耕地の拡張は限界に達し、就職先をこれ以上増やすこともできなくなっていた。

最初、満州における衝突は日露間に起きた。

１８９５年、ロシアは独仏と共に三国干渉を行ない、日本が日清戦争で獲得した南満州の遼東半島を清に返還させ、その遼東半島を自らの租借地にして鉄道を敷設、さらに義和団事件に乗じて満州を占領した。

これが原因となって日露戦争が勃発。日本は辛くも勝利し、ロシアから南満州の特殊権利を獲得。以降、その経済開発を進めた。

日露関係は日露戦争直後に一転して協調関係となったが、１９１７年のロシア革命でそれも解消。ソ連軍隊は度々満州国境を越え、武力衝突を起こす。

日本にとって満州は、日露戦争で国の存亡を賭して戦った結果手に入れた、特別の土地だった。まして遼東半島は三国干渉でロシアに横取りされ、10年の臥薪嘗胆《がしんしょうたん》の末に取り返したのであり、日本人はこの地域に道義的権利があると確信を持った。また、満州は日本の「生命線」と称され、自衛のための戦略的重要性を持つ地域とされた。さらに四半世紀にわたって満州を発展させてきた日本側企業の矜持などもあり、日本人は満州における「特殊地位」を主張するようになったのである。

一方１９２２年、中国に対して利害関係を持つ米・英・仏・日・伊・蘭・ベルギー・ポルトガルに中国自身を加えた9か国が「ワシントン会議」を開いて中国問題を討議した。ところがその時中国には北京と広東に2つの完全に別の政府が存在し、しかも会議開催中に大規模な内乱が発生していた。

会議では中国側の要望は原則として認められ、国際協調で中国の困難を解決し、発展させることを目指す「九ヵ国条約」（ワシントン条約ともいう）が締結された。これは中国の主権・独立と領土保全を尊重し、締約国が中国で「特殊地位」を持つことを否定するものだった。

ただし日本人は、満州における特殊地位は、国際協定で左右されるものではないと確信していた。また、各国とも条約の実行には意見の相違があった。中国自身に十分な行政・警察・司法制度を整える能力がなく、中国の要望どおり権利を返還すれば、中国に存在する自国民の安全や利益が危険にさらされるからである。

しかもワシントン会議の終了後、会議に出席していた北京政府は内乱で転覆し、満州を支配する軍閥・張作霖は、新たに樹立された政府に対し満州の分離・独立を宣言。独立を自称する政府が少なくとも3つになった。

蒋介石の国民党が率いる広東の国民政府は、北京政府の中国代表権や条約の締結権を否定し、ついには関税会議も開けず、分裂した各地方政府ごとに商議を行なう有り様となる。しかも国民党は国際協調という条約の根本原則を無視し、政策として激烈で大規模な排外態度を採用し、軍備を拡張する。一方、中国の共産主義運動は相当な勢力を得て、国民政府と対決する勢力となった。

結局、9か国条約はどの締約国にも効力を持たなかった。9か国条約は明確な満了期限を規定していない。国際法ではこのような場合は「現状の持続する限り」と了解すべきであり、条件がすべて変化した以上、条約上の義務は終わったと弁護側は主張。パールはその主張を有力と認める。

中国の最も近い隣国であり、最大の取引先で、他の列強国よりも多くの国民が中国に滞在していた日本は、中国の数々の不安定要因にどの国よりも悩まされた。また、内乱や地方の騒乱の度に、自国民保護のため干渉する結果となり、そのような行動は中国を極度に憤激させた。

満州独立を宣言した張作霖はさらに万里の長城を越え、北京の支配者となる。日本は満州権益を守るため、張に中国の内乱に加わらず、満州開発に専念するよう忠告する。しかし張は蒋介石の中央政府軍と戦って敗れ、満州に引き揚げる途中、列車を爆破されて死亡。日本が共謀したのではないかという嫌疑が生じ、日中間に一段の緊張を加えた。

張作霖の息子・張学良は新たな満州の支配者となり、

父の敵だった中央政府に対して忠順を宣言。満州における排日運動は日々激化した。

リットン報告書はさらに、満州で起こされた数々のテロ事件に触れている。中でも中国兵が中村震太郎大尉らを惨殺した事件は、他のどんな事件よりも日本側の憤懣を悪化させたと記している。

そして1931年9月18日、満州事変が勃発。リットン報告書では満州事変を合法的自衛措置とは認めなかったが、現地の将校たち自身が自衛行動と考えていたことはありえると見解を示している。

パールはさらにリットン報告書から重要と考える点を挙げる。中国のボイコットの問題、日本の人口過剰問題、そして朝鮮併合である。

1905年の日英同盟新条約で、イギリスは日本が朝鮮を併合する権利を認めた。同様に1917年の「石井・ランシング協定」では、米国政府が中国における日本の特殊権益を認めている。

次にパールは1915年の「対華21か条要求」について、中国が「強制のうえで結ばれた」として否認しようとしたことを取り上げる。

国家間の契約も、個人間の契約と同様「同意の自由」は原則として必要とされている。だが、個人の間なら不成立とみなされる状態でも、国家間の場合では成立すると認められることがある。国際法上は武力や脅迫によって生じた協定でも無効だと解釈することはできず、当時の国家間の契約は武力をもって結ばれたものでも、自由に同意が与えられたものとみなすべきであるという。パールは朝鮮併合も対華21か条要求も、国際法上合法と明記していた。

検察側は、日本が満州および中国で持っていたあらゆる権益は、侵略によって獲得したものだと主張したが、パールは、その証拠は全くないと否定する。

しかも、たとえ侵略で権益を獲得したと仮定しても、日本の法的立場には全く関係ないと言う。この裁判の訴追国である西欧列強国が中国を含む東半球に持つ権益も「かような侵略的手段によって獲得されたもの」であり、パリ条約でも外国における権益を維持することは自衛権として認められると考えていたためである。

また、満州における特殊地位・特殊権益が日本の自存に必要なものであったならば、条約で日本の権益を奪うことはできないとパールは言う。

なぜなら「自存」とは「**たんに国家の権利であるだけでなく、同時にその最高の義務であり、他のあらゆる義務はこの自存の権利および義務に隷属する**」というもので、国際関係においても、自存の権利はその他のあらゆる権利義務に優先するからである。

法学者チェニー・ハイドは、長期にわたって外国人の生命財産の安全を維持できない無能力な国は、その被害国である隣国が侵入し、占拠しても正当化されるとまで言っている。

中国の共産主義の影響については、弁護側が提出した共産主義蔓延の危険性に関する証拠を裁判所が却下したため判断は下せないものの、今日でも共産主義の危険に対処すべく経済的・軍事的に大規模かつ急速な準備が行なわれている以上、日本が憂慮し、準備、行動したことに何も不思議はなく、少なくとも検察側が主張した膨大な「共同謀議」の理論など使わずに十分日本の行動の理由は説明でき、犯罪として裁く理由がわからないとパールは述べる。

パールは弁護側の主張を認め、リットン報告書に書かれた考察を正しく認識すれば、現在の訴追を無効にするのに十分であると結論付ける。

リットン報告書は必ずしも日本に不利な内容でもなかったが、国際連盟総会決議は日本を侵略者であると暗示し、日本軍が駐留を認められている南満州鉄道付属地まで速やかに撤収するよう求めた。

日本はこの勧告に従わず、国際連盟を脱退する。これを暴挙だったとする意見は多いが、パールの見解は全く異なり、国際連盟側に批判的である。

日本軍にとって、南満州鉄道付属地まで撤収することは、安全な自国領に撤収することとは全く意味が違った。そこはあくまでも「容易に包囲されうる外国領土を走る鉄道沿線」であり、もし撤収すれば「満州は以前よりもはるかに恐ろしい無政府状態および悪政に委ねられたことであろう」と考えられた。

パールは、国際連盟自身に満州の秩序を恢復しうる手段も、日本軍の安全を保障しうる手段もないのに、このような勧告をしたのは独断的だったと批判する。さらに、ヨーロッパが日本の特殊な困難に無関心だという国民感情が、満州事変という手段を採るに至らせたという意見や、条約無視と悪政を繰り返した中国に責任の大部分があり、これを改善しないと公平には扱われないと、ヨーロッパは中国に理解させるべきだったという意見もある。

いずれにせよ、日本が国際連盟を脱退したことについても、侵略計画や共同謀議の存在は認められない。日本を擁護しているわけではない。検察・弁護双方が依拠したリットン報告書を検証した結果、日本の行動は当時の中国・満州における特殊な事情により、やむなく起こされたと判断する以外にないということである。

パールはさらに、検察側の追加証拠でこの結論が否定されるかどうかを検討する。

まずは張作霖殺害事件である。検察側は、事件は関東軍（満州駐留の日本軍。「関東」は満州の別名）が張作霖を殺害して満州を日本の支配下に置くことを目指した、最初の共同謀議による行為だと主張した。

しかしパールは、たとえ検察の証拠を全部容認しても、証明できるのは事件が関東軍将校の一団が計画・実行したことだけで、「共同謀議」につながるものは「絶対になにもない」という。

しかも張作霖の後は息子の張学良が継ぎ、父の仇である日本に復讐を誓った。満州支配に都合のいい人物を後継者にするような計画や試みは何もなく、張作霖の死で日本が得をしたことは何もなかった。

検察側は、この事件により陸軍が政府の政策決定にまで公然と乗り出したと主張した。確かに当時の田中義一内閣は事件の影響で崩壊したが、だからといって事件が田中内閣を崩壊させるために計画されたなどという主張は「ばかげたこと」だとパールは言う。事件の策謀者が後継内閣を、自分たちに好都合なものにしようと目論んだような形跡は一切なかったのである。

さらにパールは検察側が依拠した3人の証言は全て伝聞や意見の類で、証拠能力はないと判断する。中でも陸軍少将・田中隆吉に対する評価は辛辣そのもので、ほとんど検察とグルのヤラセ証人だと断定している。それもそのはずで、田中の証言のほとんどは「事件の首謀者から直接聞いた」というものだったのである。パールは、田中とは日本の不法行為者が全員必ず打ち明け話をしに来るほど魅力ある存在だったらしいと皮肉り、この証人による証言は全く信頼できないと断定する。

パールは張作霖殺害事件の真相はリットン報告書と同様、不明としたが、事件の真相がどうあれ、それは

「共同謀議」とは全然無関係な別個の事件であると結論付ける。

なお今日では事件は関東軍の河本大作大佐が起こしたことが明らかになっているが、やはり「共同謀議」とは全く関わりのない事件だった。

次にパールは1931年9月18日の「奉天事件」（柳条湖事件）を取り上げる。

奉天郊外の柳条湖で満鉄の線路が爆破され、これをきっかけに関東軍が出動、一気に満州全土を制圧したが、検察側は、日本軍が事前に出動準備を整えていたことから、事件は日本側が起こしたものと主張した。

パールは、当時は日中間で一触即発の状況が続いており、日本軍が即時出動の準備を整えていても不自然ではなく、軍事力では不利だった中国側が、対日紛争に国際社会の干渉を引き込むために事件を起こしたとも考えられるとした。さらに鉄道爆破の損害が軽微すぎ、日本軍ならもっと上手にしたはずだと判断。どちらかといえば中国側を犯人とする見解に傾いている。

実際には柳条湖事件は、関東軍の石原莞爾と板垣征四郎が計画・実行したもので、列車の乗客に被害を出さないよう最小限の爆破に留めたというのが真相だった。しかし検察側は、パールに日本側の仕業だと判断させるに足る証拠を提出できなかったのである。

検察側は、張作霖殺害による満州支配が失敗したため、被告たちは次に満州事変を計画し、同時に計画推進のために政権を奪取すべく二度のクーデター未遂「三月事件」「十月事件」を起こしたと主張した。

しかしパールはその証拠を通り一遍の吟味にも堪えないと酷評する。何しろそれは「田中隆吉の証言」であり、例によって「共同謀議者」が全員必ず田中のもとを訪れ、陰謀の一部始終を洗いざらい話したという代物だったのである。

パールの事件に関する認識はリットン報告書の調査結果と変わらず、満州事変は「共同謀議」によるものではないと結論付けた。そればかりか、満州事変を侵略戦争ではなかったと明言している。というのも、当時はどこの国もそれを犯罪的行為として取り扱わず、日本との関係を継続したからである。もし満州事変が犯罪ならこれらの国は「事後従犯者」である。

さらに、日本は満州事変を自衛と主張する資格があり、パリ条約は何ら自衛の権利を制限していなかった以上、たとえ当時国際法で侵略戦争が犯罪とみなされていたとしても、満州事変は侵略戦争ではなく、「日本の行動を犯罪的であると非難しようとは思わない」とパールは結論付ける。

次にパールは、第一次大戦以降の日本の国際関係を再度考察する。

日本は四大連合国に列し、世界の一等国となったが、これを頂点として苦難の谷底へ転げ落ちていく。

ソ連は台頭し、抗日運動で中国への経済進出は挫折、大戦による好景気も「にわか成金」の膨張にとどまった。ワシントン会議で米英は慇懃だが執拗な外交攻勢をかけ、日本は不利な条件を呑まされる。さらに、経済不況の中で関東大震災が起き、致命的な経済的打撃を受ける。米国は移民制限法で日本人移民を公然と差別・排斥した。

日本の国際的地位は「国家主義的中国」「ソビエト連邦」「太平洋における英語国民」に四方から囲まれ、危険状態に陥った。と同時に国内事情も乱れており、これらすべてが日本政府の当時の外交政策に影響した。

ここでパールは日本の政策を正当化するために述べているのではないことを改めて表明する。ただ、どのような点においても共同謀議の存在は示されず、検察側の主張は常軌を逸したものだというのである。

（Ｃ）第二段階——満州よりその他の中国の全部におよび支配および制覇の拡張

次は、１９３１年以降の満州事変の進展から、１９３７年の盧溝橋事件までである。

１９３３年5月31日に塘沽《タンクー》停戦協定が調印されて以降しばらくの間、日中関係は好転。これは検察側も認めている。

パールは、満州に関する日中間の戦闘行為は１９３５年6月10日の梅津・何応欽協定で完全終結したと判断、「その後に生じた戦争における戦勝国」が、なぜ今になって当時の日本軍の行動を問題にするのか理解しがたいと言う。

１９３２年3月に満州国建国。9月、日本は満州国を承認して日満議定書を調印。11月には満州国指導方策要領を制定し、満州国の政治・経済を完全に支配する。一方日本国内では5・15事件で犬養首相が暗殺される。

検察側はこれらすべてが共同謀議によるものと主張するが、パールはその根拠が単なる論評、意見や伝聞情報ばかりであることや、本庄繁大将の遺書の内容から、共同謀議は存在しないと断定した。

次にパールは、興味深いことを論じる。なぜ日本は満州を併合せず、傀儡《かいらい》政権を作って「満州国」を建国するという「手の込んだ政治的狂言」をわざわざやったのか？　という問題である。

日本人が満州の権力を握るために必要だったわけではない。満州の支配権が関東軍の武力で確保されていることは世界中が知っていた。それに、公然と併合しようが満州国を作ろうが、中国にしてみれば大して変わらなかった。

パールはこれを、明治以降日本人の「固定観念」となっていた「西洋諸国のやり方を模倣したいという願望」のためと考えられるという。「併合」を婉曲《えんきょく》に言い表すために「保護国」という言葉を作ったのは西洋の帝国主義であり、そうしてフランスはモロッコを、イギリスは東アフリカの広大な領土を手に入れたのである。

また、日本が満州国を利用して行なったほとんどのことは、その先例を西洋の慣行の中に発見でき、「ほとんど学者的な正確さをもって倣っていた」という。

さらに、世界中の誰も信じていないことを真実だと執拗に言い続けた奇妙な心理状態も、日本人に特有なものではなく、第一次大戦後にフランスがラインラントを占領し、これはライン住民の希望だと主張した例や、ソ連がコミンテルンとは無関係だと主張した例を挙げる。

ここでパールはもう一つ、別の角度からの見解を示す。

張作霖殺害事件が起きるまで、日本は張政権を支援し、その反対者を抑えつけ、国民党軍の満州侵入も阻んでいた。この政策により、内戦が続く中国に比べて満州ははるかに安定しており、もし張学良が国民党の満州進出を認めたりしなければ、日本はおそらくその政策を続けたはずだというのだ。

そしてパールは、ある意味で満州国は『原状』回復である」という。多分に日本の保護国的色彩を帯びていたが、見かけほど新奇なものではなく、張政権時代の「日本の保護による満州人の自治、国民党抜き」という体制と大差なかったというのである。

リットン報告書は「満州国建国は、満州人民の総意ではない」と結論付けているが、パールはそれにも疑義を呈する。報告書は「名をあげていない人からの通信」を根拠としており、証拠に不満がある。また、報告書は満州には独立運動が全然なかったとしているが、それは完全に正確ではないかもしれない。なぜなら、張作霖政権は外国と正式の条約を締結するなど、主権国家としてあらゆる機能を果たし、事実上独立していたからである。また、張学良が南京の国民党政府に帰順する際、配下の将軍に猛烈な反対が起きている。

日本側の主張としては、張学良を強制的に放逐したことで単に以前に復しただけであり、ただ「法律上の」主権を主張して、合法的ならしめたにすぎないのである。

とはいえ、パールは二つの見解のどちらが正しいかは結論を下さない。あらかじめ傀儡政権を樹立しようと共同謀議をしていたという立証が、全くなされていないことを指摘するだけで十分だからである。

満州事変終結後、日本は満州以外にまで支配を広げた。これを検察側は、日本が１９３７年７月７日の盧溝橋事件より前に、華北地方の支配を確保するために行なったものと主張した。

しかしパールは、またも証拠が田中隆吉の証言であることを指摘。華北支配の拡大を共同謀議によるものとする証拠は見出せないとした。

パールはその中で特に「天羽《あもう》声明」に着目する。これは１９３４年４月の外務省情報局長・天羽英二の談話で、欧米諸国が中国に干渉することに反対する内容だった。検察側は、この声明を日本が中国征服計画を進めるため行なった共同謀議の証拠としている。

パールはこの声明が出された背景として、欧米の中国援助の実例を挙げる。中国資本と外資の協力案や経済援助、戦闘機の供給や航空基地の建設、軍事顧問団の派遣など、日本にとって軍事的影響を及ぼすと考えうるものが行なわれていた。

このような状況で天羽声明のような主張が行なわれることは、国際社会にも明白な前例がある。それは１８２３年に米大統領ジェームズ・モンローが宣言した「モンロー主義」である。自衛という理由に基づき、米国以外の国が南北アメリカ大陸の国・地域に干渉することを拒否するというものであり、なぜ日本の類似した主張が侵略的と言われるのかわからないとパールは述べる。

領土が近接している国家間には特殊関係が生じると

いう原則は、日本と中国の関係ですら、既に１９１７年の石井・ランシング協定で認められていた。協定自体は廃棄されたが、原則は依然として残存し、国際社会において行動の基準とされていたのである。

日本の対中政策には、幾多の複雑な要因があり、どんな有能な政治家にも不可避の条件というものが存在した。パールはその事情を被告の一人、広田弘毅の外交を通して語る。

塘沽協定調印後、日中が親善の度を深めた時期の外務大臣が広田である。広田は協調的政策を順調に遂行していた。前例のない財政危機に直面し、ブロック経済の強化で日本製品の締め出しが強まる中、日本経済は中国の友好協力を頼りにしていた。

次にパールは、２・26事件の後首相に就任した広田の置かれた立場に理解を示す。この時期に国政を司ることになった政治家は、満州事変によって発生した困難に直面せざるを得なかった。

検察側は、広田の政策が侵略的だったと主張したが、パールは「広田の政策こそ、まことに協調的なものであった」と断言する。

広田の政策で、日本は中国に政治・経済両面の協力を求めた。政治面では、一切の反日運動を公に鎮圧することと、日本の反共産主義運動に協同すること。経済面では日中経済ブロックの建設である。

世界中がブロック経済に向かっていた時代に、これを侵略的とか犯罪的とか非難することは不可能である。自国の支配圏域内の供給源開発は日本にとってこの上なく重要であり、日中親善を阻止しようとする外国の計画を承認しなかったとしても、少しも驚くにあたらないという。

さらに広田の首相就任と２・26事件の関係については、事件で岡田内閣が倒れ、広田内閣に代わったこと以外は何もないとした。

次に１９３７年6月9日付の東条英機の電報を取り上げる。中国政府に対して武力制裁も含む強硬な態度を採るよう進言したもので、検察側は、この電報から1か月経たずに盧溝橋事件が起きたと主張した。

ここでパールは「国共統一戦線の結成」に注目する。「国共合作」とも言われるが、１９３７年初め、ほぼ10年間内戦を続けてきた国民党と中国共産党が和解したのである。それは共産主義との戦いに中国の協力が不可欠と考えていた日本には大打撃だった。この和解はソ連の影響とも見られていた。

いずれにせよ、東条が強硬な提案を行なった理由は共同謀議ではなく、この事情で十分説明できるのである。一方、外蒙古（モンゴル）の蒙古人民共和国はソ連と親密な関係を続け、満州国・蒙古地区の併合を狙う陰謀も発覚。当時の情勢は非常に複雑で、単純に「共同謀議」のせいにできるものではなかった。

パールは被告の板垣征四郎が1936年3月に語った認識に着目する。地理的条件から、外蒙古が日満側に合体すれば、ほとんど戦わずして極東からソ連勢力を後退させうる。また内蒙古（現在の中国・内モンゴル自治区）を勢力下におけば、同一民族である外蒙古を懐柔し、西の新疆方面から来るソ連を封じ、ソ連と中国の連絡を遮断し、コミンテルンの企図を挫折させられるかもしれない。少なくとも満州の治安確立には役立つ。逆にこれを勢力下に置かなければ、外蒙・新疆からの共産化工作があっという間に満州国境に迫ってくることは明らかだという。続けてパールは、実際に日本は外蒙古と中国を分離するために、内蒙古の自治運動を利用したと見られることや、内蒙古の綏遠《すいえん》で起きた紛争を共産主義に対する戦いと称していたことを指摘している。

検察側が示した華北に関する叙述は、またしても「田中隆吉の証言」に依拠したもので、パールは一切相手にしなかった。

華北工作について、パールはここで考察を打ち切る。そしてその諸行為が正当であったかどうかの検討は、ここでは全然必要ではないという原則を繰り返した上で、次のような見解を述べる。

「本官は一国が他国の領域内に利権を保有することを是と信ずるものではないといわなければならない」

国家は、もし占有しようと望むものを獲得できなければ、死と破壊とに直面し、到底生存しえないという「妄想」を容易に思い込むものらしい。しかしここで問題なのは、そのような妄想に従って行動することが「許されるべきか」「正当化されうるものか」ではなく「非難されうるものか」である。

日本は、その生存にとって死活問題と考えた若干の権益を中国で獲得した。ほとんどすべての列強が、同様の利権を東半球で獲得し、彼らもそれを自国の死活問題と考えていたようだ。

その権益の獲得方法は、「正しい方法によったものはきわめて稀であるといっても過言ではない」が、どのような方法で獲得したものであれ、利権を死活問題と考えて確保しているという関係は厳として存在した。だからこそ諸列強はパリ条約で、自衛権の範囲を権益の保護にまで拡張した。中国における日本の権益に関する権利も、少なくともここでは欧米諸列強と同様の基準で評価しなければならないのである。

パールは中国問題で極めて重要な点として「内乱ならびにその結果として全国を覆った無政府状態」「国家的ボイコット」「共産主義の発展」を挙げる。いずれも前章でも触れているが、ここでも重要な問題となるのだ。

まず中国の内乱と無政府状態について。

一国が国家としての機構に破綻をきたし、絶望的な無政府状態になった場合、その国民はどの程度国際法の保護を主張しうるのか。

外国に対して国家としての権利を有するには、国民を代表する政府を持たなければならない。一つの政府が完全に一国を統治していればよいが、抗争しあう政府が複数存在する場合、いずれが国家の資格を継承するものと認めるか、決定するのは困難であろうし、かといってそれらの政府全てを承認すべきともいえないだろう。一国家として存続する資格を満たす要件は、「自国の外にたいして、自国を代表しうるところの一つの政府をもつということ」だけである。

では、一国を統治していた政府が反乱に遭って相当に弱体化してしまった場合、その政府が外国と交わしていた条約の履行はどうなるのだろうか？

それが当時の中国で起きていたことである。列強国は、条約で得ていた権利を保護しうる政府がなくなり、権益が消滅するのを傍観するわけがなく、実際に権力を握った者が政府の責任を引き継ぐべきだと要求した。

無政府状態とは、単に政府が全然存在しない場合だけではなく、複数の政府が抗争する場合も意味することがある。彼らは第三者の利害になど全く関わりなく、隣の地域を併合しようと野望を持つ。各々の支配者は、彼らが実際に統治している地域の外では、正当に引き継いだ法律的権利も、武力による物質的権利もなかった。

正当な権限を全く持たない、二つの全く別に独立した政府が存在する地域を、単一の国家として外国が扱うことはありえない。つまり当時の中国は国際法上「国家」とは認められない状態とパールは認定している。これこそ、当時の日本人なら誰でも知っており、現在の日本人は学者ですら認識していない事実なのである。

以上のことから、中国の無政府状態が実証されれば、華北における日本側の行動を正当化するか、少なくともそれを説明するのに大いに役立つとパールはいう。「中国侵略」といわれる日本の行動を、正当化しうる可能性を述べているのだ。

さらにパールは、日本軍が華北における平和を回復したかを調べるべきだという弁護側の主張を支持する。しかし法廷は日本軍が華北の治安を回復したことを示す証拠や、それ以前の中国の国情に関する証拠を却下したのだった。

次は「中国における共産主義の発展」の考察である。

この件に関する証拠も裁判所は却下したが、パールは英国国際問題研究所の「概観」から、中国における共産主義発展の事実を紹介、さらに、もし国が深刻かつ緊急な危機にさらされる場合、「自衛権」が最優先されると再度説明する。

当時の日本の中国権益に自衛権が適用されるかどうかは、共産主義に対する世界の恐怖、中国共産主義の成長とソ連との関係、ならびにそれが日本の中国権益に及ぼした影響を慎重に考慮しなければならない。そこで仮に自衛権が適用されず、日本の行動は正当化されないという結論が出たとしても、最低限、日本の行動が「共同謀議」によるものではないという説明にはなりうる。

にもかかわらず、法廷が証拠を却下したことをパールは非難する。

そして最後に「中国の国家的ボイコット」の問題である。

リットン報告書は、１９３１年の日本の貿易が前年比１億５０００万円の損失を受け、各都市において反日感情は極めて熾烈だとしている。日本人に雇われていた中国人が職を去り、日本人は食糧その他日用品の補給を絶たれ、様々な暴行や脅迫を受けた。多くの場合日本人は安全を求めて避難し、完全に日本に引き揚げることを余儀なくされ、あるいは職を失ったという。

ボイコット運動に中国政府が携わっていれば、これは明らかに国際法および条約の違反である。中国の国民政府はボイコット運動の命令は出したことはなく、国民党の誰かが出したかもしれないと釈明した。

１９２５年以降のボイコットは、明白に国民党が指導していた。そして国民党は最初から国民政府を指導、統御し、政府の権力を握っていた。事実上政府が国民党の一機関にすぎないとなると、国家の責任はどうなるのか。パールは国民党こそ公権の実際上の保有者であり、表面上の政府は傀儡であるとして、責任回避はできないと判断する。

国家のボイコット運動は、場合によっては「防御的手段」となる。しかしそれが本当に「防御的」だったかどうかは、それぞれの場合の実情によらなければならない。

リットン報告書を検討するため国際連盟に指名された19か国委員会は、満州事変以降に中国が起こしたボイコット手段を「復仇の範疇に属する」と結論付けた。さらにパールは、ボイコットの手段が「脅迫および暴力を濫《みだ》りにそして無法に使用」しており、「まさに国際的不法行為を構成するものであり」、国際法上責任問題が起こりうると判断している。

このようなボイコット運動は、日本が敵対行動を拡大させた原因を十分説明できるとパールは述べ、最後に、検察が大いに依拠した「支那事変対処要綱」も、共同謀議を全く立証していないと一蹴する。

第三段階――日本の国内的ならびに枢軸国との同盟による侵略戦争準備

(a)国民の心理的戦争準備

(1)人種的感情

次は、日本の国内事情の検証である。

検察側は、日本の教育方針が「精神的戦争準備」として、あらゆる青少年に「民族的優越感」を起こさせるよう変革されたと主張した。

これに対してパールは、自分の人種こそが最も優秀だとする謬見は全ての国に共通する欠陥だと指摘する。しかし「謬見」といえども、国際社会に人種差別がある限りは「防御武装」であり、国民を劣等感の有害な影響から守るものだという。また、西洋諸国の行動が人種差別に基づいている事実に鑑《かんが》みれば、どんな国の指導者でも、このような感情は自己防衛の方便として必要だと本気で考えるであろうという。

これに関連してパールは、「人種」という重大問題に突入し、まずアーノルド・トインビーの著作から、西洋人の「人種的感情」を考察する。

18世紀に英国新教徒が世界中に植民地支配を広げる間に、人種的優越感情は決定的に培われた。欧州のキリスト教徒は、非白人の土地を占領し、抵抗する者を殲滅または征服することは、神がその選民たちの手に委ねたも同様だと考えた。

西洋諸国では社会現象を何でも人種的問題のせいにする風潮が流行っている。

パールは、人間の行為や功績の差を人種のせいにするのは愚行、もしくは欺瞞だと明言する。それはプラトンがその著『国家』で如実に示していたことでもあった。しかしそのような忠言はまだ世界に受け入れられたことはなく、人種的感情の悪用は阻止されていない。

トインビーによると、白人の目には有色人種は「現地の動植物の一部」としか見えず、「感情を有する人間とは見えない」。そのため「かれらを通常の人権を有しないものとして取り扱って差支えないと考える」という。

人種差別は東京裁判の時点でも「いまだに歴史学上の問題となっていない」という状態だった。そんな中でパールは、日本が人種問題に取り組んだ、第一次大戦後のパリ講和会議における人種平等案を取り上げる。

日本全権・牧野《まきの》伸顕《のぶあき》と珍田《ちんだ》捨巳《すてみ》は、人種平等案を白人から提出させようとした。有色人種が単にこれまでの汚辱を晴らそうとしたことになっては、その理想が損なわれると考えたのだ。

しかし「白色人種優越性のチャンピオン」を自任するオーストラリア全権・ヒューズ首相の猛反対を知って憤激、自ら決議案を起草・提出した。

その際の牧野の演説をパールは「真摯で、尊厳で、礼儀正しく、かつ穏当」と評している。牧野は人種平等主義を要請する一方で、提案された原則の即時実施は求めず、各国の輿論の趨勢に従い、一任するに留めていた。

だがその程度の提案でも英国は頑として受諾を拒絶。日本代表が評決を強く主張した結果、委員19名のうち賛成11名、2名欠席、反対票はなかった。ところがウィルソン米大統領は強引に提案を否決してしまったのである。

太平洋周辺の白人諸国の東洋人排斥運動は、当初地域的なものだったが、国家による立法を求めるものへと拡大。排斥の理由は、初めは経済的影響だったが、次第に文化的に相容れないため、さらには生物学的に許されないからという理由に変わった。米国は1917年に米国移民法を制定、1924年には排日移民法を制定し、日本人移民を完全に締め出した。

国際連盟は「形式的平等」と「戦利品の処分」という表面的問題においては日本を対等に扱ったが、一方には白色人種の独断的な優越意識があり、移民を出さなければならない日本の人口過剰問題に、何ら配慮しなかった。ごく控えめな人種平等案ですら拒否されたことは、日本に劣等感を植えつけた。

以上のことを踏まえ、パールは日本の指導者が青年の心理に人種的優越感を植えつけ、民族を保護しようと考えたとしても非難はできないとする。

（2）教育の軍国主義化

検察側は、侵略戦争遂行のための「教育の軍国主義化」によって諸学校に「軍事教練」を導入させ、文部省は教育方針で愛国心や奉公に重点を置き、平和主義的思想を持つ者はある場合には免職され、ある場合には治安維持法で刑罰を受けたと主張。12人の証人による証言を含む数多くの証拠を挙げた。

しかしパールは、証拠を全部そのまま受け容れても検察側の説には承服できないとあっさり全面否定する。

12人の証人の証言は単なる意見や、裏づけのないものだった。その中の一人、終戦直後に教科書破棄を命じた文部大臣は、戦時中の教科書はけしからぬものだったため、教師や一般向けに文部省が発行した『国体の本義』『臣民の道』など多くの本とともに破棄させたと証言した。

しかしパールは『臣民の道』の内容を検証し、欧州諸国が世界を侵略して「**天も人もともに許さないような暴挙をあえてした**」と非難した記述や、「**満州事変は久しく抑圧されていた日本の国家的生命の激発である**」とした記述などを、「**高度に権威のある著者の意見と相通ずるものがある**」と評価する。

軍事教練は必ずしも侵略の準備を意味せず、世の中が平和でも訓練は適当とされ、あらゆる強国によって不可欠とされている。各国政府が競争心とパワー・ポリティックスの観念を有している。日本は人種平等案を退けられて欧米から劣等感を持たされた。他方、国際社会で強国とは、普通以上の軍事・政治・経済・財政の力を持ち、自国の地位のためには力の行使をいとわない国のことだった。

したがって、日本の為政者が教育方針を変更した動機に、国家の地位向上のような「合法的な野心」以外のものがあったとは了解しえないとパールは言う。

また、その政府の政策、行為、発言がこのように何でも犯罪の証拠のように詮索されるならば、「世界のどのような国のどのような政府の一員も、安全でありえない」と述べ、この証拠から検察側の主張するような犯罪事実を読み取るには、自らを欺き、ありもしない繋ぎ目を強いてとりつけるようなことを当然とする「器用な頭」が必要だと痛烈に皮肉り、「先入的偏見と故意の依怙贔屓」で取り上げることがないようにと諭すのである。

検察側は、検閲により「自由な議会制度はしだいに踏み潰され、ファシストもしくはナチスの方式に類する制度が導入された」と主張した。

しかしパールはこれも全く否定する。検閲は実質的には、支那事変が勃発した後に行なわれていた。このような際には、ほとんど全ての文明国は法律によって政府に広範な権力を与え、戦争遂行ならびに国民生活の調整をしやすくするものである。迅速で弾力性のある行政上の施策が必要とされる場合は、必然的に法治主義放棄の政策が採られるものなのである。

敵側がプロパガンダで国民の士気を奪おうとしている場合、必然的に、プロパガンダを利するような発言を検閲で弾圧する対抗手段が必要になる。

このような戦時では、誰もが無差別に告発されることも起こり、当然の結果として、官憲が不満や批判をことごとく罰しているかのように感じさせる。また、人民の自由を不要に侵害するものと見られ、本来の目的とは縁遠いものと思われるかもしれない。しかしこれは近代戦に巻き込まれたほとんど全ての国に起こることで、これが将来の侵略戦争のための準備だったとする検察の推論には納得できないという。

パールは「日本はこの期間中、書くにせよ、話すにせよ、すべて言論の自由に制限を加えたが、その理由はまた明瞭である」と述べる。その理由とは、近代戦による必要である。

近代戦とは情報戦でもあり、今や敵側に直接・間接に役立つかもしれない情報が、日々のあらゆる新聞に含まれている。したがって出版物の検閲・弾圧は非常に広範囲に行なわれうるし、全ての文書・絵画・写真・映画の出版・公開に関して予防策が合法的に採られうる。それは国家の平和・安全に対する危険が切迫している場合は無制限となり、関連の薄いものまで拡大されることもある。しかし最も悪く言ったところで、それが時折濫用されたことを示すだけだという。

また、共産党員に対する抑圧に関する証拠も、各国家に共通した共産主義に対する恐怖感の結果だったとして価値を認めない。

パールは「このような信念は正当化しうる場合もあれば、しえない場合もあるが、ほとんどすべての場合はなしえないのである」としながらも、その国の責任を負う人物がそのような危機感を持って行動したという推断ではなく、共同謀議で侵略計画を遂行したなどという推断がどうしてできるのか、了解に苦しむという。

(b) 政権獲得

検察側の主張では、当初政権の外にいた「共同謀議者」が、四つの段階を経て完全に政治を掌握したことになっている。

第一段階…共同謀議者は政治首脳部外にあり、何らそれに対する勢力を持たない。1927年の田中義一内閣から1931年の若槻礼次郎内閣まで。

第二段階…共同謀議者は未だ政治首脳部外にあるが、それに対する勢力は次第に強くなる。1931年12月の犬養内閣で「A級戦犯」の一人、荒木貞夫が陸軍大臣に就任した時点から開始された。

第三段階…共同謀議者は逐次政治首脳部に加わる。1936年の広田弘毅内閣から開始。

第四段階…共同謀議者は政治を完全に獲得する。1941年の東条英機内閣で達成。

このような陰謀説が成立するのか、パールは歴代内閣の変遷を検証する。

田中内閣では、外相兼首相の田中義一が、前任の外相幣原喜重郎の「友好政策」に変えて「積極政策」と呼ばれる中国政策を採用した。検察側はこれを侵略政策の第一歩のように主張している。

しかしこの政策の変化は、当時の中国情勢に伴うものだった。中国における外国人排斥運動は1927年以降、日本人が標的となり、また、中国の内戦で山東省の日本権益が危機に瀕し、警備隊派遣の必要が生じたのである。

田中首相は派兵を決定したが、同時に、長期間軍を駐留させる意図はなく、日本人居留民の安全が確保され次第撤退させると発言。南京政府によって日貨排斥が実施されたものの、山東省の現地では日中間に何ら衝突も起こらず、日本軍は無事撤兵した。以上の経緯を見ても田中内閣の政策が正当でなかったとは言い難い。

もっとも検察側も田中内閣が「共同謀議者」と関係があったという主張はしておらず、この時点での共同謀議は「関東軍内の一部青年将校」に限られ、張作霖殺害事件が政治介入のための最初の公然たる行動で、その結果田中内閣が倒壊したことになっている。しかしそのような証拠は全然ないことは、既に論じている。

田中内閣に代わった浜口雄幸内閣で外務大臣に幣原喜重郎、大蔵大臣に井上準之助が起用され、再び「友好政策」が採用され、満州事変まではそれが持続された。

この間の内閣への評価は非常に高く、パールはこう記している。

「幣原および井上のような人物の政治手腕は、『およそ人間としてできる聡明な処理』の模範と考えられていた。日本の歴史上この段階において、日本は真実の平和政策を遂行していただけでなくまた隣接諸国家によっても、これを遂行しているものと認められていた」

この政策が犬養内閣で放棄されたことを、検察は「共同謀議の第二段階」が達成されたためとした。

しかしそれは、長い間に蓄積された経済的・政治的要因のためだった。

世界不況の中、経済的圧迫の仮借なき強化に悩まされて、日本人は実績が乏しく見えた「協調政策」に幻滅した。英米の世界経済秩序がすでに存立し、日本が経済分野によって急増する人口を支える余地は既になく、このままでは「破滅の運命にある」と考えた。これが「おそらく日本人をして、かれらの『浅はかな無思慮』を示すにすぎなかった進路へ押し進ませたものであろう」が、これは何ら「共同謀議」によるものではなかったというのである。

1928年以来、東条内閣まで14の内閣が成立し、瓦解した。

パールは検察側の共同謀議説について、根本的な指摘をする。ヒットラーと異なって、日本ではこれらの内閣または軍部内で、支配的地位を継続的に占めていた者は一人もいなかったのである。しかも田中内閣、浜口内閣、林内閣には、被告は誰一人加わっていなかった。

1928年以降、内閣の崩壊にも関わる事件が数多く起きた。張作霖殺害事件に始まり、三月事件、浜口首相暗殺、柳条湖事件、十月事件、5・15事件、2・26事件などである。これらの事件の背景を、パールは英国国際問題研究所の概観を引用して説明する。

世界的大不況、そして農村が絶望的苦境に陥る中、政府および政府の金融政策に乗じて私腹を肥やしたと思われた資本家、そして資本家を代表していると考えられた議会政治を、陸軍青年将校は攻撃の対象とした。陸軍の中核が農村からの徴集兵であり、青年将校自身も農村出身者が多かったからである。

また日本では、愛国的動機に動かされ、一命を捧げる決意さえあれば、暴力の使用は理想または名誉と相反しないと伝統的武士道精神が教えてきた。

5・15事件を期に政党内閣は終焉《しゅうえん》し、軍の政治介入が強まるが、事件そのものは軍の幹部が作り出したものではなかった。軍が政治介入を望んだ理由については、日本は7世紀にわたって武士が政治を行なってきたため、依然として軍人が特権的に政治を行なうという意識を持ち、文官による政府を軽視していたためという分析もある。いずれにしても、軍部の政治介入が強まったことに、何ら共同謀議も侵略的企図も見出せないわけである。

また、1940年に設立された大政翼賛会を検察はナチスを模した組織だと主張したが、そのような証拠は皆無で、パールは「検察側諸国の邪推にすぎない」とはねつけている。

次は検察側が「共同謀議の第三段階」とした広田弘毅内閣についてである。

検察側は広田を「共同謀議者」の一員にするために、広田がソ連駐在大使だった時の活動を種々述べているが、パールはこんなことを証拠にすること自体、広田に対する立証が「絶望的性質のもの」であり、なんとかして広田を引っ張りこもうという「狂気じみた努力」を示している、と痛烈に批判する。

しかも広田は外務大臣になるまで「共同謀議者」とされる他の被告と全く関係がなく、「共同謀議者」が広田を外務大臣にしようと企図したと示す証拠も存在せず、広田は自ら求めないのに、また、「共同謀議者」の誰もが全く知らないうちに、その地位に就いていた。総理大臣就任に関しても同様だった。「共同謀議者」による権力獲得などという事実は全くなかったのである。

そして検察の言う「共同謀議の第四段階」、東条英機内閣である。

「共同謀議者」の親玉扱いの東条だが、実際には日米開戦の前年に陸軍大臣になるまでは政治には全然関係も関心もなく、航空総監として航空兵員の訓練に専念していた。

検察側は東条内閣を「共同謀議者の完全な寄り集まり」と主張、特に東条と海軍大臣嶋田繁太郎、外務大臣東郷茂徳の関係を重視している。

しかし嶋田も海軍大臣に就任するまで一切政治的地位に就いたことはない。嶋田を任命したのは前任の及川古志郎だが、及川に何らかの計画があったという証拠も、嶋田自身が大臣職に就こうと努力した形跡も一切ない。さらに東条と嶋田は内閣で一緒になるまで知己の間柄ですらなく、東条が嶋田の入閣を望んだという証拠も何一つなかった。

東郷についても同じで、東郷は東条とも他の閣僚とも何ら親しい関係はなかった。東条首相が東郷に外相就任を要請したのは、単に外務省の古参であり、通常の任命手続き上、選ばれる資格があったからにすぎない。検察側の主張は「まったくもって沙汰のかぎりである」と、パールは実に辛辣である。

しかも東条英機でさえ、首相就任の経緯を見ると、権力獲得を意図していたとは言い難い。東条が首相に選ばれたのは、消去法で他の候補を落とした結果、東条なら陸軍に統制が効くと考えられたからだった。首相を選ぶのは首相経験者8名による重臣会議だが、この会議が外部から動かされていたという証拠も、彼ら自身に何らかの下心があったという証拠も皆無だった。

検察側は、東条は初期には全東亜征服のために謀議した「陸軍青年将校」だったと主張したが、東条が陸軍将校で当時「青年」だったこと以外に何の根拠もないと、パールは検察を批判する。

さらに、東条が権力を握るために近衛内閣を崩壊させたという主張にも、当時は誰の目にも日米戦争が不可避という国家の死活がかかった非常時であり、誰も権力獲得に血道を上げてなどいられなかったと反論する。

ある程度の要職にあった政治家や外交官は、いかに国家の名誉を傷つけずに滅亡から免れるかということで頭がいっぱいであり、東条はそのような急迫した危険を十分承知の上で首相に就任したのである。東条がこの機に乗じて政権獲得を狙ったと判断できるような証拠は全然なかった。

ある大臣もしくは内閣に不満を持つ人々が、内閣の瓦解あるいは大臣の失脚を狙って画策し、成功したことも時にはあるだろう。しかし仮にその結果、被告の誰かが権力の座に就いたとしても、それは本人が画策した結果ではなく、たまたま憲法によって定められた当局者の信任を得ていたからであり、「共同謀議」とは何ら関係なかった。パールは次の言葉でこの項を締めくくる。

「ここに述べられた陳述は多少いき過ぎの感あり、おそらくはヒットラーの一件と関連をもたせようと意図されたためと思われる」

あまりにも露骨にヒットラーと同一視しようとした結論ありきの主張に、パールは仮借ない批判を加えたのである。

（c）一般的戦争準備

軍需物資等の生産や財政等の戦争準備についても、例によって検察側は「共同謀議」による侵略戦争準備だったと主張している。

しかしパールは、支那事変後の経済政策は、純然たる戦時経済そのものだったと言う。

第一次世界大戦以前は、中立国からの補給で戦争が遂行できた。例えば日本は米英からの借金で日露戦争を行なった。しかし第一次大戦では世界の大国すべてが戦争に巻き込まれ、国際通商は途絶した。そのため、安全保障のために必要な産業は、どんな犠牲を払っても自国内に確立することが常識となった。日本が行なった政策も、世界共通の政策に則ったものだったのである。

検察側は、１９３７年以降実施された「五ヵ年計画」による産業統制で行なわれた電力や鉱工業の生産計画も、侵略戦争準備だったと主張する。

しかしこれはソ連の軍事力の発展に対抗して日本の

国力の充実を図ったものだった。海外からの輸入原料に依存し、経済的基礎が薄弱で、国際貿易上も繊維工業と軽工業しかなかった日本には、重工業の振興がぜひとも必要だと考えられたのである。5か年計画の終了が1941年末になっていたことに特段の意味はなく、この時に戦争が起こると予測していたわけでも何でもなかった。また、計画は当初極めてわずかな経済統制しか準備していなかったが、支那事変の進展によって最終的には徹底的な国家総動員にまで推移したのだった。

検察側は日本の電力開発も「戦争目的」だと主張した。

しかしこれは国際的ブロック経済確立のため、日本が最小限度の自給自足経済を確立する必要に迫られたことによるものだったという。

石油や石炭に乏しい日本では、水力発電を最大限効率的に使わなければならない。地形的に水力は日本の西部に乏しく東部には豊富なので、東西を送電線でつなげば石炭の節約になる。農村に送電し、家庭電化を普及させることで内需を拡大すれば、自活の途を見出せる。しかし営利主眼の電力開発では各家庭にまで電気を供給することは困難なため、国家が大規模に電力開発を行ない、低額の料金で供給できるよう方策が採られたのである。

軍需産業に転用される可能性がありえたとはいえ、電力開発が日本の経済的必要によって行なわれたことは間違いなく、それが「侵略戦争の準備の一段階」という検察側の見解には全く与《くみ》しえないとパールは述べる。

日本政府が造船を奨励した経緯も検察は「戦争準備」だったと主張するが、これも、造船業が設備過剰となって大量の失業者が発生したので、政府が船舶数整理、海運の合理化とともに新船建造による造船業振興と失業者救済の措置を実行したという経済政策に他ならず、戦争準備では全くなかった。

日本はワシントン条約で主力艦と航空母艦の保有数を対英米6割に制限され、さらにロンドン海軍軍縮条約で補助艦の保有量を制限され、米海軍が新式艦艇を整備するのを拱手傍観せざるを得なくなった。日本は1936年にロンドン会議を脱退し、海軍軍備の補充計画を実施する。それは米国の軍拡計画に影響された国防計画だったが、米国の膨大な計画には到底対抗し得なかった。

１９４０年末ごろから急激に悪化した国際情勢と、米国の海軍大拡張に対し、日本は艦艇の臨時追加、補充計画を実施するが、計画は泥縄的なもので、それも防御用の小型艇を主としていた。

国力が貧弱であることは大きな困難だった。一旦戦争になれば、日本の艦船建造速度は遅くはなっても、速くはならない。一方、国力のある英米では、建艦は著しく促進される。日本には補助艦艇に改装使用できる優秀商船も、予備空軍として使用できる民間航空機も、兵器製造に転用できる民間工業も少ないが、英米はそのいずれも豊富に所有していた。

日本は貧弱な国力に負担を強いながらも、平時から比較的多くの既成兵力を整備しておかなければ、国防上重大な欠陥が生ずるのだった。

以上、どこにも侵略的要素はないわけである。

検察側が、空母建設も「侵略戦争準備」と主張したことにも、弁護側の証人が反論している。

空母は侵攻に使用されやすいが、防御のためにも必要である。特に日本防衛には空母が絶対必要だった。四面海に囲まれ国土狭長の日本は、全土が空母艦載機の攻撃圏内にある。日本の大都市、大工業地帯、および交通幹線はほとんど全部海岸近くにある。日本家屋は可燃性材料でできており、爆撃の被害は極めて大きい。これを防御するには多数の飛行機と飛行場が必要だが、日本には多数の飛行機を保有する国力も、飛行場を建設する土地もない。

艦隊にとっても、飛行機の発達で空母は不可欠のものとなっているため、これを敵国と十分対抗できるようにして、国土防空を兼ねるという構想は有効だった。日本の空母が防御的意図に基づいていた証拠に、空母を進攻的に使う際に必要となる付属艦船の準備が、日本海軍にはなかったのである。

また、太平洋の委任統治領の島々を日本が「要塞化」していたという検察側の主張について、弁護側はそんな事実はないと反論。日本政府が列強にこれらの島々の視察を許可しなかったのは、要塞化されているという幻影を列強が持っているのなら、あえてそれを払拭しない方がよかったからだという。パールはその説明の方が、説得力があると判断している。

検察側は、日本が侵略的意図により軍縮条約から離脱したと主張した。これに対してパールは、第一次大戦以後の国際的軍縮運動が失敗した経緯を、国際社会全体の動きから分析する。

民主主義においては、権力は「法律上」選挙民にあるべきところだが、「事実上」は専門家の手中に急速に集中した。「法律上」と「事実上」が食い違った理由は、近代は「民主主義」だけではなく「産業主義」で動いていたからである。

産業主義の発展は「複雑な社会機構」と「物質的技術の進歩」をもたらした。これは必然的に専門家の分野となった。

経済的分野では、専門家は全世界的公益を視野に入れざるをえず、そのためには偏狭な国家主義とは必死に戦わなければならなかった。したがって経済の分野では、選挙民から専門家に権力が移っても、国際協調を阻害することはなく、むしろ促進する傾向さえあった。

だが、軍縮や安全保障の分野では、その正反対となった。

第一次大戦後、「つぎの戦争」には誰もが空爆にさらされるであろうことを十分意識し、「選挙民」は戦争再発の防止を切に望んでいた。

しかし「専門家」の意識は全く違った。安全保障の専門家の仕事は、戦争に勝利するため最善を尽くすことだけであり、国際協調で軍縮ならびに安全保障の集団的調整を行ない、平和維持を保障するという任務は考えなかった。

政治家が平和機構の確立こそ使命と考えても、専門家は、政治家が軍縮に同意した場合、いかにして自国の戦力縮減を最小限にとどめるかという狭い国家的観点からのみ検討した。このようなことが軍縮会議で起こり、結局誰も平和機構の成功を信じなくなった。

パールは、軍事上の利害調整はいつの時代も常に、各国ともその仮想敵国の軍備縮小に賛成し、自分自身の力の縮減を望まないという同じ結果にたどり着くようだという。軍縮会議における日本側の態度に、侵略的企図のための準備をうかがわせるような異常なものは何らなかったのである。

さらに検察側は、国家総動員法案を説明したパンフレットの記述を侵略計画の証拠だと主張した。

パールはその内容を詳細に検討し、責任ある政治家の情勢認識を示すものであるとその意義を肯定する。それは将来起こりうる「総力戦」の恐るべき性質に対する危惧の念を示し、そのような非常事態に対して必要な準備について明確に示したものであり、なぜこれを「侵略戦の準備」であると推測しなければならないのか了解できないと判定するのである。

また検察側は、１９３６年8月の広田内閣における「国策の基準」に対英米戦準備が盛り込まれていて、「これが共同謀議の究極の目的」だと特に強調した。

しかしパールは、「これも「かならずしも侵略的準備を示唆するものではない」と退ける。その「国策の基準」には国民の要求および困難が、決定的に作用していると推定されるのだ。

決定的に作用したものとは、やはり人口問題である。急激に増加する人口、年ごとに向上する生活水準に対し、いかに生活手段を供給するか。その解決策は、日本の国策に伴って変化した。幣原政策では貿易の振興および政治的善隣主義が採られたが、満州事変以降、日本は極めて不利な世界的反響の中に置かれた。国政を担う政治家は、自身にこの事態を起こした責任があるかないかに関わりなく、この事態に対処しなければならなかったのだ。

１９３１年に英国国際問題研究所は、満州事変以降の世界的反響の行き着く先として、日本および太平洋に臨む四つの英語国が、再び建艦競争と政治的敵意の渦中に投ぜられ、必死の決闘を行なう運命にあるかもしれないと予測した。

英国の研究者が１９３１年に予想していたのに、なぜ１９３６年に日本の為政者が同様の予想をして、それに応じた政策を決定したことを「侵略準備」と推定しなければならないのかとパールは言う。

日本人は、貿易振興で過剰人口をまかなうという平和的手段が挫折を余儀なくされた原因を、英米など列強国のせいとも考えた。日本が登場した時、既に英米の経済的世界秩序が存在していて、新興国の発展の余地がなかったのである。英米による世界経済秩序は、全体を破壊しない限り他国と分け合うことはできないものだった。英国式経済組織の強制に対し、強力な反動が起こることは不可避だったが、既得権を持つ者は容易にその分譲に同意せず、新参者の平和的努力でさえも反対した。英国人は、未来は自分たちだけのものと信じ、他の人種は「神意」に基づいて白人の発展に寄与することが「宿命的な役割」だと信じて疑わなかったのである。

パールは、広田内閣の「国策の基準」は、日本の為政者がこれに留意していた先見の明を示しているにすぎないと見る。それは「英国の業績の向うを張って」「永続性ある産業上、商業上の勢力拡張」に備えたものであった。

あるいは経済力で勢力圏を覆すような期待はあったかもしれないが、それでもこの「国策の基準」は、少なくとも全世界の最小限度の政治的良識、好意、節制を期待していたものと考えうるというのが、パールの評価だった。

しかしながら日本が戦争準備を整えていたことは事実であり、検察側は、日本は結局侵略戦争を始めたのだから、その準備は侵略行為のためのものだったのだと主張したが、この主張もパールは承認しない。

1861年の米国の南北戦争以降、「民主主義」「産業主義」という二つの推進力が適用され、戦争は18世紀までの「王者の遊戯」から、全国民が全知全能を傾倒しなければならない大仕事に変わった。加えて第一次大戦では、軍需物資の需給計画が存在しなかったために物価騰貴と供給の不均衡が起き、それ以降、どの国も日本が採用したと同様の経済動員計画を行なっていた。

それなのに、なぜ日本が侵略戦争の準備をしていたと判定できるのか。この証拠から言えることは、日本も他の国と同様、将来戦の恐怖に捉われていたこと、そして日本独特の明敏な洞察力で将来戦の性格を予測し、それに対する準備を整えるために、できるだけの措置を採ったということだけではないか。

日本が英米を仮想敵国として、万全の備えをしようと努力したことは疑いもないが、それが侵略的戦争の準備であったという見解を受け容れることはできないと、パールはこの項を結んでいる。

(d) 枢軸国との同盟

検察側は枢軸国、主にドイツとの同盟も共同謀議による侵略戦争準備であると主張した。広田内閣の「国策の基準」で侵略計画の国策化に成功した共同謀議者たちにとって、いま侵略を邪魔する者は海外、特にソ連だった。そこでソ連を牽制するため、その政治力と術策の力を見込んで、当時欧州において侵略計画を建てていた国・ドイツを軍事同盟国に選んだというのである。

パールは「国策の基準」に一切侵略的要素がないことを既に論証した。

１９３６年に結ばれた日独防共協定は文字通り、共産インターナショナル（コミンテルン）に対する防御のための協定で、侵略の要素が全くないことは検察側も認めざるを得ず、その代わり同時期に締結された秘密協定に「邪悪なる意義」があったかのように示唆した。

しかしその秘密協定の全容も明らかにされていた。それは、日独のいずれかがソ連から攻撃を受けた場合の対応を記したもので、何ら侵略的要素はなく、軍事的要素すらなかった。

日本はロシア革命以後10年ほどの間は、ソ連から遠く離れた国々よりも、ソ連に対する警戒感が少なかった。その後日本が態度を変化させたのは、権力が共産主義を忌み嫌う国家主義的な軍閥に移ったことや、共産主義が日本をも勢力下に入れようとしており、ついにはソ連自らが強力な軍事的ライバルに成長したといった要因からだった。

日本の為政者は国内の共産主義の処理には成功したが、極東大陸における共産主義の拡張は大きな危機だった。満州事変以降の日本の行動の大部分に、この危険を除去するという動機があったことは疑う余地がない。現に日本は最初から、反共産主義のため協力するよう中国政府に強力に要求していた。

一方、ナチス政権ができて間もない時点で日独間には自然な連繫があったが、それは共同の侵略的意図によるものではなく、共通の「政治的孤立感」と共産主義への「恐怖と憎悪」のためだった。

しかも共産主義を恐れ、その恐怖をソ連と結びつけたのは日本の軍国主義者だけではなかった。米国でさえ１９３３年までソビエト連邦を承認せず、ソ連を危険視する声明を何度も発表していた。

中国共産党は中国のもう一つの政府になり、威信を失った国民政府を排除してソ連と中国の共産主義同盟が代わる可能性が信じられ、さらにソ連の配下にある外蒙と中国・陝西省は、ロシアと中国共産地域をつなぐ地域となりえた。

日本の政治家がこれを恐れ、その対策を講じたことを非難すべき理由を見出すことはできない。しかも東京裁判が開かれているまさにその時、冷戦構造ができつつあり、全世界に反共同盟の話が響きわたっていた。なにゆえに日本の防共協定に侵略的意義を求めなければならないのかとパールは言う。

なお、検察側は日本とドイツを同類にするため、日本が防共協定を結んだ真の意義は、日本の共同謀議者が「ヒットラー・ドイツに同種の精神を発見した」ことだとまで言い出している。そんな関連が罪に結びつくのか知らないが、この問題には影響がないと、パールは相手にもしなかった。

１９４０年９月の日独伊三国同盟も、侵略が目的だったという証拠はどこにもない。検察は証拠全般と周囲の事情からそう推測せよというが、パールは、証拠書類をいく分曲げ、足りない部分を想像もしくは憶測で埋めないかぎり、そんな推測はできないと、あっさり一蹴する。

では、三国同盟とは何だったのか。

そもそも国際関係においては、同盟は必ずしもイデオロギーに立脚するものではない。パワー・ポリティックスにおいては、善隣政策に反する「悪隣政策」とでもいうような、曖昧な原則が圧倒的な力となって敵味方を分ける。それは、政治的利益とイデオロギーが矛盾するような同盟が存在した事例から分かる。例えば、第二次大戦における民主主義諸国とソ連の同盟や、ソ連とドイツの同盟である。このような同盟は、仮想敵国に対する国力の劣勢を補うためであり、イデオロギーは関係ない。

同盟とは侵略目的の場合も、現状維持を目的とした場合もある。一国の孤立による恐怖・不安の念を償うための同盟もありうる。同盟の目的が様々にありうる以上は、他の目的の可能性も全て考察しなければならない。

三国同盟締結に特に関わった被告の大島浩と白鳥敏夫の証言でも、日本が同盟を組んだ理由に、満州事変以降の国際的な孤立感の解消、国際共産党に対する防衛策、ソ連の軍備増強に対する対抗策を挙げていた。その説明を全て受け入れるか否かにかかわらず、当時の日本が外交的孤立の危険に対処しなければならない状態にあったことは否定できない。

国際社会では、公平な仲裁者によって各国の自衛問題を解決することはできない。地理的にも政治的にも特に安全な地位にない国は、同盟対同盟によって分割された世界の中で、比較的安定する勢力均衡の原則に頼って生きていく以外に手段はなかった。

協定が秘密厳守で行なわれても、必ずしもその協定が邪悪であるとは限らない。連合国側にも秘密条約、秘密協定、秘密約定は少なからずあった。日本とソ連が外面上は友好関係を維持していたその時に、スターリンが対日参戦を企てた際の、連合国との秘密約定に関する証拠があると、パールはこの項を連合国に対する皮肉とも取れる記述で結んでいる。

（E）ソビエト社会主義共和国連邦にたいする侵略

次はなんと「ソ連にたいする侵略」についてである。

これは検討すべき第一段階から第四段階までのどれにも入らないが、ソ連検事が起訴状でソ連も日本に侵略されたと主張しているので、「便宜」として検討しておくとパールは言う。

ソ連検事の主張は日露戦争までさかのぼっていた。日本は日露戦争の勝利の代償を十分得ることができなかったため、以後虎視眈々とソ連を狙っていたという主張で、１９１８年のシベリア出兵についても長々と論じていた。

パールは、日本はソ連にはどのような侵略的手段もとらず、同盟国ドイツが再三にわたりソ連侵攻を要請しても応じなかったと明言する。

そもそも東京裁判は、「連合国」に対して行なわれた起訴事実を対象としている。「連合国」の一員である「ソビエト社会主義共和国連邦」の事実上の成立は１９１７年、国際法上の存在は、１９２４年に若干の国に承認されたのが最初である。１９０４年の日露戦争や１９１８年のシベリア出兵という、帝政ロシアや法律上未承認のソ連に対する行為は範囲外なのである。

パールは、「われわれに親の罪を子にきせる用意があるとしても」、それを現在の被告に被せ、その罪を断罪することはできないと述べる。

検察側は、日露戦争やシベリア出兵を挙げる理由を「東京裁判で裁く事件の歴史的背景を明らかにするため」としたが、パールは「歴史的背景」に言及するなら、幕末から説き起こすべきだろうと言う。

日本は2世紀余にわたる鎖国の後、再び外界との関係を結んだ。というより「むしろ正確にいえば結ばされた」。日本は不平等条約に従わなければならなかった。そしてその方法を後に日本が隣接諸国に対して模倣した時、不平等条約を日本に結ばせた当の西欧諸国は「侵略的」と呼んだのである。

西欧列強が日本に対して行なった全ての事柄が、西欧との交際の恩恵を与えるという「崇高な目的」のために行なわれたものと仮定しても、その手段は明らかに日本にとっては首肯できなかった。それでも国際法上は、単なる日本の「平和的開国」だった。威嚇的武力を楯に譲歩を強いられた新しい国交は、勤皇派に悲憤の念を起こさせたが、国際社会はこれを単なる辺境の事件としか見なかった。

かくしてこの後、条約改正のための日本の闘いが始まる。日本は西洋思想と科学の成果を我が物にしようと、あらゆる努力を払った。

条約改正のための長い闘争が、日本に与えたであろう影響は無視できない。治外法権は日本人の名誉心を傷つけ、関税については全く不法と感じられていた。改正交渉の度重なる失敗で全国に攘夷思想が蔓延し、権利回復のため、富国強兵に進んで犠牲を払う精神が勃興した。

その間、日本に対する米国の態度は常に友好的であり、同情的であった。日本の政治家は米国政府の立派な態度と本物の好意を、全く疑わなかった。

1866年以降、朝鮮では航海中の米国商船が破壊されるような事件が度々起きた。

一方、1871年に日本は清国と条約を結んだ。この条約は完全に互恵的なものだったが、その直後に朝鮮と琉球をめぐって日清間に紛争が生じた。

台湾に漂着した琉球人が殺害される事件が発生し、清国は、台湾には政府の手が及ばないと責任を否定する一方、琉球人は清国臣民であると主張した。

日本政府は、琉球人は日本臣民であると主張、事件の再発防止を目的に台湾に出兵。その後、琉球諸島を完全に日本の領土に併合する作業に着手する。

1875年、朝鮮沿岸を測量していた水夫が発砲を受け、日本はその報復に要塞を砲撃し、朝鮮に使節を派遣した。この時日本はペリーの先例に倣い、朝鮮において治外法権を獲得した。その24年前に米国が日本を開国させたように、朝鮮の「平和的開国」をもたらしたのである。

日本はこの時、フランスと安南（ベトナム）の先例にも倣った。朝鮮と同様に清の属国だった安南に対し、フランスは完全な独立を承認し、清との関係を断ち切った上で保護下に置いたのである。日本も朝鮮を独立国としたが、朝鮮は清との関係を断ち切ることを拒絶。清国も朝鮮に対する宗主権を主張し、日本との間が一触即発となる。

1894年、朝鮮で「東学党の乱」が起き、清国は軍隊の派遣を決定。その際、朝鮮は清の属国であると、日本には承服できない主張をした。日本政府も出兵を決定するが、日清両国の軍が到着する前に反乱は朝鮮軍によって鎮圧されていた。しかし清国軍はそのまま駐留を続けた。

日本は、朝鮮政府の腐敗と圧制が反乱を招いたと考え、清国と共同による朝鮮改革を提案したが、清国が拒否したので単独で改革に着手した。この改革を在ソウルの米国代表は好意的に見たが、清国はこれに賛成せず、ついに日清戦争に至る。戦争は西欧の予想を完全に覆して日本が勝利した。

ロシアによる三国干渉という屈辱はあったものの、日清戦争の勝利で日本は威信を高め、多大な賠償を獲得した。そして1899年には司法自治権を回復し、対等に国際社会に参加することを許された。こうして日本が知った世界とは「正当と正義は軍艦および軍団によって計られる」というものだった。

日清戦争は一つの問題を解決したが、より深刻なものを生んだ。さらに侵略的な強国が出現し、朝鮮における日本の勢力に挑んできたのである。

三国干渉以降、ロシアは満州を横断してウラジオストクに至る鉄道建設の権利を獲得。これは単なる「平和的進出」だったが、日本人に安心を与えるものではなかった。

義和団事件に乗じ、ロシアは満州を占領。清国に不平等条約を呑ませて満州を保護領にしようとした。ロシアが不凍港を求めて南進すれば、それは究極には韓国および南満州を占領することを意味する。日本は最大の危機に瀕したが、三国干渉の屈辱を与えた露仏独に対して、一国で立ち向かうことは不可能だった。

英国はインド方面と韓国・清国にロシアが進出し、通商上の利益を脅かされる恐れを長年抱いており、極東でロシアに対抗する立場を強化できるような同盟を欲していた。日本では、ロシアとの衝突につながる英国との同盟を結ぶべきか、ロシアとの利害関係解決を試みるべきかで意見が分かれたが、ロシアが日本に対して強硬な態度を崩さなかったため、日英同盟協約を結ぶ。

ロシアは韓国で支配強化を着々と進める。日本との直接交渉でも、清国・韓国の独立と領土保全の保障を拒絶。韓国国境に軍を集結し、極東における海軍力を増強しつつあった。

そしてついに日露戦争が開始された。日本人には、清国の脆弱性と怠慢のせいでこの危機に引きずりこまれたという憤懣があり、これはその後の日本人の対中国態度に影響を与えた。

戦争の期間中、米国輿論は日本に極めて有利であり、陸海軍の強さ、優秀な病院および衛生設備、人道的な捕虜の取り扱い等は、日本の評価を高めた。そして日露戦争終結の際の条約でさえ、日本はロシアに多大の寛容さを示した。

日本は韓国における政治的、軍事的、経済的権益を容認させ、ロシアを南満州から駆逐した。パールは「**本官は、戦後の平和の形成について責任を担うものが、おそらく戦争の甚大な犠牲と努力によってかちえたと思われる結果をまず確保し、ついでこれを発展させようと考えるのはまさに当然であると信ずるのである**」として、日露戦争に勝った日本が満州・朝鮮を確保し、発展させるのは「まさに当然」であり、義務であり、それを無にすることは犯罪だとまで言っている。

日本の戦利品は、南満州鉄道、樺太の半分、些少のロシア人俘虜経費だけだった。桂太郎首相は、南満州鉄道を米国の鉄道経営家E・H・ハリマンに移譲する覚書に署名したが、小村寿太郎外相が反対した。鉄道は日本が戦いによって得た唯一の価値ある資産であり、これを外国人に移譲すると国民が強く憤慨すると信じたからである。

清国人は日本が清国のために、満州をロシアの脅威から解放したと解釈して大いに感謝し、日本は満州を清国に返還してくれるものと期待した。しかし日本にしてみれば、清国が何もできなかったからロシアと戦わざるを得なくなり、多くの血と富を犠牲にしたのであり、その償いを受ける権利があった。日本が清国に要求したものは、清国が進んでロシアに与えていたものを、少しも超えてはいなかった。そもそも満州を清国に戻せば、ロシアが再び進出してくるおそれがあったのである。

清国はロシアと日本に怯え、ロシアはやがて失地回復のため日本に反撃すると信じられ、満州は世界の危険地帯の一つと見なされた。

そんな中、米国務長官ノックスは、ロシアと日本が満州に保有する鉄道を中国に再買収させるための国際ファンドを提案、ロシアと日本は反対し、英国とフランスが賛成した。この結果、再戦間近と思われていた日本とロシアは満州の現状維持という共通の目的で手を組み、日露協約を調印した。

朝鮮が日清戦争後にロシアの支配下に入ったことも日露戦争の一因であり、日本はこんなことを繰り返さぬよう、韓国を保護国にした。その後3年間、伊藤博文統監の下で韓国は多くの改善がなされ、往時の状態を知っていた外国人の賞讃を得た。だが状況は一転する。「不幸にしてかの偉大な政治家は、一九〇九年十月二十六日、満州において一朝鮮人兇漢の手に倒れた」とパールは記す。パールは伊藤を「that great statesman」、暗殺した安重根を「a Korean fanatic」と表現している。

かくして1910年8月、日本は韓国を併合する。それまでの約束に反して併合したため批判を呼んだが、パールは言う。「前例がおおいに物をいう世界においては、日本人は多くの例をあげて自己の行為を弁護することができるのである」

英国は、撤退の約束を破ってエジプトを占領した。オーストリアは条約を反古にしてボスニアおよびヘルツェゴビナを併合した。約束に反して朝鮮併合を行なったことについては、マッキンレー米大統領がフィリピン併合を正当化する際に言ったのと同様に「理論でなくて実情」、すなわち事の推移に伴って変化すると、日本も言えたのだった。

米国の歴史家、ペイソン・トリートはこう言う。

「国家的利害という尺度で計れば、インドの属領にたいする英国人、インドシナにたいするフランス人、東インドにたいするオランダ人、およびフィリピンにたいするアメリカ人よりも、日本人の韓国にたいするいい分はもっともであった」

米国の研究者ですら、日本の韓国併合と欧米の植民地獲得を単純に「同じ穴の狢」とは言えなかったのである。

米英両国は、表面上は日本との友好関係維持の希望を表明したが、日露戦争後、日本に対する国際社会の輿論は変化し始めていた。

米国では日本人移民の問題が大きくなり始め、同時に日本の外交方針に対する疑惑の声が上がり始めた。日本政府は日本人移民に反対するあらゆる意見に配慮していたにもかかわらず、米国は容赦なく日本人移民排斥へと向かった。

日本に対してほぼ好意的だった米国の新聞は、日露戦争後に一変した。荒唐無稽な記事が大量に掲載され、判断材料を持たない大衆にそのまま受け入れられたのである。

アメリカ人は、日本人がまずフィリピンを、次いでハワイを、最後には全太平洋を容易に奪取できると信じた。カナダ人は、日本人が英領コロンビアを狙っていると信じた。オーストラリア人は、日本人がオーストラリア北部に必ず侵攻すると信じた。フランス人は日本人が仏領インドシナを征服するだろうと考えた。オランダ人は、日本人がインドネシアを狙うかもしれないという恐れに狼狽した。イギリス人も、日本から遠い英領インドでも安心はできないと考え、メキシコおよび南米の西海岸まで日本の侵略を受けそうだと言われた。

この新聞の論調の変化は、ロシアの政治家セルゲイ・ウィッテが仕掛けたとされている。不条理な言説が数多くのまじめな記事の中に分散して欧米各地に流布され、欧米人の日本に対する疑惑の底流を流れ続けた。

このようなデマが信じられた理由について、著名な歴史家は、英語国民には非英語国民が世界に優位な地位を占めることが、目障り極まりない事態だったことを指摘した。非英語国民が優位になりうることは、あらゆる既存の価値、均衡、期待等々が革命的に逆転する大混乱を意味した。未来は英語国民のものであり、それ以外の者は、英語国民が神意に基づいて発展するために貢献することが、歴史上の宿命的役割である……それが人類の営みの進化について、英語国民が抱いていた概念の全てだったのである。

このような考え方だけが、この種の宣伝を成功させうるのであろう。この宣伝は事実花を咲かせ、実を結んだとパールは記す。

このように不用意な言説が流れ、戦争の可能性が軽率に論じられた折も折、セオドア・ルーズベルト大統領は艦隊の世界周航の途中、太平洋に進航するよう命令した。この計画は発表されるや、一部の者は日本に対する威嚇と考え、一部欧州諸国の海軍上層部を含む人々は、必ず日本艦隊が攻撃に出ると確信した。

予想に反して、日本に寄港した米艦隊を日本人は大歓迎。大統領はこの歓迎を巡航で最も特筆すべきこととして絶賛した。

日本は信義に厚い連合国の一員として、第一次大戦中には連合諸国が重大かつ緊急の必要に迫られていた際に、貴重な援助を行なった。

第一次大戦後の日本政府の政策に関しては、権威ある歴史家が多いに賞讃した。日本政府および国民は、急増する人口を国際貿易で賄うには、日本が徹底的に平和的な国であると隣接諸国に認められなければならないことを自覚していた。そのため日本は平和への意志を外国に向けて実証し続けようと、日英同盟失効の甘受、ウラジオストクおよび青島からの撤兵、米国の挑発的な移民排斥に対する自制、中国の挑発に対する報復の自制といった政策を採り続けた。

１９２７年、南京で中国軍が暴徒化して各国の領事館や学校などを襲撃し、死傷者が出た事件でも、日本は英米よりも明確に非戦闘的だった。日本は機会のあるかぎり国際連盟の模範的加盟国としての態度で行動した。

しかし後に、日本の「ハナハダシキ激変」が起こったのである。

ソ連検事は日露戦争も日本の侵略的行為としている。しかし日露戦争は国際協定に明白に違反して満州からの撤兵を拒否し、日本およびアジアに脅威を与え続けた帝政ロシアのせいであるという歴史家もいる。しかも東京裁判で一緒に日本を裁こうとしている英国は、当時日本と組んでロシアに対抗していた同盟国であり、当時の列強国は日本の行動を侵略とは非難しなかった。

また、１９１８年のシベリア出兵は日本が発議したものではなく、本来の動機は遠い欧州戦線における軍事的考慮だった。

第一次大戦中、ロシア革命によってロシアが大戦から離脱し、戦局がドイツ有利になる中、チェコスロバキア軍の救出を名目に連合国が行なったのがシベリア出兵である。これは社会主義革命の波及を阻止するとともに、ドイツがシベリアを横断して東方へ進出することを防止するのが目的だったが、西欧諸国は西部戦線で手一杯なので、大部分を日米が出さざるをえなくなったのである。

チェコ軍がシベリアの外へ移動し、米国政府が撤兵を命じた時、日本では撤収に賛成する意見と、この機会を大いに利用すべきだと反対する意見が激しく対立した。後者には、東部シベリアに利権を獲得したいという希望や、ごく少数の軍国主義者には領土的征服の希望もあった。さらに強い動機としては、日本に直接脅威を及ぼす最後の海外軍港だったウラジオストクの非武装化、極東の共産主義拡大防止など、雑多な動機が混在していた。

これを検察側は「侵略的」と言うわけだが、当時としてはソビエト軍に対して日本は「ブルジョア文明」の闘士の役目を引き受けたとも言えた。

ともあれ1920年8月、日本軍はシベリアから撤収する。シベリア出兵は全然日本の計画ではなく、どんな共同謀議の結果でもない。この出兵に「領土的征服の夢」を見た者がいたとしても、それはごく少数の軍国主義者に限られ、東京裁判の被告たちと関連付けるものは何一つ存在しなかった。

1925年に日本がソ連を承認した際の日ソ条約で、日本と旧ロシア間の条約は、ポーツマス条約以外は、全て改正または廃棄された。

なお、満州の張作霖も旧ロシアと結んでいた条約を無効とし、改めてソ連と協定を結んだ。事実上、ソ連は満州を中国と別の国家と認めたのである。

ソ連検事は、満州事変はソ連に対する侵略基地を築くためだったと主張したが、パールは既に日本が満州を重視した理由を論証しており、検察の主張を支持する直接証拠は全然ないと一蹴した。

検察側は、日本が作成した対ソ戦の陸軍作戦計画を重要な証拠としたが、これも万一に備えて作成する慣例になっていた年次計画に過ぎず、ソ連以外の諸国に対しても作られており、侵略的意図の有無を示すものでも何でもなかった。

また検察側は、1931年から1932年にかけてソ連が提案した不可侵条約の締結を日本が拒絶したのは、日本がソ連に侵略的意図を抱いていたからだと主張し、さらに「日本は協定または条約を尊重する国ではなかった」と非難した。

パールは、日本が条約を尊重しない国なら、ソ連を油断させるため直ちに条約を結んだはずで、現にドイツはソ連と不可侵条約を結んでおいて破り、後にソ連は日本と中立条約を結んで破ったではないかと反駁する。

日本が条約締結を拒否したのは、日ソ間には未だ係争を生じかねない懸案があったからだった。当時米国はソ連を国家として承認さえしておらず、ソ連と不可侵条約を締結していたのは、ソ連の衛星国だけだったのだ。

日本のみならず、世界中がソ連に対して不信感を示していたが、全世界がソ連に対して侵略的傾向を示していたとは言えないだろうと、パールは皮肉っぽく記している。

ソ連が東支鉄道を満州国に売却したことも検察側は日本による謀略工作に入れているが、パールは「このような事柄をもったいぶってもち出すことは、かえって検察側の主張が見込のない性質のものであることを証明する」と批判した。

さらにパールは、関東軍も防衛が目的で、何ら共同謀議の一部をなすものではなかったと断言する。1941年に関東軍は、対ソ戦を想定して関特演（関東軍特別演習）という大規模演習をしているが、実際にソ連を攻めることはなかった。当時は既に独ソ戦が勃発し、ドイツから参戦を要請されていたが、日本はソ連と衝突することを常に恐れ、そのような事態を避けようとしていた。

全ての証拠は、単に日本がソ連の国力、軍備に対して感じた脅威と、万一の場合に備えた準備を示すに過ぎないのであった。国家は予想しうるあらゆる事態に対して準備を整えていなければならない。それは国策上の原則である。

結局、日本がソ連に侵略的企図を持っていたとは立証されていない。世界が感じていた共産主義に対する嫌悪を、日本も同様に感じていたに過ぎないのである。全世界は、共産主義者および共産主義国家によってもたらされる恐れのある侵略に対して、過去も現在も準備をしている。それなのに、なぜ特定の期間の日本の準備だけを「侵略的」といわなければならないのか。

また、検察側が主張の論拠とした張鼓峰事件やノモンハン事件も単なる国境事件に過ぎず、何ら共同謀議の実在を発見することはできないとして、パールはこの項を終えている。

（F）最終段階——侵略戦争の拡大による東亜の他の地域、太平洋およびインド洋への共同謀議のいっそうの拡張

検察側は、日本の陰謀は中国支配のみならず、東亜

の他の部分や西南太平洋の支配も企てており、その障害となる欧米列強、特に英米仏蘭の4国と、ソ連の影響力を除去しようと共同謀議し、実行したと主張した。

パールはソ連については前項で検討したため、ここでは日本と欧米諸国の関係を論じる。

検察側は、共同謀議者らは障害となる条約を回避し、変更し、無視するためにあらゆる手段を採ったと主張する。その最初の手段が「天羽声明」だったというのだが、先述のとおりこれは米国のモンロー主義に明白な先例がある。

また検察側は、１９３７年10月に広田首相が9か国条約締約国会議への参加を拒絶したことを取り上げた。しかしこれは支那事変勃発後、日本の行動を9か国条約違反とする国際連盟の宣言に基づく会議であった上に、締約国の一部が公然と中国を援助していたために参加を拒絶したのであり、これは広田一人の判断ではなく、日本政府の決定だった。同様の例は他にもあり、１９３９年にソ連はフィンランド紛争に関する国際連盟理事会の招請を二度も拒絶していた。

検察側は、満州事変から真珠湾攻撃まで、「共同謀議者」はアジアおよび太平洋における西洋列強の正当な権益を奪おうとあらゆる努力を払ったと主張し、その間の膨大な出来事を延々と挙げている。

しかしパールは、それらの出来事は共同謀議の結果ではなく、予測しなかった諸事件が次第に発展してきたことを示しているに過ぎないと、あっさり結論付ける。

検察側によると「共同謀議者」は中国国境を越え、まず仏印（フランス領インドシナ。現在のベトナム、カンボジア、ラオス）に、次いでタイ国に侵入したことになっていた。

そこでパールは、日中の紛争が拡大してから日本軍が仏印に進駐するまでの経緯を詳細にたどる。

１９３７年10月、フランスは国際連盟の一員として日本を非難し、中国に事実上の援助を与えるという提案に同意する。この援助が、壊滅寸前だった蔣介石政権を延命させ、支那事変を泥沼化させた。

１９３９年、第二次大戦の欧州戦争が始まる。日本は戦争不介入と引き換えにフランスの中国援助をやめさせようとしたが、交渉は不調。日本軍は援助物資輸送に使われている雲南鉄道の爆撃や、仏印沿岸の海南島占領などを実行した。

１９４０年6月、フランスはドイツに降伏。仏印当局は蔣政権への物資輸送を中止、さらに日本側の要求により禁輸を監視する軍事使節団の派遣も承認した。

日本側はさらに日本軍の仏印通過や、仏印内の飛行場使用、物資輸送協力を求めた。仏印当局は難色を示すが、日本側の強硬な態度に折れ、フランス政府（ドイツ占領下のヴィシー政権）も承認。日本軍の北部仏印への進駐が始まる。

一方、日本とタイ国は友好関係存続と相互の領土尊重の条約を締結した。タイ国は１９０４年条約でメコン河右岸地域を仏印の一部にされており、その領土を取り返したいという希望を持っていた。

日本には仏印で独立運動を工作してフランスの主権を放棄させる方針があり、さらにタイと軍事同盟を結び、後方基地として使う計画もあった。

フランスはタイの失地回復要求を拒否、両国とも国境線に兵力を集結し、情勢は緊迫した。タイは日本に協力を仰ぐ。それは当初、日本としては好ましくない事態だったが、タイを東亜新秩序建設に協力させるため仲裁に乗り出す。そして仏印とタイが調停を応諾した機会を生かし、日本はこの方面での指導的地位を確立し、南方施策の準備に役立てる方針を決定した。

これは何ら共同謀議者の政策に基づいて起こったものではない。仏印は確かに中国本土との関係上最も重要な戦略的地位にあり、仏印経由で中国に援助があったという日本の主張は明白に立証されていた。

ここでパールは米国の政策に眼を向ける。

米国が「非交戦国間において前例のない程度」の援助を行ない、米国民が直接中国に味方して対日戦に加わったのは確かであった。対日禁輸は１９３８年に始めており、さらにそれ以前から中国援助は始まっていた。

１９３９年7月26日に米国は日米通商条約の廃棄を通告、条約の失効で日本には過酷な経済的重圧がのしかかった。禁輸品目の多くは国民生活には必需品で、その品目表を一瞥しただけで影響の深刻さがわかるものだった。

困憊する日本は蘭印（オランダ領インドネシア）に対して、特に石油獲得の新規交渉をすべく一層の努力を行なうが、米国はさらに輸出禁止令を発表、経済圧迫を一段と強化した。

１９４１年7月21日、フランクリン・ルーズベルト大統領は、これまで日本への石油輸出を許可していたのは、そうしなければ日本が蘭印にまで手を伸ばすと思われたからだと言った。また、7月25日のラジオ番組では、日本に対し石油を送っていた目的は、南太平洋における戦争の勃発を避けるためだったと述べた。大統領自身はもとより、米国の政治家、政治学者、ならびに陸海軍当局の全てが、この禁輸政策の結果、日本がどんな手段に出るかは十分予想していた。

日本が採った手段の中に、検察側が主張しているような陰謀や共同謀議を読み取るべき理由がどこかにあるのだろうかと、パールは言う。

次は蘭印に関する検討である。検察側によると、蘭印において日本は諜報活動および全般的地下活動の大規模組織を既に確立しており、南洋地域の出来事は中国との紛争が原因ではなく、日本の拡張大計画によるものだったという。

パールは例によって検察が提出した膨大な証拠を丹念に並べ、また例によって「全般的な共同謀議と称せられるもの、もしくは熟慮のうえなされた画策の裏づけとなるものではすこしもない」とあっさり言い切る。

証拠の数だけは膨大に提出されていたが、そのほとんどはただ情勢の推移を示し、逐次起こった事柄を説明しているだけで、それらの出来事があらかじめ企図され、または共同謀議されたものとは考えられなかった。

それ以外の証拠はわずか2点、一点は日本とオランダの調停などに関わる委員会の設立に関するもので、何の邪悪もないものだった。

もう一点は蘭領ニューギニアで石油会社の設立を企図する会社社長の手紙で、オランダに試掘の請願をしたいが、蘭領鉱業法の十分な研究を要すること、さらにオランダ側はこの請願を喜ばない事情があり、「隠密」に研究を進める必要があることなどが記されていた。

パールはこの書証についても「謀議の片鱗さえ認められない」とする。確かに「極秘」裡に行なうべき調査に言及しているが、これとて格別邪悪を示唆するものではない。

続けてパールはこう記している。

「日本は自己の物的資源の皆無な国家であった。日本が発展の途上に立ったのは、あたかも『西洋の社会が地球上の住むことのできる諸地域および航行のできる諸海洋、現に生存する人類のすべての世代を包括し尽した』時代であった。

日本はこの点で西洋諸国を見習ったが、不幸にして日本が手を染めた時代には、かれらの能力にたいする『自由行動』と全世界的分野という二つの不可欠な資産が、もはや日本には手に入らない時代であった。われわれの考慮している時期を通じての、日本の思考と行動とにたいする責任は、実は日本を西洋化の流れに投じ、しかも流れのむかう目標が、西洋諸国民自身さえ皆目不明であった時代に、その挙に出た初代の日本の元老に帰すべきである」

これは単に「欧米諸国も日本も同じ穴の狢」と言っているのではない。それはこの先で明らかになる。

西洋諸国が産業および商業の拡張をしつつあった時代、その実行には暗黙の了解があり、各国は「口にこそ出してはいわなかったが、他国からのある最小限度の政治的分別や好意のある温和な態度を期待することができた」という。

そしてその後、西洋諸国が産業・商業分野に確固とした地盤を築き上げた後でも、新たに進出を企図する国が、これら先進国と同様の期待を抱くことはありえたし、その期待は「西洋諸国の場合においては」裏切られなかったという。

つまり「西洋諸国の場合」は後発国もある程度の互恵関係が期待できたが、日本にはそれができなかったという事情を示唆しているのだ。

さらにパールは、ルーズベルトをはじめ米国の政治家、軍当局が、米国の対日措置が何をもたらすかを認識していたことを再度指摘した上で、「日本の蘭印における行動を正しく評価するためには、われわれは右の期間における米国の対日措置を見逃してはならないのである」と強調するのである。

検察側が提出した証拠は、むしろ日本は初めから何も企図しておらず、その最終的な衝突を常に回避しようとしていたことを明瞭に示していた。

そして検察側が主張した膨大な「全面的共同謀議」の検証は、ついにその最終段階、真珠湾攻撃に至るまでの日米交渉の問題を残すのみとなった。

検察側は、日本の態度は一歩も譲歩する意思はなく、米英を安心させるように仕向けてその間に戦争準備を進め、さらに条約の規定をはるかに超えた権利を求め、条約による義務を全く拒否したと主張した。

しかしパールは日米交渉の全過程で日本側が提出し

た提案には、「不誠意」と判断しうるただ一つの例も見出すことはできないと断言する。

日本外務省から野村吉三郎駐米大使に対しては、日本側の態度を明確に表明するよう繰り返し訓令され、大使はその訓令に慎重に従っていた。その提案は利己的であったかもしれないし、態度は譲歩的でなかったかもしれないが、日本が米国に行なった諸提案は、何も隠蔽されず、曖昧さもなかった。もし日本側が単に都合のいい要求を米国に突きつけているだけならば、明白な言葉でそう明記されていた。日本が交渉で米英を騙したと検察はいうが、この提案でどうやって騙せたのというのか。交渉が決裂したことは最も遺憾であるが、交渉過程の全てに慎重な考慮を払ってみても、少なくとも日本側において、全ては誠意をもってなされ、どこにも欺瞞の疑いさえなかったとパールは断定する。

また、日本にとって交渉は戦争準備が整うまでの時間稼ぎだったという検察の主張について、戦争準備は双方ともに進めていたと指摘。交渉が行なわれている最中に米英は大西洋会議を行ない、ルーズベルト大統領とチャーチル首相は基本的協定で、日本に対する最終的行動に関して合意していたのである。

それに、もし交渉が戦争準備の時間稼ぎだけを目的に行なわれたとするならば、時間を稼いだのは日本ではなく、米国であった。両国の資源を考えれば、日本は時間を稼いで得るものは何もなかったのである。

検察側が、日本が終始一歩も譲歩しなかったと主張したことに対してパールは、現在の目的のためには不必要な考察ではあるが、「交渉の当事者の誠意あるいは不誠意の問題についていくらか述べてみたい」と検討を加える。

両国で確認された重要問題は、三国同盟の問題、太平洋地域における経済活動の問題、そして支那事変解決問題の3点だった。

三国同盟について米国側は、米独が戦争に突入しても日本はドイツを助けないという保証を求めた。

日本側は、三国同盟を即座には破棄できないものの、同盟条約の解釈を変え、自衛目的で米国がドイツに宣戦したなら、日本はドイツの援助はしないと提案した。日本は合衆国を満足させつつ、条約義務不履行の非難を受けないような条約解釈を必死に模索していた。弁護側は、それは日本が譲歩を重ねたことを示すと主張した。

日本側は、ドイツからどんな要請があっても決定は独自に行なうと再三強調し、ついには、第三国からのいかなる侵略に対しても三国同盟条約は義務を負わないとして「日本国民を戦争の渦中に投ずるがごときは欲しない」と記した書簡をハル国務長官に手交した。パールは「これで日本側は完全に米国に降伏したといわなければならない」と述べる。しかもこの書簡には、日米間の合意が成立した時はこれを公表してもよいという一文があり、もし公表されれば三国同盟は消滅同然だった。

しかし米国務省は、日本側には全く誠意がなく「交渉継続の外観を保っているにすぎない」という意見で一致していた。パールは、その原因は後述する傍受電報のせいだったかもしれないという。

次に太平洋方面における日米両国の経済活動の問題である。これは、生活必需物資のほとんどを禁輸されている日本にとっては重大問題だった。

日本側の当初の提案は、「南西太平洋地域」において、平和的手段により日本の欲する資源（石油、ゴム、錫、ニッケル等）の生産と獲得に、米国側は協力するというものだった。

これに対して米国側は、「南西太平洋地域」という限定を「太平洋地域」に拡大し、「通商無差別原則」の相互誓約を求めた。これは日本側には受け入れがたいものだった。「南西太平洋」を「太平洋」に拡大すると、中国が含まれる。これは日本に対し、中国における特殊権益を手放すよう求めるものだった。そして、他国の特殊権益に「門戸開放」「通商無差別」を執拗に求め続けるのは、米国、特にハル国務長官の年来の主張であった。

日本側は一旦「太平洋」を受諾しながらも、再び「南西太平洋」に戻し、その後は進展を見せなかった。

そして東条内閣が提出した「甲案」で、ついに日本側は「通商無差別原則」を「太平洋全地域、すなわち支那においても」承認すると譲歩した。

弁護側の主張では、これは地理的近接に基づく中国における特殊権益という年来の日本の主張を全面放棄し、無差別原則の全世界拡大という米国の提案を完全受諾したものだった。それなのに検察側は、日本が米国側提案を「事実上抹殺」したと主張したのである。

ハル国務長官は、日本側の譲歩を歓迎したかに見えた。ところが後になって、米国は全世界に対してまで、通商無差別原則の責任を負うことはできないと異議を唱え、提案を拒否した。

日本側提案は、あくまでも通商無差別原則は日米間で適用するもので、即座に全世界に普遍的に適用するという意味ではなかった。それぐらいは了解されていたはずなのに、なぜハルはこんなことを言い出して拒否したのか、パールは疑念を表明している。

そして最も重大だった、日中関係の問題である。論点は日本軍の中国駐屯、ならびにその撤兵の問題に絞られた。

日中間で和平が締結された後、日本軍を中国の特定地域以外から撤退させることまでは決まったが、難問は和平後も日本軍が残る「特定地域」だった。日本側は共産主義に対する防衛のために駐兵を必要としたが、米国側はその是非を論じようとせず、日本軍の「可及的速やか」な撤退を求めた。

日本側は従来の「重慶政府を一地方政権以上のものと認めない」という政策を転換し、重慶の蒋介石と交渉するという重要な決断を米側に伝え、さらに陸軍とともに海軍も撤退させるという米国側提案も事実上受諾した。

共産主義に対する防衛に必要な地域に限り駐兵を続けたいという日本側の要望についてグルー駐日大使は、日米間で起こりうる戦争の危険に比べれば、ある程度は日本に対する締め付けを緩めた方がいいと、受け入れるよう本国に進言した。

ところが米国側は、討議を重ねて日本軍駐屯問題を解決しようという姿勢から一変、特定地域への駐屯継続の要望に突然異議を唱え、非難し始めた。パールは、この態度豹変はそれまでの交渉過程とは「完全に両立しない」と言わざるを得ず、米国には少しでも交渉をする気があったのか疑問であり、当然、日本側は米国の態度に誠意がないと感ずるようになったようだと指摘する。

東条内閣は組閣と同時に日米交渉全てを再検討し、「甲案」という新しい日本側提案を作成した。この提案で前述のとおり、国際通商の「無差別原則」について、米国側の主張を全面的に受け入れる譲歩を行なった。そして中国駐屯問題については、初めて軍隊を残す地域を明確に示すとともに、撤兵までは25年見当という明確な期限も示し、25年が不当であれば、さらに交渉を行なうことにした。また、中国から兵力9割を撤退させるとも明言した。しかし米国はここまで譲歩した提案を、一切相手にしなかった。

この日米交渉の間、米国の情報部は日本外務省の暗号電文を傍受し、解読翻訳して米国国務省に伝えていた。実は、この傍受電報が米国の態度を大きく左右したと見られる。パールは原文と傍受文の違いを詳細に比較している。そこに事実の誤謬はほぼないのだが、全体に流れるニュアンスが完全に歪曲され、その意図を誤解させるものになっていた。原文にあった事態の重大性に対する日本側の認識、深刻な憂慮、誠実さが、傍受文では全部失われていたのである。

例えば東郷外務大臣が野村大使に送った訓令の電報では、原文の「破綻ニ瀕セル日米交渉ノ調整ニ付テハ日夜腐心シオルトコロ」という書き出しが、傍受文ではこう訳されていた。

「Well, the relation between Japan and the United States have reached the edge, and our people are losing confidence in the possibility of ever adjusting them」（サテ、日米関係ハソノ破綻ニ瀕シワガ国民ハ国交調整ノ可能性ニ信ヲ置カザルヨウニナリツツアリ）

原文にない「Well,」という緊迫感のない書き出しになっているばかりか、「日夜腐心シオルトコロ」という部分が、なぜか「ワガ国民ハ国交調整ノ可能性ニ信ヲ置カザルヨウニナリツツアリ」という記述に代わっている（「腐心」を「不信」と間違えたのか？）。

また、「誠意ヨリ熟議ノ結果交渉ヲ継続スル」という記述は、「we have decided as a result of these deliberations, to gamble once more on the continuance of the parleys」（誠意ヨリ熟議ノ結果、イマ一度交渉継続ヲ賭スコトニ決セリ）と訳され、ありもしない「gamble」という言葉が使われた。原文には「ギャンブル」などという感覚は一切ない。しかし傍受文では、一か八かのバクチ感覚で交渉を仕掛けてくる不真面目なやつらとしか思えないようなニュアンスになっていた。

パールは「傍受文の精神全体が間ちがっているようである」と述べる。また、ブレークニー弁護人が、原文は「大使に慎重訓令する真面目な責任ある政治家」で、傍受文は「無謀にして冒険的な賭博者」だと評したことにも正当性を認める。

さらに甲案を大使に伝える電報も、原文と傍受文では全くニュアンスが違っていた。まず、単に最後的譲歩の提案にすぎないはずのものが、傍受文では「最後通牒」を突きつけたようになっていた。
また、中国撤兵までの所用期間について、原文の「概ね二十五年を目途とするものなる旨をもって応酬するものとす」が「漠然とかかる期間は二十五年にわたるものと答えられたし」と、いい加減に対応するよう指令したかのような表現になっていた。また、米側の反対が予想されるため「駐兵地域と期間を示しもってその疑惑を解かんとするものなり」と指示したのが「わが方の目的は占領地域を換え、官吏の異動をなしもって米側の疑惑を解かんとするものなり」となっていた。これでは、適当にあしらえと指示したようにしか読み取れない。パールは、たとえ「しばらく相手の御機嫌をとっておこう」という思惑を持った政治家でも、自国の大使に傍受文のようなあからさまな訓令は送らないだろうと言う。

他にも傍受文には「残忍な曲解」があった。特に「乙案」についての曲解は極めて重大だった。「乙案」とは「甲案」による実質的協定がまとまらない場合、最悪の事態だけは避けるための「最後の局面打開策」である暫定協定案だった。だが傍受文では、これを絶対的な「最後通牒」と誤訳したのである。

この間、東京で東郷外務大臣と会談したグルー駐日大使は、日本の態度が真剣、誠実であると本国に報告していた。しかし米国務省はグルーの見解と傍受電文の差を重視することもなく、日本に提案の信頼性を立証する機会を与えるべきというグルーの再三の進言も受けいれなかった。また英国政府も、クレーギー駐日大使から同様の進言を受けていたが、それを活かすことはなかった。

１９４１年７月29日、日本軍は南部仏印に進駐。これは日米交渉の第四の問題となった。

日米交渉が始まった時、日本軍は既に北部仏印に進駐していたが、それは交渉では直接取り上げられていなかった。ところが仏印の南部地方に軍を進めた時、米国は初めて問題化し、交渉は一時中絶。米国はこれによって日本の声明した平和的意図に疑いを抱き、対日経済断交を決意したという。

南部仏印進駐は、日本を経済的危機に陥れる国際的包囲への予防措置として行なわれた。実施前に日本政府はフランス政府と進駐のための協定を結んでいたが、ルーズベルト大統領は、もし進駐が実施されれば、対日石油禁輸を実施せざるをえないと警告していた。

それでも日本軍は進駐を実行するのだが、既にその3日前の7月26日に、ルーズベルトは合衆国内の日本の全資産凍結の行政命令を出し、英蘭もこれに追随していた。これに関してパールは、米国務省が日本の南部仏印進駐の情報を得るより前に、日本大使館には既に米国務省が日本資産凍結を考慮中、もしくは決定済みという情報が入っていたという事実を指摘する。

ルーズベルトは、日本が南部仏印に進駐したため凍結令を出したと言ったが、日本側は、米国は既に対日石油禁輸を決定しており、その影響を避けるためにこそ南部仏印進駐を強行しなければならなかったと主張したのである。

日本側は日米交渉再開のため、太平洋地域における公正な平和が確立されれば、仏印から撤退するという新提案を行なった。支那事変が公式な和平に至らなくても撤退するというのであり、事実上の譲歩だった。

検察側は、日本はその前にフランスに仏印撤兵を確約していたから、これは譲歩に当たらないと主張した。しかしパールは、日本が日米交渉で譲歩しようとしていたかどうかは、日本が米国に対して何を表明したかによって判断されるべきで、他の国との協定は関係ないと批判する。

パールは、東条内閣は甲案で「真に重大な譲歩を行った」と認める。三国同盟に関しては表面上の変化はなかったが、甲案提出前に米国が対独参戦を始めていたにもかかわらず、日本が米国を攻撃せずに協定を結ぼうとしていること自体が、事実上の三国同盟の死文化を意味していた。通商無差別原則と中国撤兵問題についても前述のとおり譲歩が行なわれた。

乙案は、南部仏印の兵を北部に移すことを条件に、石油など物資の供給を得ようという最後の暫定協定案だった。しかし米国側はその乙案をも拒否した。

検察側証人のバランタイン国務省顧問はその理由を、もし乙案を受諾すれば「合衆国は日本の過去における侵略を看過し、また将来における無限の征服に同意することを意味し、また合衆国の一般外交政策のもっとも重要条件に関する過去の総ての見地の放棄、合衆国の中国にたいする裏切り、また合衆国は無言の提携者として日本が西太平洋および東亜全域において盟主権を確立する努力を教唆するの地位を受諾するということを意味したのであり、また太平洋における米国の権利を固守し維持する機会を潰してしまい、最後の意味において米国の国家的安全にもっとも重大な脅威となった」からだと証言した。

パールは、こんな徹底的な理由で乙案を拒否したのなら、そもそもなぜ最初から日米交渉に応じたのか理解できないという。つまり米国側にはもともと交渉を成立する意思は全くなく、単に時間を稼ごうとしたに過ぎないという疑念を持たざるを得ないのである。

1941年11月26日、ハル国務長官は日本代表に回答を行なった。いわゆる「ハル・ノート」である。それは8か月間の日米交渉を全く無視するものだった。

まず、それまで一度も提案されたことのない「多数国間の不可侵条約」「仏印に関する多数国間の条約」が要求されていた。これはいたずらに問題を複雑化させ、著しく時間を要することであった。

また、今後討議するはずの、中国からの撤兵の時期および条件については、中国のみならず仏印まで含めて「即時かつ無条件の撤退」に変わっていた。

さらに蒋介石政権以外、中国におけるいかなる政府または政権も支持しないという条件を突きつけていた。これは汪兆銘の南京政府、および満州国を否定するものだった。満州国の否認までは求めていなかったという説もあるが、パールはそうは見ていない。それまでの交渉では、満州国の承認問題は今後の交渉に委ねられることになっていたのに、ハル・ノートでは今後の交渉は打ち切られ、満州国問題は放棄されることになるからである。

そして三国同盟については、米国の自衛行動に対しては発動しないという譲歩で事実上合意されていたはずなのに、突然、三国同盟条約そのものの破棄を求めてきた。

その上に、それまでの交渉で言及されたことのない、中国における治外法権の放棄、租界および義和団事件議定書に基づく権利の放棄を求めていた。

被告たちはこれを最後通牒と考えた。ある者はこのような条件を呑めば、やがて日本は朝鮮からの撤退に追い込まれると思った。日本の大陸における権益は全く水泡に帰し、日本のアジアにおける威信は地に落ち、対外的情勢としては、戦わずして敗戦後と同じ状況になるといって差し支えなかった。それは満州事変の状況より悪い、「日露戦争前の状況に還れという要求」だった。

日本の指導者たちは、これを受諾することは「日本の東亜における大国としての自殺である」と考えた。

ここで、パール判決書の中でも特に有名な、このフレーズが登場する。

「真珠湾攻撃の直前に米国国務省が日本政府に送ったものとおなじような通牒を受取った場合、モナコ王国やルクセンブルグ大公国でさえも合衆国にたいして戈をとって起ちあがったであろう」

これはアメリカの経済史家アルバート・ジェイ・ノックの言葉で、ブレークニー弁護人が最終弁論で使った中の一節をパールが引用したものである。このフレーズをパール判事の意見、あるいは言葉として紹介すると、あたかも「歪曲」であるかのように非難する者がいる。だが、あくまでもこの言葉はパール判決書で紹介されることによって有名になったものであり、したがってパール判決書の言葉とみなして紹介するのは特段不自然なことでもない。パールは判決書で、他にも欧米の学者・研究者から膨大に引用しているが、これらも含めてすべてがパール判決書なのである。

ともかく、米国の歴史家が見てもハル・ノートは不当なものだった。パールはさらに「現代の米国歴史家」の意見を引用する。ハル・ノートについては日本の歴史・制度や日本人の心理について何ら深い知識を持たなくとも、二つの結論を下せる。第一に、日本の内閣は即時倒壊かそれ以上の危険を冒すことなしに、受諾することはできなかった。第二に、米国高官は日本がハル・ノートを到底受諾できないだろうと感知していたことは間違いない。特にルーズベルト大統領とハル国務長官が、日本政府はハル・ノートを受諾するだろうとか、ハル・ノートが戦争の序幕にはならないだろうとか考えるほど、日本の事情に疎かったとは到底考えられない。

事実、ルーズベルトは、ハル・ノート手交の翌日には米国前哨地帯の諸指揮官に、開戦が近いと警告する文書を送っていた。

パールは、ハル・ノートが争点を不可欠最小限の条項に限定するという外交上の慣例にあえて従わず、全面的最大限の要求をしていたことを指摘する。

これは事実上、東洋全体に対する米国政策の最大限の要求と同じものだった。それは、その10年前の1931年に満州事変への対抗措置として、満州に限定して適用すべきと米国務長官が行なった提案と同様の主張だったが、その限定適用でさえ、危険だとして当時の大統領が断固拒否したものだったのである。

1936年末以降、米国は日本に対抗して、いろいろな方法で中国を援助した。

既に考察したとおり、これは国際法上の中立国ではなく、まさに交戦国である。

米国としては、中国も日本も支那事変を戦争だと宣言していないから、両国間に戦争は存しなかったと言うのだろうが、検察側は支那事変を戦争と性格づけている。それでいて米国の行動を正当化するために、支那事変は戦争ではなかったと主張することは許されないであろう。

日中間が戦争状態であれば、日米間も戦争状態だった。それに、仮にこの米国の行為が交戦行為でないとしても、米国は戦争一歩前の手段を採っている。

1938年7月、航空機の対日輸出に「モーラル・エムバーゴ（道義的禁輸）」を断行。1939年7月、半年後の通商条約失効を通告。1940年夏、対日輸出の大部分に統制を加える。1941年6月、一米国人が蔣介石の政治顧問になり、蔣政権に援助物資を送るビルマ・ルートの交通運輸改革のため、幾多の米国人が派遣された。さらに米軍飛行士たちが中国軍に志願編入することを承認（いわゆる「フライング・タイガース」である）。1941年8月には米国軍事施設団が中国に派遣された。

中でも1941年7月26日、米国が日本人の在米資産を凍結したことを、パールは「経済戦の宣戦布告」と呼んでいる。

パールは当時の経緯と、それに伴う日本人の心境について、被告の一人、東条内閣の海軍大臣だった嶋田繁太郎の供述をかなり長く引用する。

嶋田は閣僚の一員として「日本のなしうべき譲歩の最大限度」を考察し、「誠心誠意力をつくし」戦争回避に努めた。

「誰一人として米英との戦争を欲した者はなかった。日本が四ヵ年にわたたって継続し、しかも有利に終結する見こみのない支那事変で手一杯なことを軍人は知りすぎるほどよく知っていた」

しかし海軍の持つ石油量は2年分、民需用は6か月分しかない。12月になれば北東台風が台湾海峡、フィリピン島、マレー海域に強烈になり、作戦行動は困難となり、翌春まで待てば石油量の漸減で、もう戦えないという状況にあった。そんな中で受け取ったハル・ノートは、「青天の霹靂」だった。

「この米国の回答は頑強、不屈にして、冷酷なものであった。それはわれわれの示した交渉への真摯な努力を毫も認めていなかった。ハル・ノートの受諾を主張したものは政府部内にも統帥首脳部にも一人もいなかった。その受諾は不可能であり、本通告はわが国の存立を脅す一種の最後通牒であると解せられた。右通告の条件を受諾することは、日本の敗退に等しいというのが全般的意見であった」

「いかなる国といえども、なお方途あるにかかわらず好んで第二流国に転落するものはない。……すべての主要国はつねにその権益、地位および尊厳の保持を求め、この目的のためつねに自国にもっとも有利と信ぜられる政策を採用することは、歴史の採用するところである。祖国を愛する一日本人として、余は米国の要求を容れ、なおかつ世界における日本の地位を保持しうるやいなやの問題に当面した。わが国の最大利益に反する措置を採るのを支持することは叛逆行為となったであろう」

ハルは真珠湾攻撃の少なくとも1週間前に、英国大使に**「外交の面においては日本との関係は事実上終りを告げた。いまや問題は陸海軍当局者の手に移される」**と言っていた。

米国は1941年7月の全面禁輸以降は、単に時間を稼いでいたのである。その時、米国としてはまだ戦争を開始するには危険が大きかった。ソ連がドイツの攻撃に持ちこたえられるかがわからなかったのである。しかも米国としては、中国が日本と妥結し、西洋諸国に反攻する日中提携を成す危険も合わせて警戒しなければならなかった。

全面禁輸の後に残る唯一の問題は、日本がいつ、どこで戦争開始の一撃を下すかということだった。米国側としては、開戦は延期できればそれだけ有利だった。アメリカ側が徹底的な禁輸をもっと早くから実施しなかったのは、米国がその時日本に対して友好的だったからではない。まだアメリカに対日戦争の準備が整っていなかったからである。ドイツが米国を攻撃できないという確証を得るまでは、米国は太平洋において全面的戦争を起こすことはできなかったのである。

検察側は、日本を不法とし、戦勝国を正当化するためにパリ条約、9か国条約と4か国条約に大いに依拠している。パールは、ここでは正当性の問題には関心がないとしながらも、その諸条約がどういうものであったか検証する。

パリ条約は何度も言っているように留保条約で穴だらけだった。防衛戦争には適用されないため条約違反の立証は容易ではなく、違反について審理・調査を行なうための取り決めもない。違反が行なわれたとしても、違反国を処罰する規定も何もない。中立義務もそのままなので、条約違反に対する制止手段としてボイコットをすることはできない。9か国条約も、違反国を処罰する仕組みはなかった。4か国条約は、締約国の「共同会議」等で問題解決を目指すという程度のものので、共同防衛の行動を取るという明確な仕組みもなかった。

以上の検証からパールは、日本に対して連合国が行なった処置は、支那事変に「直接参加するにも等しい行為であった」と結論付ける。それは中立の理論を無視し、また国際法上の根本的な義務を棄てて顧みないものだった。

しかしパールは日本に対して再三表明しているのと同様に、連合国に対しても善悪や正不正、当否の判断をしているのではなく、非難しているのでもないという立場を示す。ここで述べたいことは、連合国は既に支那事変に参加しており、その後に日本が連合国に対して採った敵対手段は、どれも「侵略的」とはならないということだけである。いずれにせよ起訴状で主張されたような共同謀議の存在がなくとも、真珠湾攻撃に至るまでの理由は十分説明できる。

「日本は、アメリカとの衝突はいっさいこれを避けようと全力をつくしたけれども、しだいに展開し、来たった事態のために、万やむをえずついにその運命の措置をとるにいたったということは証拠に照らして本官の確信するところである」とパールは断言する。

提出された証拠からは、真珠湾攻撃を、日米両国が平和状態にある時に日本が突然行なった、予期されなかった「背信的攻撃」であると判断することは全くできなかった。パールは日米間の全経緯を確かめ、「この点においては日本側にはなんらの背信はなかった」と認めるのである。

結論

判決書の中核を成す「全面的共同謀議」の結論に入るにあたってパールは、問題は諸事件を「正当化しうるか」ではなく、「共同謀議以外で説明できるか」であるという前提をまたも強調する。

一つ一つの出来事について共同謀議を直接証明する証拠は何もなかった。後は、証拠全体を蓄積して見た考察が残っているだけである。

検察側は、直接的な証拠がなくても間接的な証明はできると主張した。つまり、「中間的事実」（満州事変、支那事変などの個々の諸事実）が、証明すべき「主要事実」（計画的なアジア侵略戦争）に極めて近いから、それが証拠だというのである。

パールは、これは単に「推定価値」を持つにすぎず、先入観をもって事を始めてはならないと警告する。検察側の主張は、「中間的事実」と「主要事実」の間に「共同謀議」以外では説明できない関係が成立していなければ証明されないのである。

また、全体的、総合的に見れば、初めて十分説明できるという主張もあるが、よしんばそのような反論が成立するとしても、その考え方には一つの大きな仮定が入っている。各々の事件が他の方法で完全に説明されるのであれば、一切の事件を、ただ一つの決定的な仮定を原因としなければならない理由がどこにあるのかとパールは批判する。世界のどんな国の対外政策も、一つの共同謀議を表すものではない。日本は諸種の要因に影響されて、満州政策、中国政策等の対外政策を採用したのである。

そしてパールは「全面的共同謀議」の結論の核心を次のように語る。

「日本の責任ある為政者らは、そのときそのときの政策を決定するにあたって、かれらが日本国民の必要ならびに困難として了解したところを無視できず、また実際無視しなかったのであって、これらの事情が決定的要因として作用したにちがいないのである。特定の動機を、ある国の対外政策を左右する人々の責に帰することは容易である。しかし右のような責任ある為政者は、かならずしもたんに邪悪な企図に動かされて行動するものとはかぎらない。われわれが好まない国の為政者の場合でも、かれらの任務は、その国の国民にたいする責任をともなったということを忘れてはなら

ない。すでに論じたように、これらの為政者は、右のような困難がたとえみずからつくり出したものである場合でも、またある先任者らがつくり出したものである場合でも、これをいささかも無視できないであろう。右のような困難の起因でさえも、為政者がそのような困難に対応するために、ある政策を採用した場合、その政策をもって共同謀議とするものではない。

　ここで重ねてつぎのことはわれわれの現在の目的にとって重要でないことを強調したい。すなわち、日本が、ある特定の時期に採用したどの政策にしても、あるいはその政策に従ってとったどの行動にしても、それが法律的に正当化できるものであったかどうか、ということである。おそらくそれは正当化できるものではなかったのであろう。しかしここでのわれわれの関心事は諸種の事情からして、右の政策ないし行動の採用をいわゆる共同謀議の存在をまたないで説明できるかどうかということだけである。

　本官としては、本判決中、いままでのところで、先入観をもつ者でないかぎり、なんびとにもこれらの事件がいわゆる共同謀議なしに発生したものであることを納得するだけの資料を与えたと信ずる。日本の為政者、外交官および政治家らは、おそらく間ちがっていたのであろう。またおそらくみずから過ちを犯したのであろう。**しかしかれらは共同謀議者ではなかった。かれらは共同謀議はしなかったのである。**

　起こったことを正しく評価するためには、各事件を全体中におけるそれ本来の位置にすえてみて初めて、正しく評価することができる。これらの事件を生ぜしめた政治的、経済的な諸事情の全部を検討することを回避してはならない。

　イギリス中心の世界経済秩序、ワシントンにおける外交工作、共産主義の発展とソビエトの政策にたいする世界の輿論、中国の国内事情、列国の対中国政策と実際の行動、日本の随時の国内事情のような諸事情に、本官が論及しなければならなかったのも以上の理由によるのである」

　以上の長い文脈の中から、サヨクは「おそらくそれは正当化できるものではなかったのであろう」「おそらく間ちがっていたのであろう。またおそらくみずから過ちを犯したのであろう」という部分だけを切り取り、パール判決書全体が「日本の道義的責任を追及した」と主張し続けてきたのである。それがいかに非常識であるか、もう明白だろう。

第一にパールは「正当化できない」「過ちを犯した」と断定はしていない。そもそも、そんな判断はこの裁判の目的には関係ないと表明するために言っているのである。ここで言わんとしていることは、たとえその判断が誤りだったとしても、それは「共同謀議」で故意に行なった陰謀ではなく、彼らは国民に対する責任を負い、困難に対処しようと政策を採用したこと、その政策は国内外の様々な要因に影響されていたということである。そう読み取れなければ、根本的な国語力が疑われる。

パールは再度「満州占領についてさえなんらの共同謀議を示すものではなく、まして全世界支配の共同謀議などはなおさらのことである」と念を押す。

当時、満州に関して組織的宣伝が行なわれていたが、その宣伝は他の国と全く同様に普通の平和的な方法で行なわれ、不正手段は全然採られていなかった。

輿論は政府の政策決定の要因であったかもしれないが、諸要因のうちの一つに過ぎない。また、輿論も宣伝だけでできるものではなく、その他の要因が日本国民の生活に働きかけ、輿論を形成する素地ができていたのである。

全てが、同時に数個の要因が作用していった結果だった。徐々に諸情勢が発展して、それが新たに発生した諸情勢を発展させていったのである。その途中には、ある特定党派の者が、特定の目的達成のために計画したものがあったかもしれない。しかし全体が何らかの企図の結果であったことにはならないのである。

パールは言う。

「本官の意見としては、全面的共同謀議という話全体は、途方もない非常識なものであると思う」

長々と続いた「全面的共同謀議」の検証もついに結論を迎えようとしているが、パールはここで「この問題を去るにさき立ち、きわめて重要な事実に注意を喚起したいと思う」と言う。検察側は日本とドイツを同一視しているが、果たして東条英機とヒットラーは同じだったのか？

パールの判断は明快である。日本に関しては**「ヒットラー支配下のドイツで生じたといわれているものに類したことは、一度も聞いたことがない」**という。

「日本においては、輿論はつねに有力な要素であった。

それはつねに内閣の運命を決定することができた。いやしくも輿論形成の要ある場合には、それは完全に合法的に行われた。いずれの個人にしても、いずれの団体にしてもなんらかの方法で、この輿論を抑圧しえたということを示すものは、一つとして本裁判所に提出することができなかったのである」

重臣、政治家など、極めて高い地位にあった人々が証言に立ったが、その証言は被告たちの行動が「愛国心の発露であるという以外のなにものとも考えられなかった」と明らかにした。もはや東条たちは囚われの身で、何ら彼らを恐れることない状況で行なわれた証言である。

パールは「被告がどのようなことをしたにしても、それは純然たる愛国的動機から行ったのである」と断定し、さらにこう述べる。

「東条一派は多くの悪事を行ったかもしれない。しかし日本の大衆に関するかぎり、東条一派はその大衆にたいする行為によって、大衆を、思想の自由も言論の自由もない恐怖におびえた道具の地位に陥れることには成功しなかったのである。日本の国民はヒットラーのドイツの場合のように、奴隷化されなかったのである。国民は自己の信条、信仰および行為については完全に自由を保持した」

パールは、当時の日本に情報操作や輿論誘導があったことも十分知っている。しかし、どこの国の政府も大衆感情を操る道具として心理学を利用しており、その意味で輿論が「国民各自の絶対的に独立かつ自由な意見」と言いうるところは世界中どこにもない。ただしドイツのような特殊なケースとは全く違うのである。

「この期間における日本の輿論は、宣伝によって影響を受けたかもしれない。しかしこの目的のためにとられた手段については、常軌を逸した、不法な、ないし犯罪的なものはすこしもなかったのである。日本には独裁者はいなかった。特定の個人にせよ、個人からなる団体にせよ、いっさいの民主的抑制を超越して独裁者として出現したものは、かつてなかった。政府のなした決定には、一つとして独裁者または独裁的団体の決定であると呼びうるものはなかったのである。あらゆる処理の提案、あらゆる措置の実施が、いかに国務処理の責任者たちの慎重熟慮審議の結果であったか、またかような決定に到達するにあたって、つねにかれらがいかにかれらの理解する輿論と公衆の利益に敏感であったかは、証拠の明らかにするところである」

そしてついにパールは「いっさいの事情を考慮し、証拠全体を慎重に検討した結果」としての結論を下す。

いかなる時期にも、どのような共同謀議も、存在したことはない。

起訴状に記されていることは、証拠によって立証されていない。

被告の誰も、共同謀議に参画していたことが証明されていない。

これが結論である。もちろん、道義的責任など一切書いていない。

以上で「共同謀議」という起訴事実に関する膨大な検証は全て終わった。

だが、まだ本質的な問題が一つ残っている。それは、たとえ共同謀議の事実があったとしても、「共同謀議自体はなんら国際生活上の犯罪ではない」ということである。

検察側は、共同謀議で実行されたとする行為とは別に、共同謀議自体を犯罪とした。実際に犯罪を行なわなくても、犯罪計画を話し合っただけで犯罪になるのである。東京裁判では、実行されなかったソ連に対する戦争が「共同謀議罪」として訴追された。

検察側は「共同謀議罪」は事後法ではないと正当化したが、その根拠は、

① 国際法の源泉の一つは、文明国によって認められた法の一般原則である

② 共同謀議は、文明国の国内法では犯罪と認められている

③ だから共同謀議は国際法上の犯罪である

……という、かなり大雑把な三段論法である。パールはこれを承認しがたいとして、検討を行なう。

第一に、「国際法の源泉の一つは、『文明国によって認められた法の一般原則』」とは言えない。前述のとおり、国際法は個人の刑事責任という「法の一般原則」を取り入れるには至っていない。検察側が根拠にした１９３６年の「常設国際司法裁判所規程」は、単に法の一般原則を「適用しうる」と言っただけだった。

第二に、「共同謀議は、文明国の国内法では犯罪と認められている」とも言えない。共同謀議罪は国内法においてさえ問題が指摘されているのである。

法の主体となるのは「行為」である。思想や意思は、

行為を伴わない限り法の支配を受けない。実際に犯罪を行なわなくても、その意思を持っただけで有罪にできる共同謀議罪の理論は、米国の議会や学会でも非難を浴びていた。

諸国における「共同謀議」は、あくまでも国家の存立を危うくするような重大犯罪行為を予防することが目的で、予防手段を講じていなければ共同謀議罪は存在の意味がない。そして国際社会には予防措置など何一つなかった。

また、共同謀議だけで犯罪が成立しては、一度共同謀議に参加したが最後、後で犯罪実行を思いとどまっても意味がなくなってしまう。

このような「共同謀議罪」を国際生活に取り入れることに正当性は認められないばかりか、かえって危険である。自衛か侵略かを決める国際的機関が存在しない以上、それを決めるのは勝者の権限となる。それと同様に、「共同謀議」の規則も勝者が勝手に適用できるものとなる。「たんにある無法な勝者の手に一つの危険な武器を与える」かもしれないと、パールは危惧する。それはまさに、東京裁判で行なわれたことそのものだったと言えよう。

以上のことから、パールは「共同謀議」はただそれだけでは国際法上の犯罪ではないという結論を下すのである。

第五部　裁判所の管轄権の範囲

ここでパールは一旦留保した論点である、東京裁判で扱う範囲を決定する。

検察側が主張した「全面的共同謀議」が成立すれば１９２８年１月１日からとなるところだったが、今やそれは全く証明されていないことが明らかとなった。これにより満州事変、張鼓峰事件、ノモンハン事件はポツダム宣言および日本降伏のはるか前に終結しているという簡単な理由に基づき、裁判の管轄外となる。

満州事変、熱河作戦など満州に関する紛争は１９３３年５月31日の塘沽停戦協定で終結、その後の騒動も１９３５年６月10日の梅津・何応欽協定で解決し、その後日中関係は改善している。

満州国に対して、蔣介石政権は関税、郵便、電信、鉄道に関して取り決めを結び、「広田三原則」に基づき満州・華北の現状承認について論議する同意も示した。ソ連は満州国を中国と別個の国家として承認した。満州に関する敵対行為が終わったのは、日本降伏のはるか前だった。

弁護側は中国との戦争でさえ、中国が宣戦布告した１９４１年12月９日から開始されたものと主張している。しかしパールは１９３７年７月７日の盧溝橋事件から開始されたという主張を採る。

宣戦布告などの予備手続きをせずに敵対行為を起こすことは禁じられているが、実際にはそれを経ずに戦争が勃発することはある。戦争とは手続きの有無ではなく、状態をいうのであり、日中間の１９３７年７月７日以降の「状態」は、まさに戦争だったのである。

ここで問題になるのは、ポツダム宣言およびカイロ宣言の条文にある「戦争」とは、どの戦争を指すのかである。これは宣言を発した米・英・中の３国が共同して戦った戦争と解釈でき、この意味においては１９４１年12月７日の真珠湾攻撃で開始された戦争以外にはありえない。

それ以前から日中は戦争状態だったが、日中両国とも戦争とは宣言しなかった。米国は中国にできる限りの援助を与えており、もし米国が日中間を戦争と認めていれば、国際法上米国も交戦国となる。それを避けるため、米国もこれを戦争とは認めなかった。しかしパールは**「この場合には、米国はみずからの行為によって真珠湾攻撃のはるか以前から交戦国となっていた」**と断定、米国が中国の側に立って参戦していた以上、日本は米国にいつでも、どのような敵対措置でも採りえたとする。

それでも真珠湾攻撃以前は日米双方とも、日中間は戦争ではなく、したがって日米間も平和的関係にあるものとして交渉していた。

日本が「戦争」と認めなかったのは、パリ条約の拘束や、戦争を行なったという非難を逃れ、戦争遂行による国際法上の義務の回避を狙ったものと思われる。戦争を宣言すれば封鎖の権利など貴重な交戦権が手に入ったが、日本は戦争を局地化するため、その権利を自ら棄てたとも言える。

中国が「戦争」と認めなかったのは、いわゆる「中立諸国」の援助を必要としていたからと見られる。

米国が「戦争」と認めなかったのは、交戦国への武器・軍需品の輸出を禁ずる中立法の適用を逃れるためで、平和に専念し、法の支配を支持する国家ならばこのようなことは一切避けるべきであるが、とにかく米国はこれを戦争と認めないことで、中国に援助しながら日本との「平和的関係」を続けたとパールは見る。

とにかく中国と米国は真珠湾攻撃以前の状態を「戦争」と認めていなかった。また、カイロ・ポツダム両宣言では、日本に台湾・朝鮮、および支那事変による占領地など全地域からの撤退を求めていた。台湾や朝鮮が含まれていることで明白なように、これは「現在行われている戦争以外によって占領した地域」という意味になる。つまり支那事変を、現在行なわれている戦争とは別個の戦争と見なしているのである。

そうである以上、カイロ・ポツダム両宣言が言う「戦争」は１９４１年12月７日の真珠湾攻撃以降だとする弁護側の主張は「きわめて有力」であり、裁判所の管轄権はこの戦争中に限られなければならないと、パールは一旦結論付ける。

しかしパールは、一方において１９３７年７月７日に盧溝橋事件により日中間で開始された敵対行為を「戦争」と名付けないわけにはいかないと続ける。その後の戦争はすべてこの敵対行為に端を発しているのであって、米・英・中がこの大戦に至った主原因である事件（支那事変）に言及する意向が全然なかったと考えるのは困難である。また、米・英・中がカイロ・ポツダム両宣言の時点に至ってさえも、法律的技術にこだわって「戦争」から支那事変を除外したと推定しうる証拠は全然ない。

以上の検討の結果、パールはむしろカイロ・ポツダム両宣言が指す「戦争」とは１９３７年７月７日の盧溝橋事件以降の敵対行為を含むとする見解を採る。

第六部
厳密なる意味における戦争犯罪

殺人および共同謀議の訴因

検察が起訴状に挙げたのは「平和に対する罪」「殺人および共同謀議の罪」「通例の戦争犯罪および人道に対する罪」だが、「平和に対する罪」は「全面的共同謀議」で検討を終えた。次は「殺人および共同謀議の罪」である。

裁判所条例では「人道に対する罪」として条文に「民衆にたいしてなしたる殺戮、殲滅、奴隷的虐使、追放その他の非人道的行為……」と書いていたが、起訴状提出の数日前に「民衆にたいして」を削除した。明らかに、ナチスのような「民衆にたいして」の「人道に対する罪」がなかったための修正であるが、裁判所条例は犯罪を定義していないという立場のパールにとっては、これ以上検討する必要はなく、条例が修正されたことを指摘するに留めている。

検察側は、通常の合法的な戦争には「殺人罪」を適用できないが、「侵略戦争」や真珠湾攻撃などの「宣戦布告前の攻撃」は非合法であり、不当・不正に行なわれた戦争行為による殺害は、殺人罪を適用できると主張した。

しかしパールは、正当・不当に関わりなく、戦争中に行なわれた殺害であると立証されれば、殺人罪の定義の範疇外であると断定。その戦争自体を正当化しなければならない必要はないと言う。仮に検察側の主張どおり起訴状に挙げられた戦争が国際法上不法なものだったとしても、そこにおける殺害は国家の行為の結果として、法的には扱われるのである。

さらに、戦闘開始前に宣戦布告を義務とするような原則も確立されておらず、国際法の権威・ホールは「そのような、ドンキホーテ的任侠を義務であると主張する者はないことはいうまでもない」とまで言っている。

また、パリ条約によって法律上、正当な戦争と不当な戦争の区別が生じたとする立場の学者であるオッペンハイムでさえ、戦争そのものに適用される国際法は、正当・不当を問わず、同じ規則が有効とされると明言している。また、オッペンハイムは宣戦布告のない戦争は不法ともしているが、始め方が不法でも、その戦争自体は不法ではないと言っている。いずれにせよ、不当な戦争だから殺人罪が適用されるなどという見解は全く認められていないのである。

検察側は単に宣戦布告がなかったことにとどまらず、これを「背信的戦争」と申し立てている。しかし外交交渉と同時に戦争準備を進めることは双方ともに行なっていたことであり、しかも米国は日本が攻撃しようとしていることを事前に知っていたことを指摘し、パールは「宣戦布告前の攻撃による殺人」に関わる訴因全てに無罪の判断を下す。

検察側は、国際法に反して住民を鏖殺《おうさつ》（皆殺し）することを「命令、授権、許可」したとも訴追していた。しかしそんな命令、授権、許可があったことを示す証拠は絶無であり、パールはこの訴追についても全て無罪とする。

もう一つ検察側は、捕虜や一般人等を大虐殺する「共同謀議」が行なわれたという訴追もしている。

だが共同謀議が行なわれたとする直接証拠は一つも提出されていない。ただ、類似した残虐行為の主張が多いため、これは個々の行動ではなく、共同謀議で行なわれていたのだと言うのである。

しかしパールは、類似した主張が多いことは、全く正反対の結論を引き出すかもしれないとして、こう言う。

「世界は、憎悪心を喚起するために、事実無根の残虐な話の例を、いままでまったく聞いたことがないわけでもない」

パールは、南北戦争で敵愾《てきがい》心を煽る宣伝のため作られた虚偽の捕虜虐待話が、日本軍によるとされる残虐話と「驚くほど類似している」と指摘する。

証拠の取捨選択にはある程度の警戒が必要である。類似した残虐行為の証言が多数あるというならば、その証言には他にも類似点があることを見逃してはならない。つまり、ほとんど全部の殺戮事件において、つねに一人の人間だけが不思議なほど類似した状況のもとに、殺戮現場を脱出し、その唯一の生き残りが証言を行なうのである。パールは、提出された証拠に対し、次のように疑念を表明する。

「たとえかれらがその両の目で見たと主張する場合でも、かならずしも信じられないことは、われわれのよく承知しているところである。かれらになにかを暗示し、かれらの思考作用を一定の線に沿って働かせ、ちょっと驚かし、ちょっと惑わしてみよ。何事でも起こりうるのである」

検察は、日本の宣伝映画に英国、オーストラリア、オランダの捕虜や抑留者が出演を強いられたが、彼らは十分な食糧を与えられていなかったと主張した。

パールは、映画の撮影中に楽しそうに振る舞うよう強制されたことは了解できるものの、1年以上飢餓に苦しんでいたようには到底見えず、映画はむしろ捕虜や抑留者の扱いがよかったことを示しているとして、捕虜の取り扱いに関する検察側の言い分に疑義を呈する。

戦時において敵の残虐行為の話がエスカレートしていく心理については、ヘッセルタイン博士が指摘している。国難に立ち向かう人々の愛国の精神は、敵国に対する極度に激しい敵意を起こさせる。それは戦場に限らず銃後の社会でも同様で、自分たちの愛国心に反比例する嫌悪をもって敵を憎悪するようになり、敵の言語、人種または文化上の特異点はより重い罪を意味するものとなる。平和な時にはある程度存在した批判力は萎縮し、敵の犯した残虐行為の物語が真実味を帯びてくるという。

パールはこれに加えて、戦闘の敗北による士気の低下を回復するために敵の野蛮性の例を持ち出す場合があることを指摘し、さらに今回は「これに輪をかける追加的な不幸な要素が存していた」という。それは、人種問題である。

「日本側の手中にあった捕虜たちの数は圧倒的に多数であって、これは実に各白人種国家が痛感したように、白人種優越性の伝説を完全に覆した戦闘の結果を示したものであった。この損害を補う一手段として、非白人種である敵にたいするかのような宣伝工作を考えついたのかもしれない」

パールはこの件に関する証拠からは、共同謀議があったという結論は全く見出せないと結論付ける。

検察側もこの主張の困難に気付いたらしく、最終論告で、別の理由ではあったが、これらの訴追を放棄していた。これによって「殺人および共同謀議の罪」も検討を終了する。

日本占領下の諸地域の一般人に関する訴因

残るは「厳密なる意味における戦争犯罪」だけ。全部で55項目あった訴因も、訴因54、55の二つのみである。訴因54は、被告が現地の司令官などに違法行為を「命令、授権、許可」したというもの。訴因55は、故意または不注意で、違法行為を防止する手段を執る義務を無視したという「不作為責任」である。

「不作為責任」は、ニュルンベルク裁判には存在しないものだった。ナチス戦犯は全て、一般人や捕虜の殺戮・虐待、諸都市の理由のない破壊、一般人労働の強制徴用など、特定の戦争犯罪の共同計画・共同謀議を立案し、実行したとして訴追されていた。

「不作為責任」は、日本とナチスが違うために付け加えられたと思われるが、そのため東京裁判の裁判所条例は「不作為責任」を管轄に入れておらず、これは裁判の管轄外となるべきものだった。しかし検察側は、不作為の結果として戦争法規違反が生じたという解釈から、究極的には戦争法規違反が被告の行為であるということを立証するとしている。

証拠の検討に入る前に、パールはもう一度注意を促す。

「戦争犯罪の話は激怒または復讐心を産みだすものである。われわれは無念の感に左右されることを避けなければならない」

「そこには、当時起こった事件は昂奮した、あるいは偏見の眼をもった観測者だけによって目撃されたであろうという特別の困難がある」

第一次大戦中にも英国の新聞が、ドイツ人は兵隊の死体を豚の飼料として煮ているというデマ記事を載せ、いまだそれを信じている人もいる。今日の文明世界の国々は、それが国家のためとあらば「**奇怪な物語**」を創作し、民衆に「**その全部を鵜呑み**」させることに何の危惧の念も感じないという事実を無視することはできない。

これに加え、第一次大戦以来敗軍を裁判し、処罰する要求が非常に強く、その心理の中には、無意識的に現実をゆがめ、無意識の希望を現実と認めたい熱望が絶えずありうる。こういう過去の宣伝の歴史が、重要な関連を有するのである。

ここでパールは言う。

「これに関連して申し述べておきたいことは、南京暴行事件に関する発表された記事でさえ、世界は誇張されているものであるという疑念をもたないでは受け取りえないということである」

パールは「南京暴行事件」を、曲解と誇張に対する疑惑から語り始めるのだ。

事件の主な証人は許伝音とジョン・ギレスビー・マギーの二人。しかしパールは「両証人の申し立てたすべてのことを容認することは、あまり賢明でないことを示すために、いくつかの実例を指摘するに止めよう」という前提でその証言を列挙する。

例えば、二人の日本兵が夫と夫の両親の目前で妻を強姦し、一家は悲憤のあまり全員河に飛び込み自殺したと話す船頭の話を聞いた、という証言があった。伝聞証言である。証人は聞いたことを鵜呑みにしているが、その場にはたった二人の日本兵に対し、娘と夫、夫の両親、目撃者の船頭がいたはずである。しかもその一家は生命よりも名誉を重んじていた。そんな一家の目前で強姦などできたのだろうかと、パールは疑問を呈する。

また、ある部屋に一人の中国の娘と、眠っている日本兵がいるところを発見したというだけでも、証人は躊躇なくそれを強姦事件と断言している。

「われわれはここにおいて昂奮した、あるいは偏見の眼をもった者によって目撃された事件の話を与えられているのではないか、本官はこの点についてたしかではない」

さらにパールは、実際には乏しい情報しかなかったにもかかわらず、昂奮によって彼らの信念は軽信へと導かれていたと断定している。しかしながら、その後にこう続けるのである。

「これに関し、本件において提出された証拠にたいしいいうるすべてのことを念頭において、宣伝と誇張をできるかぎり斟酌しても、なお残虐行為は日本軍がその占領したある地域の一般民衆、はたまた、戦時俘虜にたいし犯したものであるという証拠は、圧倒的である」

サヨクはこの一節だけで大喜びし、この次の行以降の記述を一切無視する。いかにサヨクが「都合のいいところだけつまみ食い」しているかという証左である。

パールはすぐ次の行にこう書いている。

「問題は被告に、かかる行為に関し、どの程度まで刑事的責任を負わせるかにある」

そもそも東京裁判では、事実の有無は検察・弁護双方とも争点にしていない。裁判官としては、証拠の信憑性に疑義は呈しても、事実そのものが完全になかったなどと、検察も弁護も主張していない判断を下すことなどするわけがないのである。

問題は「A級戦犯」として訴追されている被告に刑事責任があるか否か。具体的には、残虐行為を「命令、授権、許可」したか、「不作為責任」があったか、争点はこれだけである。

多くの場合、残虐行為の実行犯として訴追された者は、その直接上官とともに戦勝国によって「厳重なる裁判」を受けており、その処刑によって戦勝国の憤怒は十分鎮圧され、報復感情も満足され、「道徳的再建」などの目的としても、その裁判と処刑は「その数において不十分ではなかった」とパールは言う。「数において」は肯定しがたい思いがあったようにも推測できるが、それはともかく、実行犯（ＢＣ級戦犯）に対する裁きは東京裁判とは別の話であり、ここでは罪が「Ａ級戦犯」の被告に及ぶかどうかである。

パールは検察側が証拠として提出した中国全域およびアジア各地における「残虐行為に関する話」を場所と時間の両面に細分して列挙する。「南京暴行事件」の場合と同様に、証拠に不満足な点がある場合にはその都度指摘するが、全て列挙した上で、こう書いている。

「それらは戦争の全期間を通じて、異なった地域において日本軍により、非戦闘員にたいして行われた残虐行為の事例である。主張された残虐行為の鬼畜のような性格は否定しえない。

本官は事件の裏づけとして提出された証拠の性質を、各件ごとに列挙した。この証拠がいかに不満足なものであろうとも、これらの鬼畜行為の多くのものは、実際行われたのであるということは否定できない」

これまたサヨク大喜びの記述なのだが、もちろんこれも「南京暴行事件」と同じく、弁護側が事実の有無を争っていないためであり、東京裁判の争点は別にあるのである。したがって当然パールは続けてこう書いている。

「しかしながら、これらの恐るべき残虐行為を犯したかもしれない人物は、この法廷には現れていない。そのなかで生きて逮捕されえたものの多くは、己れの非行にたいして、すでにみずから命をその代価として支払わされている」

ここで考慮すべきことは、これらの残虐行為の遂行に、何ら参加をしていない被告たちについてなのである。

そして、これに関するパールの判断は、極めて簡潔である。

「訴追されているような命令、授権または許可が与えられたという証拠は絶無である」

そしてこの点において、東京裁判の対象である事件は、ニュルンベルク裁判の対象だった事件とは「まったく異なった立脚点に立っている」とパールは断言する。ドイツは政策として無謀・無残な方法で戦争を遂行していた。それはナチス戦犯が発した多くの命令、通牒、指令という証拠によって立証されたのである。

また、このような指令は、第一次世界大戦中にもドイツ皇帝が発していた。ドイツ皇帝ウイルヘルム二世がオーストリア皇帝に宛てたとされる次のような書簡がある。

「予は断腸の思いである。しかしすべては火と剣の生贄とされなければならない。老若男女を問わず殺戮し、一本の木でも、一軒の家でも立っていることを許してはならない。フランス人のような堕落した国民に影響を及ぼしうるただ一つのかような暴虐をもってすれば、戦争は二ヵ月で終焉するであろう。ところが、もし予が人道を考慮することを容認すれば、戦争はいく年間も長びくであろう。したがって予は、みずからの嫌悪の念をも押しきって、前者の方法を選ぶことを余儀なくされたのである」

こうして戦争を早く終わらせるために無差別殺人の政策を採ったことは、一つの犯罪と考えられたのである。

そしてパールはこう記す。これは特に重要な一節である。

「われわれの考察のもとにある太平洋戦争においては、もし前述のドイツ皇帝の書翰に示されていることに近いものがあるとするならば、それは連合国によってなされた原子爆弾使用の決定である。この悲惨な決定にたいする判決は後世がくだすであろう」

「もし非戦闘員の生命財産の無差別破壊というものが、いまだに戦争において違法であるならば、太平洋戦争においては、この原子爆弾使用の決定が、第一次世界大戦中におけるドイツ皇帝の指令および第二次世界大戦中におけるナチス指導者たちの指令に近似した唯一のものであることを示すだけで、本官の現在の目的のためには十分である。このようなものを現在の被告の所為には見出しえないのである」

非戦闘員の殺戮を「政策」として行なったのは日本ではなく、ドイツとアメリカであると明言し、堂々とアメリカを断罪したのである。

日本の被告たちは残虐行為を「命令、授権、許可」していなかった。次は「不作為」の責任があったか否かである。

前述のとおり「不作為」だけでは裁判の管轄外になってしまうので、検察はかなり無理な主張をしている。日本政府が戦争犯罪の行なわれていることを「知っていた」と断定し、それを「止めなかった」という事実から、戦争犯罪は政府の政策だったと見なせというのである。

パールは、南京残虐行為の報告が東京の政府に届いていたことは認めるが、政府がこの問題に関する処置をとり、司令官は交代し、残虐行為も2月初旬までに終息したことから、残虐行為が政府の政策の結果とすべき理由がないとする。

検察側は、南京事件後にも同様な残虐行為が数か所で起きていることから、日本政府が政策として、残虐行為を防止しなかったと推断できると主張した。

そこでパールは、南京、およびその後の残虐行為について、検察の主張が成立するかを検証する。第一に再び南京を取り上げるが、ここでも再度「この物語の全部を受け容れることはいささか困難である」と指摘する。いくつもの残虐行為を目撃したという証人がいたが、なぜか日本兵はこの証人を連れてあちこちの残虐行為を目撃させ、傷一つつけずに放免したというのである。パールは、日本兵が彼を特別に好んでいたようだと皮肉っている。

それでもパールは「いずれにしても、本官がすでに考察したように、証拠にたいして悪くいうことのできることがらをすべて考慮に入れても、南京における日本兵の行動は凶暴であり」と従来の結論を繰り返し、弁護側が残虐行為の事実を否定しなかったことを付け加えている。

南京に続いて広東、漢口、長沙、桂林からフィリピンに至るまで検証は続くが、結局のところ、不満足な証拠によって散発的な事件が語られているだけで、全く何も証明していなかった。「勝者をふくむどのような列強の、どのような軍隊でも、おなじような散発的事例が起こらなかったことはほとんどないのである」とパールは言う。

中でもフィリピンにおける事件は、戦争が日本に不利となり、司令官が軍隊を統率できないほど混乱した時期に起きていた。このようなケースは裁判所条例にも挙げられておらず、全く東京裁判の管轄外だった。

「あるいは若干の散発的な事件があったかもしれぬが、かような事件はけっして例外的なものではない。かような種類の犯罪を犯したことのない陸軍あるいは海軍は、世界にはないのである。かような行為を犯した者はすでに処罰を受けたと本官は信ずるのである」

政府の政策に関する証明など、全くされなかった。

「当時起こった諸事件の責任を、各軍の司令官に負わせることさえ困難である。本官の意見によると、かような行為は戦地における司令官の怠慢または、故意的不作為さえ示さない」

当時の日本政府には残虐行為を命令、授権、許可したこともなければ、政策に準じて行なわれた不作為も存在せず、この件に関して政府関係の被告は誰も有罪とはならないとパールは結論付ける。

一方「A級戦犯」には政府関係者以外に、南京陥落時の司令官だった松井大将など、直接軍隊を指揮していた軍人が9人存在した。

松井大将は南京で不法行為があるとの噂を聞き、厳重に取り締まるよう訓令を出している。その効力がなかったとはいえ、不誠意であったとは見られず、不作為責任に問うことはできないと判断。他の8人についてもそれぞれ関連した事実を検証した結果、いずれも問われるべき責任問題は存在しなかった。

俘虜に関する訴因

最後は、俘虜（捕虜）に関してである。

これも前項の一般人に対する戦争犯罪と同様、捕虜に対する残虐行為が行なわれた事実は認めるものの、やはりその実行者はこの法廷にはおらず、実行者のうち存命で逮捕された者は、連合軍によって裁判にかけられている。ここでの問題は、東京裁判における被告たちに責任があるか否かである。

ここで問題となるのは、捕虜の取り扱いを定めた1929年のジュネーブ条約である。

日本はジュネーブ条約を批准していない。しかし検察側は、日本は今次大戦にジュネーブ条約を「準用」することを認めており、批准していなくても事実上条約に拘束されていたと主張した。また、最終論告では日本がジュネーブ条約を批准しなかった理由を、侵略戦争のための全面的共同謀議に基づき、捕虜を虐待する政策を作り上げていたためという陰謀説を主張した。パールは「検察側は真剣にこの申し立てを主張」と記している。相当呆れたようだ。

ジュネーブ条約を批准しなかった理由については、東条英機が宣誓口供書で論じている。それは、捕虜の観念が日本と欧米では全く異なるためだった。

「日本においては古来俘虜となるということを大なる恥辱と考え戦闘員は俘虜となるよりは、むしろ死を撰

べと教えられてきたのであります。これがためジュネーブ条約を批准することは俘虜となることを奨励するごとき誤解を生じ、上記の伝統と矛盾するところがあると考えられました。そしてこの理由は今次戦争の開始に当っても解消しておりません」

さらにジュネーブ条約を「準用」すると声明したことについては、条約をそのまま適用するという意味ではなく、自国の国内法規および現実の事態に即応するように修正を加えて適用するという意味であった。

さらにパールは捕虜に関する日本と西洋諸国との意識の違いを、ルース・ベネディクトを引用して考察する。

「西洋諸国の軍隊は、すべて最善をつくした後、まったく勝算の見込みがないとわかると、敵軍に降伏する。それでも、みずからは名誉の軍人と考え、国際協定に従ってかれらの名前は、その存命を家族に知らせるため、本国に通告される。これは軍人として、あるいはその家族にたいして、恥辱にはならない」

しかし日本人は全く違う。

「日本軍人は絶望的な状態におちいった場合は最後の手榴弾で自殺するか、敵にたいし武器なしといえどもいっせいに自殺的攻撃を敢行しなければならない。決して降伏してはならないのである。たとえ負傷して意識を失っているうちに俘虜になったとしても、かれは日本ではふたたび頭があがらないのである。かれは名誉を失ったのであり、かれのかつての生涯は終ったのである」

前線で特別な訓示をする必要もなく、日本軍はこの規範を忠実に守った。北ビルマ作戦では、捕虜と戦死者の比率は1対120。しかも捕虜はほとんど負傷し意識を失った状態で捕えられており、自ら投降した者は極めて少なかった。西洋諸国の軍隊では、降伏者と戦死者の比率は1対4である。

正当化しうるかどうかは別として、これが日本人の心情であり、ジュネーブ条約の批准を拒否した理由であった。

検察側は、日本がジュネーブ条約に批准はしていなくても、条約を受諾はしていると主張するが、パールは条文を読んだ結果、批准していない以上は効力を持たないと断定する。

また、開戦直後に条約の「準用」を表明したことについては、「事情の許すかぎり適用する」という意味であり、ジュネーブ条約と矛盾する国内法、および戦域が広大となるために直面するであろう困難という難問があったことを指摘する。

検察側は、日本は１９０７年のハーグ条約は批准しており、この拘束は受けていたとも主張したが、これも、全交戦国が批准しない限り適用されないという規定があり、イタリアとブルガリアが批准していなかったため、適用はされなかった。

もちろん日本人は捕虜をどう扱っても良かったというわけではないが、条約はこの件に適用されなかったのである。


捕虜の問題には重要な要素がもう一つあった。圧倒的多数の投降者という予想外の事態である。これは**「ほとんど原子爆弾のように予期されなかったものである」**とパールは言う。３万４０００の日本軍に10万の軍隊が降伏するという事態には、従来の戦争法規では対応できなかった。

原子爆弾による一般市民の無差別殺戮までも、軍事的には有利な点があったと正当化できるのであれば、「降伏」の価値観が全く異なる軍隊間に、圧倒的多数の降伏者が生じたことによる事態についても考えなければならない、とパールは言う。


降伏者に対する日本人の措置は、「共同謀議者団」の措置ではなく、日本人の国民生活、伝統に根ざしたものであった。それを正当化しうるか否かをここで論じているのではない。ここで言うべきことは、被告たちによる「命令、授権、許可」はなかったということである。

パールは米国人人類学者の報告を引用して考察する。

降伏は恥辱であるという意識が深く刻まれ、行動の習慣となっている日本人が、降伏して捕虜となった西洋人を軽侮して見たのは当然だった。また、米国人捕虜が自らを不名誉と感じていないことを苦々しく思った。

また、米国人捕虜が虐待と感じた、強行軍やすし詰めの輸送、あるいは口答えすると過酷に罰せられるというようなことは、日本軍においては通例のことだった。バターンの日本兵は、米軍も日本式に戦い抜くものと思っており、米兵が捕虜になることを何ら不名誉と思わず大量に投降してくるという事態は、予想も理解もできなかった。

米軍では、負傷し危機に陥った友軍を救出に向かうことは英雄的行為であるが、日本式の武勇は救援を受けることを拒否する。日本人は、米軍の戦闘機に搭乗員の安全装置が装備されていることまで卑怯と呼んだ。それは医療設備や補給の軽視にもつながった。日本兵は死そのものが美徳であり、傷病者に対する手当てすらも、英雄の行為に対する妨害とされたのである。

米国人人類学者は、こう言っている。

「われわれの基準から見れば、日本人は俘虜にたいすると同様に、自国民にたいしても残虐行為の罪を犯したのである。元フィリピンにおける軍医部長であったハロルド・W・グラットリー大佐は、台湾で三年間俘虜として抑留された後、米国人俘虜は日本兵より、よりよい医療手当てを受けたと述べた」

とにかく、捕虜に対する日本兵の行動は「政府の政策」ではなく説明できる。そして、その行為が日本人から見て正当であったとしても、それは戦争犯罪として裁かれ、その多くのものは命をもって既に応えている。

問題は、東京裁判の法廷にいる被告に、捕虜に対する残虐行為の責任を問えるか否かである。起訴事項は第一に「命令、授権、許可」したか、第二に「不作為責任」があるか。ただし単なる不作為だけでは裁判の管轄外。ここまでは同じである。

検察側は、この件に関して、二つの点を強調している。まず、捕虜は政府の権限内にあり、したがってその責任は政府の閣員個々が負うべきであるという。

しかしパールは、政府の閣員は政府各機関が正当に職分を果たしているものと信頼し、委任する権利を持っていると指摘する。検察側のいう責任の基準は理想かもしれないが、世界中のどこの政府もそのような動き方をしておらず、しかも戦争遂行中で、事態に対応しきれないことはありがちであると、この主張を退ける。

もう一つ検察側は、残虐行為については被告たちも知っていたに違いないと強調した。

だが、虐待行為を明確に禁止した指令や訓令、捕虜虐待のかどで処罰が行なわれた事件が証拠として提出されている。明らかに取り扱いが不当ではなかった収容所の例もあり、パールは、これは残虐行為を政府が指令または許可したという仮定を覆すに足りるものだとしている。

結局のところ、捕虜に対する非人道的な取り扱いを被告が「命令、授権、許可」したことも、それに準じる「不作為」が行なわれたということも、一切立証されなかったのである。

検察側は、日本軍が「朝鮮人の英米崇敬観念を一掃」

するという目的で、英米人捕虜を朝鮮に収容したことについて、捕虜を「侮辱し、公衆の好奇心にさらした」と主張した。

しかしこの場合、捕虜たちは移動の途中公衆の注視にさらされただけであり、特に公衆に観覧させる目的で人前に出されたこともなかった。捕虜を人目につかないように移動させなければならないという規定もなく、それ以上に侮辱的な取り扱いが行なわれたという証拠もなかった。

白人兵も捕虜になるという事実そのものによって、白人の優越性という迷信を打破できると考えたに過ぎないことが、なぜ侮辱、あるいは公衆の好奇心にさらしたと見なすのか理解できないとパールは言う。

また検察側は、捕虜が逃走しないという宣誓を強制され、違反者は重い罰則を科せられたということも問題とした。

パールはこの件も、政府の罪とは見なさない。検察側はこの行為はハーグ条約違反であると主張していたが、ジュネーブ条約もハーグ条約も、この件には適用されないことは既に指摘している。これも膨大な投降者という事態が影響を及ぼした一例かもしれないが、日本政府は宣誓の強制を可能とする規則および法律を制定しており、処罰も裁判の上で行なわれていた。そのためこの処置は単なる国家の行為となり、被告個人に罪があるとは判定されないのである。

捕虜の海上輸送の際には、その度に条約違反があったと検察は言う。その違反には超過収容、過少給養、不十分な衛生通風施設、医薬品および水の不足、不当取り扱いなど、共通した特徴があり、これは政府の政策として、あるいは政府の無関心によって行なわれたことを示していると主張している。さらに、被告たちがこのような犯罪を防ぐ努力をしたという証拠は提出されておらず、また、閣僚はこのような事態を防止できなければ辞任するのが義務であったとも主張している。

パールは、これも膨大な投降者という特別な困難を考慮に入れなければならず、政府の政策あるいは政府の無関心を示すものとは認められないとする。さらに、閣僚は辞職すべきであったという主張も、理想的な言い分ではあるが、そのような理想的な標準で捕虜の取り扱いを計ることはできないという見解を示す。

「バターン死の行進」については、パールは「実に極悪な残虐」と呼び、輸送機関もなく、食糧も入手しえなかったためにやむをえなかったという弁護によっても、少しも正当化されないとする。だが同時に、これを東京裁判の被告の誰にも責任を負わせることはできないとする。これは残虐行為の孤立した一事例であり、その責任者はその生命をもって償いをさせられた。現在の被告の誰も、この事件に関係を持たせることはできないのである。

日本軍が作戦行動に関係のある仕事に捕虜を用いたことに関して、検察側はハーグ条約およびジュネーブ条約違反であると主張している。

パールは、両条約がこの件に適用できるかどうかは別問題として、これらの条約の規定に反して日本軍が捕虜を戦闘部隊向けの物資輸送に使用したことは否定できないとする。しかし、この違反は単なる国家の義務違反、単なる国家の行為であり、被告の誰も刑事上の責任を負うものではないという。

このようなケースの代表例が、泰緬鉄道の建設である。日本軍の補給のため建設された、タイとビルマを結ぶ全長400㎞の鉄道であり、その大部分は人跡未踏の山岳ジャングル地帯を貫通する。この建設に捕虜が使用され、飢餓、疾病および不当待遇で多くの死者を出した。検察側の主張では、4万6000の捕虜が使用され、18か月間で死者1万6000。日本側の記録では使役された捕虜は最大限4万9776名で、死者7746としている。またそのほかに12万から15万のインドネシア人、ビルマ人、中国人、マレー人が使われ、6万から10万が死亡したと言われている。

弁護側は事実を大筋で認めているが、死者が増えた理由は、雨季が早く来たので補給路が妨げられたためであり、南方軍総司令官は現地の衛生状況について配慮はしていたと主張した。

パールは、この弁護側の主張を全て受け容れたとしても、南方軍司令部には著しく不衛生な土地であることを承知の上で捕虜を派遣する権利も、軍事目的に使われる鉄道建設に捕虜を使役する権利もなく、この点において日本軍は戦争犯罪を犯したことになると断定する。

しかも、雨季によって死者は増えたかもしれないが、雨季が死亡の原因ではないことも明瞭だという。日本側の数字でも、まだ雨季に入っていなかったと見られる早い時点で既に死者は200名を超えていた。しかも死者は日本兵にはなく、ほとんど捕虜に限られていた。

そこで泰緬鉄道に関する責任問題の検証に入るが、パールはこれを二つに分ける。第一には、作業に捕虜を使役した責任。第二には、その作業において非人道的な取り扱いをした責任である。

第一の点については、東条に全面的に責任があるとパールは言明する。しかし、先述のように、捕虜を使役したという規則の違反は単なる国家の行為である。戦争における殺害が殺人罪に当たらないのと同じことである。それはそれ自体として犯罪ではなく、東条個人に刑事裁判を負わすものではないという。

問題は第二の点、非人道的な取り扱いをしたということが、東条を含む被告の誰かの不作為のせいであるか、または被告の誰かがこの事態を予見していたかであるが、これに関しては、満足できる証拠が提出されていないという。

証拠によって証明されていることは、この不幸な出来事は現地の将校の行き過ぎや兵隊個人の残忍な性格に起因するということだった。その実行者で生きて逮捕された者は、その罪を裁かれている。しかしその不法行為や職務の行き過ぎを、東京裁判法廷にいる被告たちが予知すべきであったとする証拠は何ら提出されてはいない。むしろ証拠は、現地の将校が自らの行為が東京にばれないよう、隠蔽工作をしていたことを示していた。また、東京の関係当局は最初から捕虜労働で鉄道を建設する計画をしていたわけではなく、大部分が一般労働者の徴募による建設であり、捕虜は最後の手段として使用されただけであった。

工事完成までの期限に無理があり、作業を急がせたことが原因とする見方もあったが、証人のワイルド大佐は全く別の見解を述べていた。もし日本側が食糧、宿舎、労働時間に適当な待遇を与えていれば期限内に工事を完成することは可能だったにもかかわらず、虐待によって遅延したというのである。したがって、完成期限を設定した者にも責任はないことになる。

捕虜を使用したこと自体に責任はあるものの、その行為自体が犯罪ではなく、被告の誰も刑事上の責任があるとはできない。被告は捕虜の使用は許可したが、そこでこのような不祥事が起きると予知できたとする証拠は提出されていない。その不祥事の大部分は現地将校の職務遂行上の行き過ぎのために生じたもので、その責任を陸軍大臣やその他閣僚にまで及ぼすことは困難である。以上が、泰緬鉄道についての結論である。

検察側は、捕虜のある者が間諜（スパイ）行為で有罪の判決を受け死刑を宣告され、ある者は間諜行為未遂で懲役14年の宣告を受けたと申し立てた。

「諜報行為は国際法上特異の立場を占めるものである」とパールは言う。交戦国がスパイを利用することは従来から合法と認められている。だからといって、スパイ活動を行なう個人が敵国に処罰されないよう保護されるわけではない。相手交戦国がそのスパイを処罰しても、これも同様適法行為である。

スパイはその国にとっては合法だが、相手交戦国にとっては違法行為であり、戦争犯罪であり、合法的に処罰することができる。スパイ行為に対する処罰は普通、絞首刑または銃殺である。ただし軍法会議による裁判を経なければ処罰はできない。

そこでこの場合の検察側の申し立てだが、これらの捕虜は正当な機関による裁判で有罪の判決を受けている。それが不当であったとする証拠は何も提出されていない。どうしてこれで被告の誰かを責任ありとできるのか、理解できないとパールは言う。

最後に検証するのは、撃墜された連合軍航空機搭乗員に対する処刑である。これは日本に対する非難のうち、最も重大なものの一つだという。

この件は、裁判に基づく処刑と、裁判を経ない処刑の二つに分類された。

裁判に基づく処刑については、１９４２年4月18日に日本を空襲したドゥリトル大佐指揮の米軍飛行機搭乗員が、同年8月13日に定められた軍律で裁かれており、これは「事後法」に基づく裁判で、このような「事後法」を作ること自体が犯罪であると主張している。

これについてパールは、ニュルンベルク裁判が「事後法」で裁いたことを挙げ、戦勝諸国や各種戦犯裁判の多くの裁判官が主張するように、捕虜の裁判のために「事後法」を作ることが戦勝国の自由であるというのならば、連合軍飛行士の裁判のために「事後法」を作った者に刑事責任を負わせることは不本意だという。明言してはいないが、もちろんこれは東京裁判自体に対する痛烈な批判でもある。

しかもニュルンベルク裁判の「事後法」は一般的な目的のためではなく、特定個人または集団を裁くためにのみ作られたものだったのである。

連合軍飛行士の裁判に「事後法」が作られたことについては、それ以前に空戦に関する規則が全然規定されていなかったという事実を考える必要がある。

軍備制限に関するワシントン会議で結成された法律家の委員会は、１９２３年に空戦法規の法典草案を提出した。しかしこれは列強のどの国も批准しなかった。

法典草案では非戦闘員を狙った空爆を禁止するなどの諸規則を定めていた。しかしこれを作った委員会の中ですら意見の分裂があり、何を攻撃の合法的目標とするかに明らかな了解がない限り、禁則を制定することは無益と考えていた。

言うまでもなく戦勝国でさえ、法典草案で提案された爆撃の諸規則には全く従わなかった。原子爆弾は言うに及ばず、通常爆弾においても全く遵守されなかった。そして、戦争を防止しうる完全な世界的機構が実現するまでは、戦争法規は原爆の使用も含め、いかなる戦争の手段も否定しえない。

そのような状態において、航空機搭乗員の裁判のために日本の当局者が軍律を設けたという行為を、それが「事後法」であるという理由で犯罪的であると考えることは困難であるとパールは言う。

忘れてはならないことは、空爆の真の惨禍とは、捕えられた数人の航空機搭乗員が惨殺されることではなく、無差別爆撃による大破壊である。人類の良心が反感、憤怒の情を抱くのは、爆撃手に与えられた無残な処罰に対してではなく、その残忍な爆撃に対してであるとパールは強調している。

たとえ法典草案で提案されていた空爆に関する諸規則を基準に判断しても、それを全く無視した爆撃が行なわれていたのであり、軍律会議によって立証し、戦争犯罪として有罪を宣告したのであれば、その判決に反対しなかったからといって誰も罪を犯したことにはならないとパールは結論付ける。

次は、裁判を経ず処刑したという事案である。検察側は、アジア各地ならびに内地において行なわれたとされる事件を数多く挙げるが、パールは提出された証拠を「概して無価値」と一蹴する。

検察側が提出した証拠は、米軍法務部長などによる「報告書」であり、報告書の基となった資料そのものが提出されていなかった。報告書が目的とした調査と、法廷の審理ではおのずと目的も異なるため、原資料にあたって検証がなされなければならない。それができなければ証拠としては無価値である。提出された証拠の大多数は信ずべきいかなる保証もなく、法廷外において作成された信頼性の不明な人々の供述書であり、その信憑性は全く考査されていなかった。

また、たとえこの「報告書」の内容を容認したとしても、それは被告の誰についても有罪と立証するものではない。裁判を行なわずに処刑した事件は、実際は日本から遠く離れた諸戦闘地域で起こった偶発事件であった。日本内地でも数件起きているが、これはいずれも情勢が極度に混乱していた1945年に起こったものだった。

その当時の日本における情勢に鑑みて、これらの遺憾な処刑を阻止することを怠ったという理由で、被告が刑事的責任を有するとは認めないとパールは判定し、「失敗はつねに過失を意味するものではない」としてこの項を結んでいる。

第七部　勧告

「以上述べてきた理由にもとづいて、本官は各被告はすべて起訴状中の各起訴事実全部につき無罪と決定されなければならず、またこれらの起訴事実の全部から免除されるべきであると強く主張するものである」

長大な判決書の結論である「勧告」で、パールは最初にこの結論を述べる。パールは審理において日本のどの国に対するどの戦争も、それが侵略的であったかどうかを考察しなかった。戦争が犯罪か否かについて自らが採る法律観からは、その問題に触れることは不必要であったと述べる。さらに「侵略戦争」の定義の困難についても述べてあることを確認する。

戦勝国は、日本を軍事的に占領してとる行動を正当化するために、1907年のハーグ条約第4号の第43条、およびナポレオン・ボナパルトの事例を挙げ、将来日本が、世界公共の秩序および安全を害する可能性がある要素を除去するための、あらゆる権利を戦勝国が有すると主張している。

パールはそれを、「法律的正義を口実として戦勝国の政治的権力に訴えるもの」であり、単に「便宜の問題をもって合法性の欠如を補う」に過ぎないものであると批判する。

ナポレオンの時代でさえ、連合国がナポレオンに行なった武力行使には、法律的困難が感じられ、疑念が抱かれた。連合国はナポレオンと戦う際、国際法の適用外という仮定の下に行動した。この事件は極めて特殊なもので日本に対してまで適用できるものとは限らない。連合国は、ルイ18世を追放してパリに入ったナポレオンを、フランス国家の統治権を簒奪したものとみなし、武力行使も国際法上正当化されると解釈した。つまり、連合国はフランス国家ではなく、ナポレオンとその一派を敵として戦争を行なったのである。ナポレオンは国家の統治者ではなく、承認された政治的資格のない混乱した兵力の長に過ぎないとされ、したがって他国が公的権力に認める利益や権利は、当然与えられないものとされた。

パールはヒットラーの立場を知らないが、もしヒットラー一派がドイツの立憲政治を完全に窒息させ、権力を簒奪していたのであれば、ナポレオンの事例と同一視できるかもしれないという。しかし日本はそうではなかったのである。

「本件の被告の場合は、ナポレオンやヒットラーのいずれの場合ともいかなる点でも同一視することはできない。日本の憲法は完全に機能を発揮していた。元首、軍人および文官はすべて社会のいつもと変わらず、また常態を逸しないで、相互関係を維持していたのである。国家の憲法は社会の意思との関係においては従来と同様の形のまま存続した。輿論は非常に活発であった。社会はその意思を効果的にするための手段をすこしも奪われていなかった。これらの被告は憲法に従い、また憲法によって規定された機構を運営するためにだけ、権力ある位置についたのであった。かれらは終始輿論に服し、戦時中においてさえも輿論は真実にかつ活発に役割を果したのである。今次行われた戦争はまさに日本という国の戦いであった。これらの人々はなんら権力を簒奪したものではなく、たしかにかれらは連合国と戦っていた日本軍の一部として、国際的に承認された日本国の機構を運営していたにすぎなかったのである」

一方、戦勝国は１９０７年のハーグ条約第4号第43条を、勝利者が「侵略戦争は犯罪であり、かつ個人犯罪である」という法律をつくる権利があると認めたものとしようとしているが、パールはこの条約は、戦争の性質自体を決定するものではないと反論する。

1907年のハーグ条約は、戦争に至ってしまった非常の場合においても、人類の福利と文明の止むことなき要求に副うことを希望し、戦争に関する一般の法規慣例を一層正確なものにして、戦争の惨害を減殺しようというものだった。

そして第43条は、相手国を占領した者に対する規則を定めたもので、「占領者は絶対的の支障なきかぎり占領地の現行法律を尊重してなるべく公共の秩序および生活を回復確保するため施しうべきいっさいの手段をつくすべし」というのがその条文である。戦勝国はこの条文を、占領者は被占領者が行なった戦争を「侵略的および犯罪的である」と宣言する権利があり、捕えた政府要員を裁判するための法規を作って裁き、有罪と宣告する権利を付与される、と解釈しているのである。

当然ながらパールは、こんなことが1907年のハーグ条約の目的だったとはかりそめにも思わないと記している。

パールは、このようにハーグ条約を牽強付会し、歪曲する用意も、ナポレオン事件を持ち出す用意もないと言う。代わりに持ち出すのは、国際連合憲章である。

国連憲章は明白に「戦争の惨禍より次代を救う」ために発布されたものであり、「国際連合の目的」は「国際の平和および安全を維持すること」およびそのために「平和にたいする脅威の防止および除去のため、ならびに侵略または他の平和破壊行為の鎮圧のため集団措置を執ること」と明確に声明している。しかし、今次大戦の後でさえ、国連憲章は違反国の個人に対して措置を執ることを定めなかった。

国連憲章第7章は「平和にたいする脅威、平和の破壊および侵略行為に関する行動」を規定しているが、この規定は個人に対する規定は少しも考えていない。違反した集団の責任者個人に発動されることはないと断定しても間違いないであろうとパールは述べる。

そしてパールの「勧告」は東京裁判の法廷へと向けられる。

「法律的外貌をまとってはいるが、本質的には政治的である目的を達成するために、本裁判所は設置されたにすぎない、という感情を正当化しうるような行動は、司法裁判所として、本裁判所のなしえないところである。

戦勝国は、戦敗国にたいして、憐憫から復讐まで、どんなものでも施しうる。しかし、戦勝国が敗戦国に与えることのできない一つのものは、正義である、とい

うことがいわれてきている。すくなくとも、もし裁判所が法に反する政治に根差すものであるならば、その形や体裁をどうつくろっても、上に述べた懸念は実際上そのとおりになるであろう」

万一、東京裁判法廷に求められていたものが法律問題ではなく、「政治問題」の決定だったのであれば、審理全体は全然異なっていただろうとパールは言う。その場合、真の究極の「証明すべき真実」は、世界の「公けの秩序と安全」にたいする将来の脅威である。すなわち、日本を懲罰するためには、日本が「世界の『公けの秩序と安全』にたいする将来の脅威」となることが証明されなければならなかったのである。そのためには、東京裁判の取り調べの範囲もはるかに広範なものになり、被告の過去の行動については単に「将来の脅威」を証明するための証拠事実を提供するにとどまったであろう。しかし、そのような将来の脅威を判断する資料は、この裁判所には絶対にない。検察側も弁護側も、この点に関する証拠提出は、絶対に要求されなかった。

ナチスの侵略者らが葬り去られ、日本の共同謀議者らが獄につながれ、世界の脅威が取り除かれたはずのこの時に、「世界の状態が、われわれの理想と利益を、今日ほど脅かしていることは、史上かつてない」と言われていたのだ。

このような艱難辛苦の時代においては、あらゆる災いの原因がここにあると虚偽の原因を信じ込ませ、人心を支配するには絶好の時期である。これ以外に害悪を解決する方法はないと見せかけて、復讐の手段を大衆の耳にささやくには、現在ほど適当な時はない。しかし、パールはこう述べるのである。

「いずれにしても、司法裁判所たるものは、かような妄想に手をかすべきではないのである。

たんに、執念深い報復の追跡を長びかせるために、正義の名に訴えることは、許さるべきではない。世界は真に、寛大な雅量と理解ある慈悲心とを必要としている。純粋な憂慮に満ちた心に生ずる真の問題は『人類が急速に成長して、文明と悲惨との競争に勝つことができるであろうか』ということである」

パールは、これまでの戦争の考え方を全く変えなければならないと言う。一国の問題としてではなく、世界の問題、人道の問題である。原子爆弾の投下まで招いてしまった現在、「地上の各人民が平和と正義のなかに生きうる方法を、思慮ある人々に探究させることを怠らせてはならない」と言うのだ。

しかし敗戦国の指導者を裁いた裁判には、そのような認識は見られなかった。憎むべき敵の指導者を裁くことによって起こされた熱狂した感情は、「世界連邦」の建設に向かう条件を考慮する余地も残さない。裁判という「一つの些事」が強調されることによって、「平和の真の条件にたいする民衆の理解は増進することなく、むしろかえって混乱させられるであろう」。平和を望む大衆の「尊い、わずかな思い」を、このような裁判が使い果たすことは許されるべきではないとパールは言う。そしてこのような言葉を引用する。

「感情的な一般論の言葉を用いた検察側の報復的な演説口調の主張は、教育的というよりは、むしろ興行的なものであった」

パールにとって東京裁判とは、平和を望む人々の思いを無駄に使い果たし、平和の構築を妨げるものだった。

そしてパールは、次のように判決書を締めくくったのである。

「おそらく敗戦国の指導者だけが責任があったのではないという可能性を、本裁判所は、全然無視してはならない。指導者の罪はたんに、おそらく、妄想にもとづいたかれらの誤解にすぎなかったかもしれない。かような妄想は、自己中心のものにすぎなかったかもしれない。しかし、そのような自己中心の妄想であるとしても、かような妄想はいたるところの人心に深く染み込んだものであるという事実を、看過することはできない。まさにつぎの言葉のとおりである。

『時が、熱狂と、偏見をやわらげた暁には、また理性が、虚偽からその仮面を剥ぎとった暁には、そのときこそ、正義の女神はその秤を平衡に保ちながら過去の賞罰の多くに、その所を変えることを要求するであろう』」

パールの遺言
最終章
ゴーマニズム宣言 SPECIAL
パールが
東京裁判判事の任に
就いたのは、自ら望んだ
からでもなければ、
特に選ばれたからでも
なかった。
当時のインド政府は、
独立を見据え
「連合国の一員」として
東京裁判に判事・検事を
送ることだけが重要で、
人選には特にこだわって
いなかった。
そして候補者複数に断られ、
これでは裁判開始に
間に合わないという
切羽詰まった中、
たまたま判事を
引き受けたのが
パールだったのである。
なお、東京裁判には
当初「インド人検事」もいた。
しかし「日本懲罰のために
英米と協力することが
嫌になって」半年で辞任。
インド政府は
後任を出さなかった。

パールは開廷から
2週間遅れで赴任して、
11人の判事の中で
国際法の知識の裏づけを
持つ者が自分ひとりで
あるのを知って驚愕し、
行なわれている裁判が
茶番劇で、正義の破壊で
あることを即座に見抜いた。
そこで他の判事たちに
「覚書」で自らの意見を配布、
それに他の判事が反論し、
罵り合いに近い応酬が
延々続いた。
有形無形の
圧力がかかっていたことは
間違いなく、身の危険を
感じることもあったようだ。
そんな中、インドに
残してきた病身の妻、
ナリニバーラーの危篤を
知らせる電報が届く。
パールは一旦インドに帰国、
妻の病状の重さを知って
打ちのめされた。
そして、嫌々引き込まれた
日本でのゲームに
うんざりしていたこともあり、
判事を辞して
妻のそばにいようと決心した。
ところが妻がそれを
受けいれなかった。
「あなた自身と
日本人のために
帰るべきだ」と、
パールが日本に戻るまで
言い続けたというのだ。

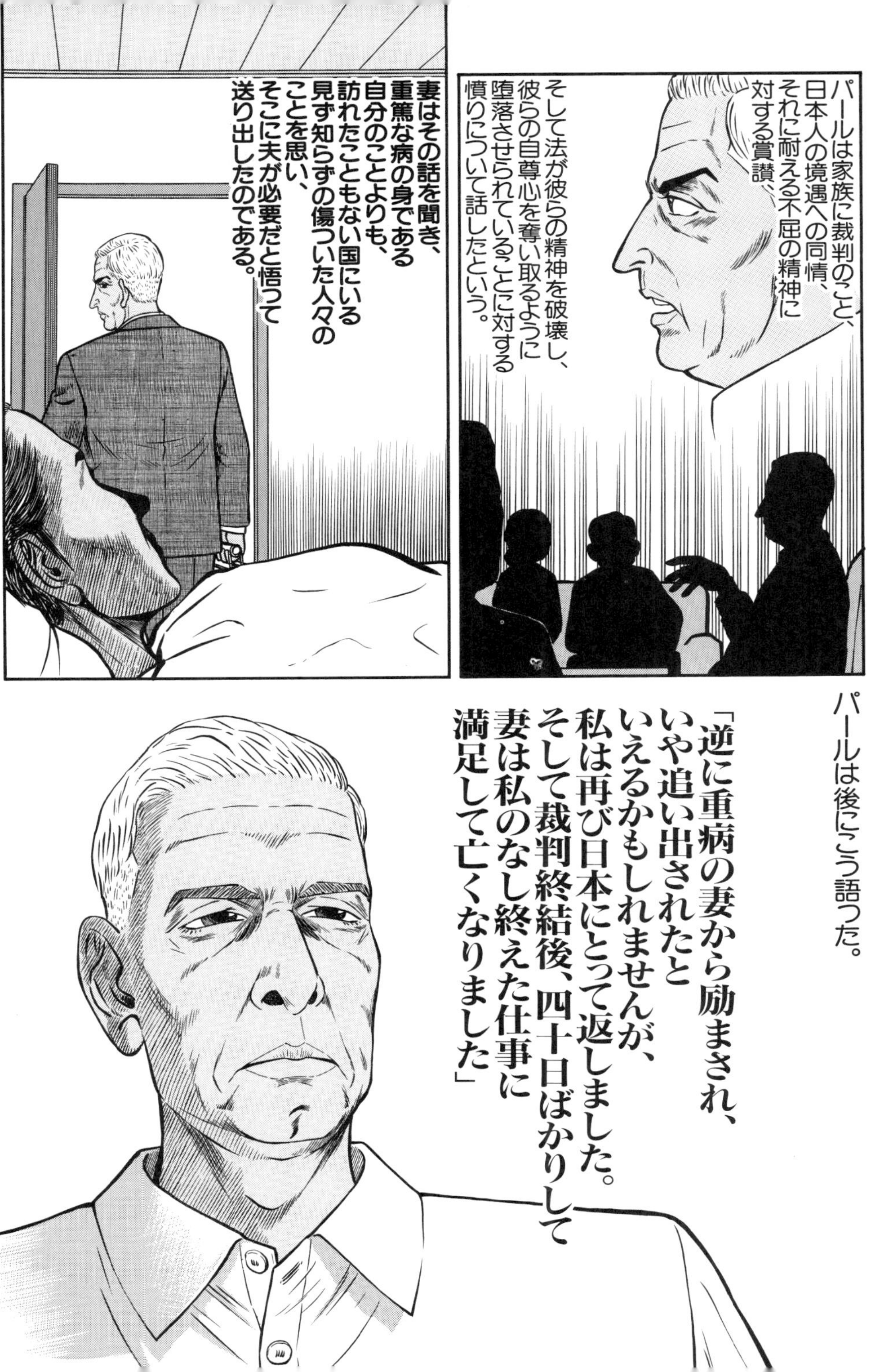
パールは家族に裁判のこと、
日本人の境遇への同情、
それに耐える不屈の精神に
対する賞讃、
そして法が彼らの精神を破壊し、
彼らの自尊心を奪い取るように
堕落させられていることに対する
憤りについて話したという。
妻はその話を聞き、
重篤な病の身である
自分のことよりも、
訪れたこともない国にいる
見ず知らずの傷ついた人々の
ことを思い、
そこに夫が必要だと悟って
送り出したのである。
パールは後にこう語った。
「逆に重病の妻から励まされ、
いや追い出されたと
いえるかもしれませんが、
私は再び日本にとって返しました。
そして裁判終結後、四十日ばかりして
妻は私のなし終えた仕事に
満足して亡くなりました」

パールの孫は、祖母のその行為を「正真正銘の、並外れた愛を示したと常に思っている」と言う。まさにそのとおりだ。

パール夫人も日本の大恩人である。

かくしてパールは判事席に復帰した。

一体誰が、好きこのんで関わったわけでもない不愉快な仕事のために、生きて再び会えるかどうかもわからない妻を残して異国に戻るなんてことができるだろうか？

チンケなプライドや、自分の食い扶持《ぶち》や、論壇内のおつきあいといった私的な理由で、公的な議論を歪めている日本の知識人の体たらくを見るにつけ、パールに対して頭が上がらない思いが増すばかりである。

パールは判決書の中で、第一次大戦中のドイツ皇帝の手紙を引用した。

それは、「老若男女を問わず殺戮」すれば、「フランス人のような堕落した国民」との戦争は2か月で終わる。

しかし「人道を考慮することを容認すれば、戦争は幾年も長びく」

したがって、戦争を早く終わらせるため、無差別殺戮を選択したという内容だった。

東京裁判で扱われた戦争において、
このドイツ皇帝の残虐政策、
およびナチス指導者の指令に
近いものは唯一、
原子爆弾使用の決定であり、
そのようなものは
日本にはなかった。
そうパールは断言している。

日本を一方的に裁くためだけに
用意された法廷において、
パールは堂々と
アメリカを断罪したのである！

パールが遅れて東京裁判に参加した時、既に他の9か国の判事は「反対意見」の公表をしないと決定していた。

しかしパールはその決定を断固拒否した。

パールの存在によって判事たちは動揺し、最終的にはパールの他にオランダのレーリンクなど4名が別個意見を提出することになった。

インドのネール首相はパールに対して、「連合国の意を損ねるようなことはしないでほしい」と求め、何を考えているのかを問いただしたという。

それに対してパールは「理非曲直によって裁判をしている」と答え、「首相ができることは私を交代させることだけであって、仕事の中身まで指示してはいけません」と返事したという。

結果的には、インド政府もマッカーサーも最後までパールを解任しなかった。

それを評価することもできよう。

しかしそれもすべて、パール個人の勇気と正義の信念があったからこそのことだった。

東京裁判には もちろん不備はあったが、 戦後の国際秩序を 作った政治的意義は 認めるべきだ。
こんな意見を 言う学者が よくいる。
しかしこれが 詭弁であることは パールが判決書の 結論である「勧告」に はっきり書いている。
(戦後の秩序のため日本の懲罰が 必要だったというのであれば) 真の究極の「証明スベキ 事実」は世界の 「公けの秩序と安全」に たいする将来の脅威であろう。 かような将来の脅威を判断する 資料は、本裁判所には絶対にない。(『判決書』下741)
東京裁判においては、 世界秩序と安全の 維持について、 有益な議論は何も 行なわれなかった。 「原子爆弾の意味するもの」 も省みられなかった。
憎むべき敵の指導者を 裁くことによって 熱狂した感情は、 「世界連邦」の建設を 考慮する余地も残さず、 平和の真の条件に対する 民衆の理解は増進するどころか、 かえって混乱させられるであろう …パールはそう記した。
そしてこれが真実だろう。
日本の学者たちは いつまで真実から 目を背け、 欺瞞《ぎまん》の中に住み続ける つもりだろうか?

判決書にも「世界連邦」という言葉が出てくるが、世界連邦の下に各国の主権と軍備を制限し、国際法によって秩序づけるというのがパールの理想だった。

原爆の出現で軍備はもはや無意味となってしまったと考え、日本の再軍備に反対した。

これを現在の価値観から左翼的な夢想だと見るのは時代背景を無視した思い上がりである。

2発の原爆投下にまで至ってしまった未曾有の世界大戦の直後の時代に、人が恒久平和の理想を思い描くのは当然のことではないか。

しかもパールは、何が平和を破壊したのか、誰が最も非難されるべきかという真実を見失うことは決してなかったのである。

1952年、パールは再び来日した。

この時の様子は『パール博士「平和の宣言」』に詳しい。

パール博士「平和の宣言」

「東京裁判」を全否定したパール判事の真の思想とは
この時パールは、広島で開催された世界連邦アジア会議で講演を行なったが、それは甘い夢想とは無縁のものだった。欧米の代表を目の前に、真っ向からこう言ったのである。

世界連邦アジア会議
民族問題あるいは人種問題が、いまなお、未解決のままに放置されているということは、われわれの断じて容認し得ないところである。しかもこの問題は、西洋諸国において相当責任があるということを私は断言することができる。

私は人種問題、民族問題を除外して、永久平和も世界連邦もないと確信している。

さらにパールは原爆投下を強く非難した。

これは一種の実験として、この日本に投じたのである。

これを投下したところの国から、真実味のある、心からの懺悔の言葉をいまだに聞いたことがないのである。

われわれはこうした手合と、ふたたび人道や平和について語り合いたくはないのである。

そして、第一次大戦後に日本が人種平等案を提出し、英米が握りつぶしたことも強い調子で語った。

この講演は、会議の性格を一変させてしまったという。

その翌年、パールはインドで自らの判決書を出版した。そして、なんとそこに20ページもの原爆犠牲者の写真を付録として載せたのである！

もしパールが判決書に「日本と欧米は同じ穴の狢」と書いたのなら、原爆の写真と「日本の残虐行為」の写真を同じ分量載せたはずではないか。

パールの孫のサティアブラタ氏は、「これがダドゥ(祖父)の死んだ人への礼拝のやり方であり、生きている人の苦しみ、彼らになされた恐るべき不法行為、そして、彼がそれを償うことが出来ないことに対する認め方なのである」と言っている。

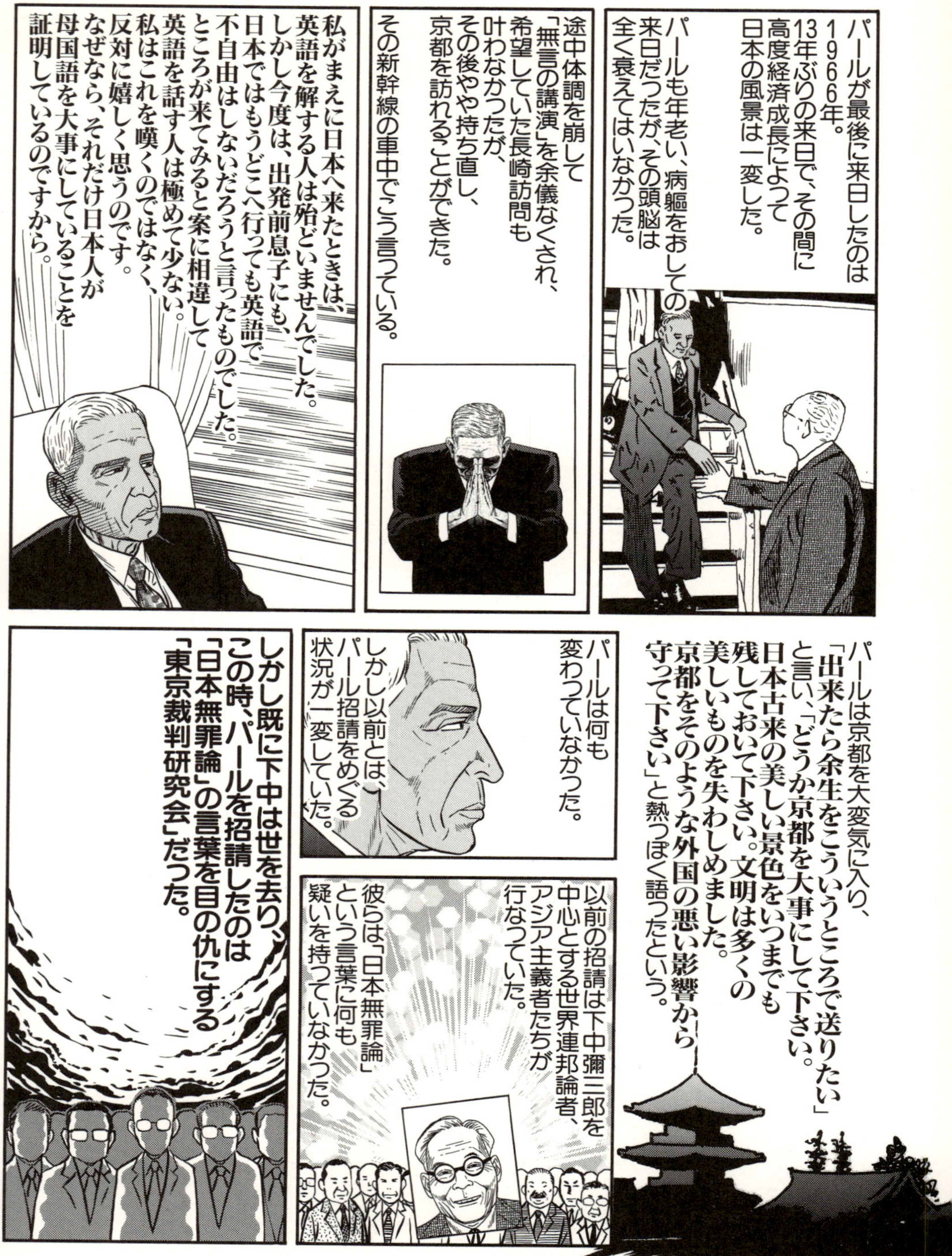
パールが最後に来日したのは
1966年。
13年ぶりの来日で、その間に
高度経済成長によって
日本の風景は一変した。
パールも年老い、病軀をおしての
来日だったが、その頭脳は
全く衰えてはいなかった。
途中体調を崩して
「無言の講演」を余儀なくされ、
希望していた長崎訪問も
叶わなかったが、
その後やや持ち直し、
京都を訪れることができた。
その新幹線の車中でこう言っている。
私がまえに日本へ来たときは、
英語を解する人は殆どいませんでした。
しかし今度は、出発前息子にも、
日本ではもうどこへ行っても英語で
不自由はしないだろうと言ったものでした。
ところが来てみると案に相違して
英語を話す人は極めて少ない。
私はこれを嘆くのではなく、
反対に嬉しく思うのです。
なぜなら、それだけ日本人が
母国語を大事にしていることを
証明しているのですから。
パールは京都を大変気に入り、
「出来たら余生をこういうところで送りたい」
と言い、「どうか京都を大事にして下さい。
日本古来の美しい景色をいつまでも
残しておいて下さい。文明は多くの
美しいものを失わしめました。
京都をそのような外国の悪い影響から
守って下さい」と熱っぽく語ったという。
パールは何も
変わっていなかった。
しかし以前とは、
パール招請をめぐる
状況が一変していた。
以前の招請は下中彌三郎を
中心とする世界連邦論者、
アジア主義者たちが
行なっていた。
彼らは「日本無罪論」
という言葉に何も
疑いを持っていなかった。
しかし既に下中は世を去り、
この時、パールを招請したのは
「日本無罪論」の言葉を目の仇にする
「東京裁判研究会」だった。

パールの来日を前に新聞に載った歓迎記事にも、一又正雄、角田順といった「研究会」の学者たちが「日本無罪論ではない」と書いていた。

パール博士を迎える
この訪日時の言行録は「研究会」がまとめているが、滞在中何度もパールに会い、原稿まで託された田中正明氏のことは一切記されていない。

パール博士言行録
この最後の訪日で、パールは何か違和感を覚えなかっただろうか?

パールは田岡良一とNHKで対談し、そこでこんなやり取りがあった。

日本国民が1931年から1945年にかけて行なったおろかなことが、博士の判決書で正当化されて完全に無罪だと判断すべきではないのですね。日本国民は違った判決書を作成すべきです。そのわれわれ自身の判決書に従って、お互いに熟考すべきで、あのようなおろかな行為を繰り返さないと誓約すべきだと考えます。

そのご意見は日本にのみ適用されることです。しかし今は日本だけでなくすべての国が政治と権力の分離を真剣に考えなければならない時だと思います。

誇張せずに言えることですが、権力というものは現在ではなんの利用価値もありません。権力は全く不必要です。

これは言行録の訳である。パールが「Power」と言ったのを「権力」と訳しているが、明らかに「武力」の誤訳だろう。

それにしても田岡のこのいやらしいまでの自虐的物言いは一体何なのか?

「我々、日本人は有罪ですよね?」と、パールに否定的返答を求め、パールの判決書では不満だと表明しているのである！

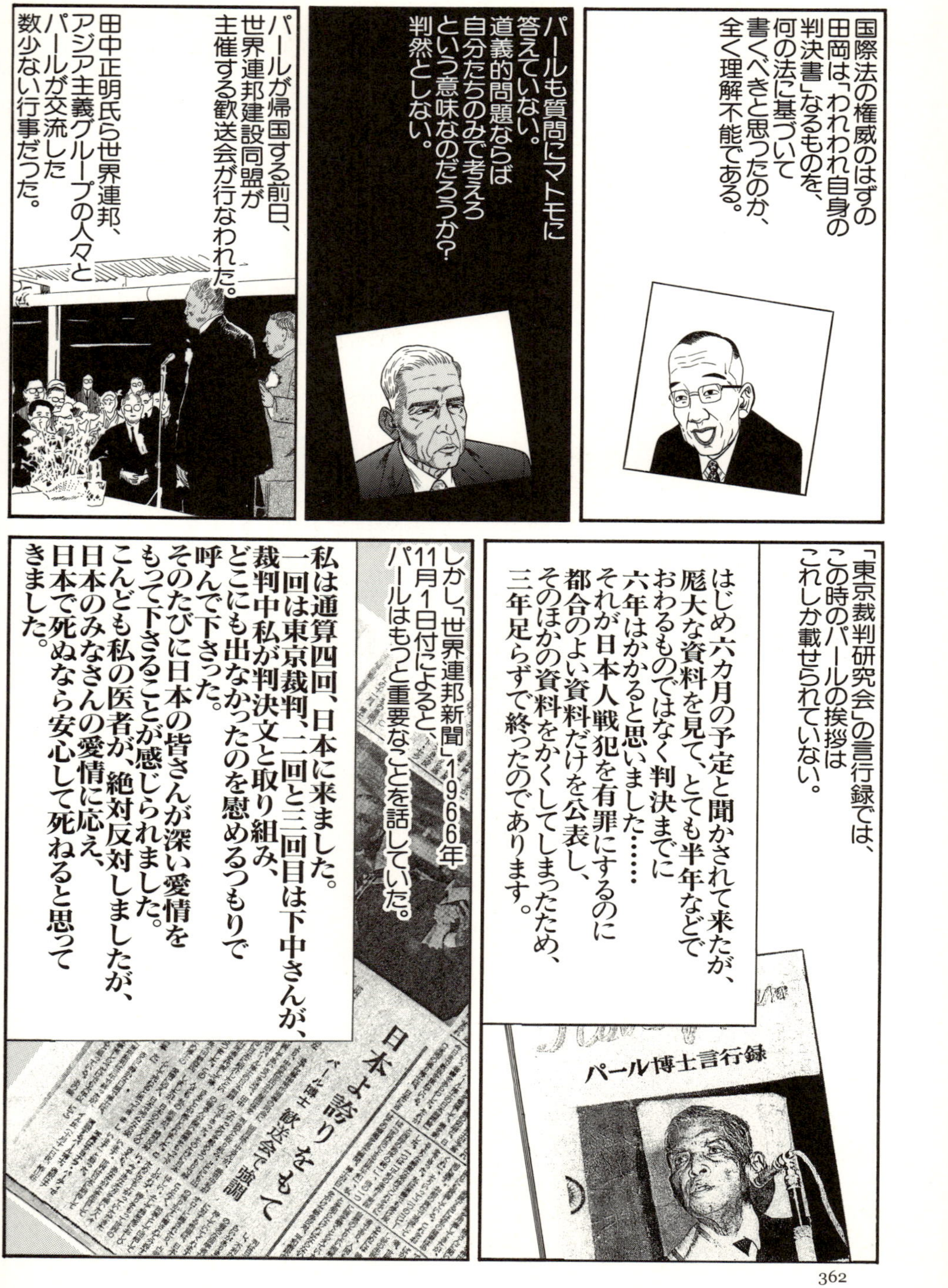
国際法の権威のはずの田岡は「われわれ自身の判決書」なるものを、何の法に基づいて書くべきと思ったのか、全く理解不能である。

パールも質問にマトモに答えていない。

道義的問題ならば自分たちのみで考えろという意味なのだろうか？判然としない。

パールが帰国する前日、世界連邦建設同盟が主催する歓送会が行なわれた。

田中正明氏ら世界連邦、アジア主義グループの人々とパールが交流した数少ない行事だった。

「東京裁判研究会」の言行録では、この時のパールの挨拶はこれしか載せられていない。

はじめ六カ月の予定と聞かされて来たが、厖大な資料を見て、とても半年などでおわるものではなく判決までに六年はかかると思いました……それが日本人戦犯を有罪にするのに都合のよい資料だけを公表し、そのほかの資料をかくしてしまったため、三年足らずで終ったのであります。

パール博士言行録
しかし「世界連邦新聞」1966年11月1日付によると、パールはもっと重要なことを話していた。

私は通算四回、日本に来ました。一回は東京裁判、二回と三回目は下中さんが、裁判中私が判決文と取り組み、どこにも出なかったのを慰めるつもりで呼んで下さった。そのたびに日本の皆さんが深い愛情をもって下さることが感じられました。こんども私の医者が、絶対反対しましたが、日本のみなさんの愛情に応え、日本で死ぬなら安心して死ねると思ってきました。

日本よ誇りをもて
パール博士 歓送会で強調

私の日本に対する希望は、
日本人はイデオロギーに毒されたり、
占領政策の残りかすに
毒されて分裂することなく、
民族として団結してほしい。
そして罪悪感におしひしが
れず、誇りをもって世界のために
立ち上がっていただきたい。
今やあなた方を裁いた人々さえも、
あなた方を注目しています。
世界は日本に期待しています。
どうやらパールは
最後に訪れた日本で、
日本人の分裂を感じたらしい。
それはおそらく
「日本無罪論」に疑いを
持たない人々と、
「日本無罪論じゃないんでしょう?」と
執拗に聞いてくる人々との
分裂ではなかったか!
日本人は分裂せず、団結してほしい。
罪悪感におしひしがれず、
誇りを持ってほしい。
それこそが
パールが日本に遺した
遺言と言っていいだろう。
しかし言行録でその発言を
抹消した「東京裁判研究会」の
『共同研究　パル判決書』だけが
パール判決書の完訳本として
流通し続けた。
その本では
「日本人は罪悪感を
持つべきですよね」
と言わんばかりのことを
パールに面と向かって言った
学者が序文を書き、
パール判決書の曲解の
仕方まで載せられていた。
共同研究
パル判決書
（上）
東京裁判研究会
共同研究
パル判決書
（下）

そしてパールの願いとは逆に、
イデオロギーと占領政策の
残りかすの毒はますます強まり
パールの没後40年の年には、
パールに関するウソとデマを
集大成した本が出版され、
それを学者やマスコミが褒め上げる
という事態にまで至ってしまった。
パール判事
讀賣新聞
朝日新聞
NHKスペシャル
ごーまんかましてよかですか?
最後の訪日において、パールは行く先々で「I Love Japan」と記した。
日本の恩人は、死ぬまで日本を愛していたのだ。
それに応えるには、まずパール判決書を正確に読み取り、
そして占領政策の残りかすを払拭することから始めなければならない!
I Love Japan.

あとがき

今年は東京裁判終結から60周年にあたる。その年になっても日本人が東京裁判史観を克服できないばかりか、「パールも東京裁判を一部認めていた」などという妄説がまかり通るようになるとは、パールは夢にも思っていなかったであろう。

デマの火は小さいうちに消し止めなければ取り返しのつかないことになることは、慰安婦問題などで経験済みだ。そのため「ＳＡＰＩＯ」誌上で半年近くパールについて描き進め、さらに大量に描き下ろしを加えて本書を完成させた。

「解題　パール判決書」（第21章）は、『共同研究　パル判決書』（講談社学術文庫）の訳文と、中村粲獨協大学名誉教授が監修した『Dissentient judgment of Justice Pal: International Military Tribunal for the Far East』（国書刊行会）の英文を参考に要約しつつ、解釈を加え、読み物になるようにまとめたものである。

中村粲氏にはインドでパールが刊行した「パール判決書」の資料や判決書原文を提供していただいた。パール下中記念館には取材に協力していただいた。この場を借りてお礼申し上げます。

『パール博士「平和の宣言」』の復刻は、田中正明氏のご遺族、田中伸茂氏にパールの出版許可の手紙の所在を確認していただき、小学館の佐藤幸一氏に尽力していただいたおかげで実現した。感謝しております。

さらに本書の製作にあたっては、デザイナーの松昭教さん、連載時から支えてくれた担当の寺澤くんに感謝を申し上げます。

パール下中記念館の記念碑に、パールのベンガル文字が刻まれている。それは14世紀のベンガルの吟遊詩人・チャンディダスの言葉であり、パールの世界観を表したものとして最後の来日の際に日本に遺したという。最後にその言葉を紹介して、筆を擱く。

なかんずく人は真理　ほかになし

平成20年5月10日　小林よしのり

【参考文献一覧】

- 朝日新聞法廷記者団『東京裁判（上）（中）（下）』東京裁判刊行会
- 阿羅健一『【再検証】南京で本当は何が起こったのか』徳間書店
- 板倉由明「松井石根大将『陣中日誌』改竄の怪」「歴史と人物」1985年冬号 中央公論社
- 板倉由明『本当はこうだった南京事件』日本図書刊行会
- 牛村圭『「戦争責任」論の真実』PHP研究所
- 牛村圭『「勝者の裁き」に向きあって 東京裁判をよみなおす』ちくま新書
- 牛村圭「中島岳志著『パール判事』には看過できない矛盾がある」「諸君！」2008年1月号
- 戒能通孝『戒能通孝著作集 1 天皇制・ファシズム』日本評論社
- マハトマ・ガンジー 蝋山芳郎訳『ガンジー自伝』中公文庫
- 児島襄『東京裁判（上）（下）』中公新書
- 下中彌三郎『世界連邦』元々社
- 角田順『政治と軍事 明治・大正・昭和初期の日本』光風社出版
- 太平洋戦争研究会『東京裁判「パル判決書」の真実』PHP研究所
- 高木徹「パール判事知られざる出自」「文藝春秋」2008年1月号
- 田中正明『日本無罪論 真理の裁き』太平洋出版社
- 田中正明『パール判事の日本無罪論』小学館文庫
- 田中正明『日本無罪論』新人物往来社
- 田中正明『世界連邦 その思想と運動』平凡社
- 田中正明『〝南京虐殺〟の虚構』日本教文社
- 田中正明『南京事件の総括』謙光社
- 東京裁判研究会編『共同研究 パル判決書（上）（下）』講談社学術文庫
- ロベール・ドリエージュ 今枝由郎訳『ガンジーの実像』文庫クセジュ
- 中島岳志『パール判事 東京裁判批判と絶対平和主義』白水社
- 長崎暢子『インド独立 逆光の中のチャンドラ・ボース』朝日新聞社
- ラダビノード・パール 田中正明編著『パール博士「平和の宣言」』小学館
- パール博士歓迎事務局編『I Love Japan パール博士言行録』東京裁判刊行会
- 日暮吉延『東京裁判』講談社現代新書
- カール・ヤスパース 橋本文夫訳『戦争の罪を問う』平凡社
- 横田喜三郎『戦争犯罪論』有斐閣
- Radhabinod Pal『Dissentient judgment of Justice Pal : International Military Tribunal for the Far East』国書刊行会

【初出一覧】

序章、第15章～最終章 描き下ろし
第1章 「憲法9条」と「ガンジー主義」は全く違う！……『SAPIO』（小学館）2007年9月26日号
第2章 パール判事は「憲法9条」を「ガンジー主義」と言ったのか……『正論』（産経新聞社）2007年11月号
第3章 パールは日本無罪論者を信頼した……『SAPIO』2007年11月28日号
第4章 不当に歪められたパール像を正す……『SAPIO』2007年12月12日号
第5章 「パール判決の真意」って何だ？……『SAPIO』2008年1月23日号
第6章 西部邁氏の誤謬を正す……『正論』2008年2月号
第7章 護憲論者が「平和憲法」を修正するか？……『SAPIO』2008年2月13日号
第8章 国際法は歴史の蓄積で成り立つ……『戦争論3』（幻冬舎）第10章を再構成
第9章 パールは東京裁判を「一部肯定」したという珍説……『SAPIO』2008年2月27日号
第10章 パールは「道義的責任」など指摘していない……『SAPIO』2008年3月12日号
第11章 ヤスパースの「戦争の罪」の分類……『SAPIO』2008年3月26日号
第12章 「戦争責任あり き」の戦後脳でテキストは読めない……『SAPIO』2008年4月9日号
第13章 「パール判決書」は偽善を憎む恐るべき書なり……『SAPIO』2008年4月23日号
第14章 「パール判決書」の最重点は何か？……『SAPIO』2008年5月14日号

【著者プロフィール】

昭和28年福岡生まれ。昭和51年、大学在学中に描いたデビュー作『東大一直線』が大ヒット。以降『東大快進撃』『おぼっちゃまくん』（昭和63年、小学館漫画賞受賞）などギャグ漫画に新風を巻き起こす。平成4年、『SPA!』（扶桑社）にて世界初の思想漫画『ゴーマニズム宣言』（幻冬舎文庫①〜⑨）を連載開始、その後、平成7年から『SAPIO』（小学館）に戦いの場を移し『新・ゴーマニズム宣言』を大反響連載、平成18年に完結した（単行本は小学館から①〜⑮）。現在は『SAPIO』にて、再び『ゴーマニズム宣言』を強力連載中のほか『ビッグコミック』（小学館）に『遅咲きじじい』を連載、季刊誌『わしズム』（小学館）の責任編集長を務めるなど、さらに新しい挑戦を続けている。『新・ゴーマニズム宣言』のスペシャル版として平成12年に『台湾論』（小学館）を発表、台湾入境禁止の大騒動となる。また、平成10、13、15年には『戦争論』1、2、3（幻冬舎）を発表、戦後の思想空間を揺るがす大ベストセラーとなった。そのほかのスペシャル版に『平成攘夷論』『沖縄論』（以上、小学館）、『靖國論』、『いわゆるA級戦犯』（以上、幻冬舎）。

ゴーマニズム宣言 SPECIAL パール真論

スタッフ
【構成】時浦兼・岸端みな
【作画】広井英雄・時浦兼・岡田征司・宇都聡一
【編集】寺澤広蔵

平成20（2008）年6月28日 初版第1刷発行

著者 小林よしのり

発行者 秋山修一郎

発行所 株式会社小学館
〒101-8001 東京都千代田区一ツ橋2-3-1
電話 編集 03-3230-5800
販売 03-5281-3555

印刷所 共同印刷株式会社

製本所 株式会社難波製本